사랑에
미치지
마세요

사랑에

CRAZY LOVE

미치지

A MEMOIR

마세요

레슬리 모건 스타이너 지음
안유정 옮김

『사랑에 미치지 마세요』는 자전적 이야기다. 이 책은 실화를 바탕으로 했으며, 경찰의 사건 보고서와 접근 금지 명령서, 그리고 가정법원과 기타 법률 자료들이 이를 증명한다. 내 이름을 제외한 대부분의 인물은 가명으로 처리했고 몇몇 지역의 이름과 정확한 연도, 인물에 관한 세부사항은 사생활 보호와 보안을 위해 변경했다. 몇몇 인물들은 빠지거나 추가되었으며 본문에 등장하는 위니는 내 중요한 친구들을 합친 인물이다.

이 책을 쓰는 것을 이해해 준 내 남편

모든 걸 알고 있던, 엘린

기억 속의 마릴린

언제나 곁에 있어준 엄마에게

만약 우리가 어딘가에서—자녀의 생일파티나 회사 복도나 이웃의 바비큐 파티에서—만난다면, 당신은 내 비밀이 무엇인지 상상도 못할 것이다. 젊은 시절 나는 한 남자와 사랑에 빠졌고 결혼했으며, 그 남자에게 정기적으로 신체적 학대를 당하고 거의 죽임을 당할 뻔했다.

나는 그런 여자처럼 보이지 않는다. 나는 아이비리그 소속 대학교에서 공부했고 MBA 학위가 있으며, 워싱턴 DC에 있는 가장 아름다운 동네에, 나무가 줄지어 선 길에 있는 빨간 벽돌집에 산다. 포춘 500대 기업의 마케팅 부문에서 15년 동안 일했고, 아이들을 양육하는 법에 대한 책을 집필한 베스트셀러 작가다. 가족은 웃을 때 벌어진 윗니가 섹시하게 보이고, 골목을 돌아다니는 고양이들에게 사료를 주는 마음이 따뜻한, 똑똑하고 충직한 남편. 제멋대로 굴지만 사랑이 넘치는 세 명의 아이들. 한 마리의 개와 세 마리의 고양이 들이다. 그리고 우리는 모두 금발이다(적어도 사람들은).

아, 교육을 잘 받고 금발에다 좋은 가정에서 태어난 운으로 인생의 모든 악을 피할 수 있었더라면….

내가 당신을 만났을 때 용기를 낼 수 있다면, 어린 시절 학대로부터 빠져나오지 못하는 '좋은' 남자와 사랑에 빠지는 게 얼마나 괴로운 일인지 고백했을 것이다. 그럼에도 불구하고 왜 그 사람과 몇 년을 함께 지 냈는지, 그리고 그가 나에게 갖는 사랑을 내 인생보다 더 소중하게 여겼 으나 후에 그에게 어떻게 맞서게 됐는지 말해줄 것이다. 그리고 다음에 당신이 학대받는 여성을 만나게 되면, '왜 폭력적인 연인을 떠나지 않고 함께하느냐'라고 묻는 대신 그녀가 스스로 길을 찾는 것을 도와줄 공감 력과 용기를 갖게 해줄 것이다.

누구나 낯선 사람을 처음 만났을 때 풀어놓지 못하는 비밀이 한 가지 씩 있게 마련이다. 이것이 내 비밀이다.

차 례

1부

뉴욕

20년 전, 다운타운으로 향하는 뉴욕 지하철에서 처음 코너를 만났다. 난 스물두 살이었고 그 날을 마치 어제처럼 기억한다.

캐시의 사무실 창밖에서 들어오는 햇빛이 복도에 있는 내 나무 책상에서 볼 수 있는 유일한 빛이었다. 나는 창을 흘낏 쳐다봤다. 못생긴 오렌지색 회전의자가 끼익거렸다.

춥고 흐린 1월 중순의 월요일 오후였다. 비를 맞은 맨해튼 미드타운의 고층 건물들이 번지르르하고 어두워 보였다.

그날 아침 회의 시간에 캐시―「세븐틴」 기사 부문 팀장이자 내 생애 첫 상사―가 팀원들에게 5월호에 나갈 기삿감을 나눠 줬다. 회의가 끝나고는 과도한 메이크업 때문에 스물아홉 살로 보이는 열두 살짜리 러시아 모델 소녀를 인터뷰했다. 그리고 빗속을 뚫고 나가 「세븐틴」에 매달 별자리 운세 코너를 쓰는 괴짜 영국인 점성술사와 함께 점심식사를 했다.

나는 바로 전 해, 캠퍼스가 고예산 영화의 오프닝 신에 나오는 전경처럼 변하기 직전의 하버드 대학교를 졸업했다. 졸업식 날 봄 잔디는 햇살을 받아 빛났다. 엄마는 비타디니 랩 드레스를 입고 한껏

술에 취했다. 아버지는 너무 자랑스러워 줄곧 웃는 바람에 얼굴이
반으로 쪼개질 지경이었다. 하버드 졸업생 딸을 갖게 된 가난한
오클라호마 출신 소년이 더할 나위 없는 기쁨으로 빛나는 순간이었다.

너무나 아름다워서 영원히 내 손에 쥐고 싶었던 날.

「세븐틴」에서 일하는 긴 배스킨라빈스 선데를 먹는 것보다 좋았다.
우리는 오전 내내 잡지를 읽고 10대의 트렌드에 대해 이야기를 나눴다.
오후에는 패션 에디터들이 모아놓은 디자이너의 샘플 옷들이 보관된
방을 헤집고 다녔다. 그곳에는 볼품없는 10대 소녀들을 여신으로
변신시켜주는 옷이 가득했다. 나는 일이 매우 즐거워서 간혹 아파서
결근해야 할 때면 무척 짜증이 날 정도였다.

업무시간 외에는 뉴욕시를 마치 내 집 뒷마당인 양 돌아다녔다.
야파 카페와 봄베이 키친에서 저녁을 먹고, 당시 유명했던 클럽
단세테리아와 라임라이트에서 룸메이트들과 어울려 춤을 췄다. 8번
애비뉴* 맞은편에 있는 셀프 세탁방에서 세탁된 옷을 개거나 미트패킹
디스트릭트**에서 조깅하는 것처럼 지독하게 재미없는 일상조차도
마치 모험 같았다.

하지만 이 모든 일을 잘 해내는 것은 힘에 부치기도 했다.
팬티스타킹을 유니폼처럼 매일 입는 것에 익숙해져야 했고 정신없이
바쁜 아침이면 뛰지 않게 되기를 기도했다. 할렘으로 가는 급행열차
대신 E 라인을 타는 것, 그리고 월급 타기 엿새 전 돈이 다 떨어져
버렸을 때 굶어죽지 않는 법을 터득해야 했다.

모든 것이 새로웠다.

그날 오후 캐시의 사무실 창 밖에 내리는 비를 보며 책상에 앉아
내내 기사를 썼다. 당시 미국의 모든 소녀들은 인생의 어느 시점에선
「세븐틴」을 봤다. 거의 400만 명에 달하는 소녀들이 각각의 이슈를

* 미국 도시의 도로
구분 명칭으로
애비뉴Avenue는
동서를 연결하는
도로

** 과거에는 정육점과
도축장이 밀집한
지역이었으나
재개발을 거치면서
문화 중심지로 거듭난
곳

탐독했으며, 잡지 말고는 조언을 구할 길이 없었던 소녀들은 가장
좋아하는 기사 몇 편을 마치 성경처럼 받들었다.

나는 알아야만 했다. 날마다 소녀들은 (약간의 도움과 가이드라인과 함께)
엄청난 딜레마들을 해결해야 했기 때문이다.

만약 남자친구가 마약을 하자고 하면 어떻게 할 건가요? 피임
도구를 사면 창녀가 되는 걸까요? 16살일 때 피임 도구를 어디에서
구매했어요? 혹시 새아버지가 추근댄 적 있어요? 부모가 이혼했어요?
어머니가 암에 걸렸다고요?

내 기사는 3월호에 실리기로 되어 있었고, 따라서 금요일까지 마감을
해야 했다.

"거의 다 썼죠?"

에나멜 가죽 하이힐을 신은 캐시가 휙 지나가면서 큰 소리로 물었다.
나는 깜짝 놀라 의자에서 펄쩍 뛰었다.

내 기사는 간단하고도 충분한 질문을 담고 있었다.

'10대들이 가출하는 이유는 뭘까?'

답을 얻기 위해 정부 통계와 사회복지사·정신과 의사 들과의
인터뷰, 그리고 직접 만나본 가출 청소년 네 명의 이야기를 검토한 후,
나는 끔찍한 사실을 알게 되었다.

한 해 길거리로 나오는 약 150만 명의 10대들 대다수가 길거리의 삶이
집에서의 삶보다 나을 거라 믿고 나온다고 한다.

이 중 25퍼센트의 가정에 알코올의존증, 혹은 마약 중독 문제가 있다.

이 중 50퍼센트가 가정에서 성적, 혹은 신체적 학대를 당했다.

무슨 가정이 그따위지?

나는 가슴이 무너졌다. 모든 가출 청소년들은 더 나은 삶을 위해
분투하고 있었다. 생존 본능은 그들로 하여금 집을 떠나 길거리를

새로운 보금자리로 삼게 만들었고 다른 가출 청소년들을 새로운
가족으로 받아들이게 했다.

그러나 몇 개월 안에 이들 중 2/3가 마약을 하고 몸을 팔아 생계를
유지하게 된다. 이들 중 거의 1/3이 그날 어디에서 잘지를 모른다. 1/2이
자실 시도를 한 적이 있다. 2/3는 수감되거나 질병이나 약물 과다복용,
혹은 포주나 다른 노숙자에게 맞아 죽는다.

마침내 모니터에서 고개를 들었을 때, 사무실에는 아무도 없었다.
내가 쿨한 친구들에게 버림받고 홀로 남은 열다섯 살짜리 소녀처럼
느껴졌다. 시계는 6시를 가리키고 있었다. 터덜터덜 지하철을 타러
가는 길이 마치 밤 열두 시처럼 느껴졌다.

위니가 아파트 안에서 현관문의 자물쇠 세 개를 푸는 시간이
영원처럼 느껴졌다.

우리는 서로를 안았다. 위니는 키가 160센티미터가 채 안 됐기
때문에 그녀의 머리는 내 뺨에 닿았다. 언제나처럼, 그녀의 머리에서는
덩굴풀향이 느껴졌다. 나는 현관에 손가방을 놓고 눈 오는 겨울부터
미처 녹지 않은 눈이 질척이는 봄까지 신을 수 있는 엘엘빈 덕부츠를
벗기 시작했다. 가히 지구촌 패션 수도 뉴욕에 걸맞는 신발이라 할
만했다.

"일은 어땠어?" 그녀가 물었다. 위니(그녀의 원래 이름 윈스롭을 이렇게
줄여 불렀다)는 은빛이 섞인 연한 크림색 천을 덧댄 칼라를 세운 하얀 면
셔츠와 스웨이드 소재의 롱스커트를 입고 있었다.

"괜찮았어…. 가출 청소년에 대한 기사를 쓰는 중이야."

나는 스타킹을 신은 내 발에서 부츠를 빼내어 흔들었다. 그러면서도 인터뷰했던 열네 살짜리 소녀를 머리에서 떨쳐버릴 수가 없었다. 지하철역 출구에서 잠을 자고 트레일웨이스 버스 터미널 구석에서 머리를 말리던 그 소녀는 집에 전화하기를 거부했다.

"넌 오늘 일 어땠어?"

위니는 폴로 맨션에서 엄청나게 비싼 랄프 로렌 의류를 유명인에게 판매하는 일을 하고 있었다. 덕분에 그녀는 늘 랄프 로렌의 옷을 입어야 했다. 완벽한 금발의 와스프* 노릇을 하며.

"말도 마, 하루 종일 웃으면서 부잣집 놈들을 대하는 건 정말이지 힘들어."

그때 가스레인지 위에 올려둔 무언가가 성난 고양이처럼 쉬익 소리를 내기 시작했다.

"쌍!"

위니가 소리쳤다. 초등학교 4학년 때도 마치 서른다섯 살 먹은 이혼녀처럼 욕을 내뱉던 그녀였다. 나는 그녀를 따라 작은 부엌으로 들어갔다.

그녀는 냄비를 내려놓은 후 웃으면서 돌아섰다. 아, 위니는 치아조차 귀여웠다. 그녀의 고른 치아는 초등학교 시절 그녀를 처음 만났을 때 알아챈 것 중 하나였다. 처음 만난 후 몇 년 동안 그녀는 인생의 진리들을 알려 주었다. 비타배스 스프링 그린**을 이용해 다리털을 정리하는 법, 정오까지 자는 법, 그리고 사전에서 성적인 단어를 찾는 방법까지. 세탁을 마친 위니의 옷을 입으면 하루 종일 내 몸에서 세탁 세제의 은은한 향이 났고 나는 그걸 무척 좋아했다.

우리가 열세 살이 되던 해, 나는 키가 10센티미터나 자랐고, 대마초를 피우고 데킬라를 마시기 시작했으며, 나보다 나이 많은 남자들을

* 앵글로색슨계 백인 개신교도 -옮긴이

** 미국의 비누 브랜드

만났다. 더 이상 위니의 옷을 빌려 입을 수 없었다. 그녀의 라코스테 셔츠는 내 배꼽을 채 가리지 못하게 됐기 때문이다.

술을 마시면 나는 위니에게 전화를 걸어 꼬인 발음으로 말하곤 했다. "사랑해 위니." 그녀는 이런 전화에도 친절하게 대해줬다.

"짜잔!"

그녀는 왼손을 내밀어 손가락을 쫙 펼쳤다. 그녀의 네 번째 손가락에서 약혼반지가 반짝이고 있었다.

"축하해 위니! 와, 정말 잘됐다."

그녀의 약혼자 렉스는 정말 행운아였다. 이제부터 평생 위니의 머리카락 냄새를 맡으며 같은 베개를 쓸 테니까.

"나 항상 렉스가 나랑 딱 맞는다고 생각했잖아. 심지어 우리가 처음 만났던 그 대학교 사교클럽 모임에서부터."

위니는 신선한 페스토*를 파란 에나멜 파스타 보울에 퍼 넣으며 말했다.

그녀는 내가 '가장 중요하다'고 생각하는 건 말하지 않았다. 사실 렉스는 위니를 사랑했지만 '내 인생은 네가 없으면 아무 의미가 없어' 같은, 그녀를 미치게 만드는 종류의 사랑은 아니었다. 내가 어렸을 때 위니에게 그랬듯, 고등학교 시절 그녀의 남자친구들은 그녀에게 껌딱지처럼 달라붙어 지나치게 집착했다. 그리고 위니는 그들을 마치 신발에 붙은 풍선껌 마냥 하나하나 떼어냈다.

나는 위니의 랄프 로렌 옷과 렉스의 어두운 가죽 가구로 꽉 찬 그들의 작은 아파트를 둘러봤다. 위니는 원래 나와 함께 살기로 했다. 그래서 나는 4년 동안 서로 다른 대학교에 다니며 떨어져 있는 동안, 내가 술을 마시지 않고 책임감을 갖게 됐으며 더 호감 가는 사람이 됐다는 사실을 보여주고 싶었다. 마침내 작년 초여름, 변화된 자신을 증명할

* 마늘·잣·
파르메산 치즈나
페코리노 로마노
치즈·올리브오일을
혼합하여 만든 소스

수 있게 된 내가 뉴욕으로 오기를 기다리는 동안 위니는 렉스와 함께 이 아파트에 잠시 머물렀다. '딱 몇 주만.' 그녀는 그때 그렇게 말했다.

오드리. 내가 첼시에서 찾아낸 매우 훌륭한 새 룸메이트였다. 그러나 나는 위니에게 물어보고 싶었다. 혹시 결혼을 몇 년 만 미룰 수 없니? 그리고 나와 룸메이트로 지내며 내가 만회할 기회를 얻을 수는 없을까? 만약 내가 그녀의 룸메이트로 적합하지 않다면, 내게 딱 맞는 남자는 대체 어떻게 해야 찾을 수 있을까? 내게 몇 주만 함께 있어달라고 얘기했다가 곧 영원히 함께하자고 말할 렉스 같은 남자를 말이다.

하지만 나는 묻는 대신, 말했다.

"와, 반지 정말 예쁘다!"

음, 사실 정말로 그랬고.

앉아서 저녁을 먹는 동안 위니는 렉스가 새해에 카리브에 있는 세인트 바트 섬으로 간 여행 도중 해변에서 어떻게 프로포즈를 했는지에 대해 시시콜콜 이야기했다.

저녁을 다 먹고 작은 부엌에 나란히 서서 레몬향 세제를 묻혀 설거지 하는 동안 위니는 내게 요새 누군가와 데이트를 하고 있는지 물었다.

"네 약혼자에 비하면 좀 시시하지." 내가 말했다. "이 동네 남자들의 유일한 관심사는 자기들이 돈을 얼마나 벌고 어디에 사느냐니까."

"그래, 말도 마라. 폴로 맨션에 들어오는 남자들 있잖아? 난 30초 만에 걔네들 주소랑 소득 수준을 다 알 수 있다니까, 참내."

그녀는 고개를 저으며 웃었고, 고등학교 시절 나를 포함해 모든 소녀들의 부러움을 받았던 그 들창코를 찡그렸다. 나는 물속으로 손을 집어넣어 포크와 나이프 무더기를 들었다.

"온통 그런 남자 투성이야, 위니. 파티와 클럽에서는 말할 것도 없고. 지난주에는 버스에서 어떤 남자가 말을 걸었어. 한 번은 이사벨라*에

* 뉴욕의 지중해식
브런치 레스토랑

갔다가 화장실 앞에서 줄 서 있는데 데이트 신청하는 남자도
있더라니까. 한 남자는 조깅하는데 옆에서 추근대더라고. 그런 애들이
널렸어."

그녀는 내게 냄비를 말리라고 건네줬다.

"그래서 생전 처음으로 규칙을 세웠어. 내가 술을 끊었을 때 느낀
건데," 그 순간 목소리가 갈라지고 얼굴이 토마토처럼 새빨개지는 걸
느꼈다. 하지만 계속 말을 이었다. "난 절대 욕구를 충족하려고 남자를
만나지 않을 거고, 자기 욕구에 못 이겨 나를 만나려는 남자와도 절대
데이트하지 않을 거야."

방금 한 말이 싸구려 판자처럼 느껴졌다. 하지만 위니는 가만히
고개를 끄덕였다. 나를 안심시키는 그녀의 큰 갈색 눈.

"그런 사람들과는 섹스 안 해. 키스도 물론. 대신 대화를 할 거야. 몇
시간 동안, 내 월급으로는 도저히 감당이 안 되는 비싼 레스토랑에서
말야!"

위니가 웃었다.

"참 순수해 보이는데, 레슬리. 그리고 되게 재밌어. 그게 네가 지금
원하는 전부지?"

그녀는 내 얼굴에 비누 거품을 묻히고 코에도 몇 방울 찍었다.

그래, 그게 바로 내가 필요로 하는 거야. 하지만 내가 '원하는 건'
아니지.

축하 포옹을 한 차례 더 한 후, 밝고 따뜻한 위니의 집에서 나와
춥고 비가 내리는 어퍼 이스트 사이드* 거리를 걸었다. 값비싼 적갈색
암석으로 만든 육중한 문에 황동으로 마감된 자물쇠가 달려 있는 게
보였다. 마치 뉴욕에서는 모두가 자기 집에서 안전하게 있다고 말하는
듯했다.

* 맨해튼의 한
지역으로 센트럴
파크와 이스트 강
사이에 위치한
부촌(富村)

나만 빼고.

지하철을 타러 52번 스트리트*로 가는 길은 길었고 진눈깨비가 줄곧 뺨을 때렸다. 회전문을 돌아 지하철을 타러 가기 직전, 토큰 판매소에 비친 내 모습을 흘깃 보았다. 푸석한 금발은 젖어 있었고 입고 있는 낡은 파란색 재킷 때문에 잡지 에디터라기보다는 동네 꼬마 같아 보였다.

지하철 문이 열리자 비집고 들어가 자리를 찾아 앉았다. 내 양 옆에는 옷을 깔끔하게 차려 입은 금발의 나이 든 잘생긴 남자와 하루 지난 엔칠라다**와 담배 냄새를 풍기는 라틴계 여인이 시장 바구니를 들고 앉아 있었다. 42번 스트리트에서 대부분의 승객이 내렸고 라틴계 여인도 짐을 끙끙대며 들고 사라졌다.

열차가 갑자기 빈 것 같았다. 금발의 남자는 아직 내 옆에 앉아 있었다. 그는 팔로 내 팔꿈치를 건드리고 있었다. 뉴욕에 5초 이상 살아본 사람은 이런 경우 바로 빈자리로 옮긴다. 나는 그러지 않았다. 왠지 무례해 보였기에.

훗날 코너는 내가 자리를 옮기지 않은 게 특별하게 느껴졌다고 말했다.

그가 입은 네이비색 캐시미어 코트는 어두운 금발을 가진 밝고 깔끔한 시골 소년 같은 얼굴과 극명한 대조를 이뤘다. 그는 내가 생각했던 것보다 나이가 많지 않았다. 한 20대 후반에서 30대 초반 정도? 그가 미소 지었다.

"안녕. 이름이 뭐예요?"

*미국 도시의 도로 구분 명칭으로 스트리트Street는 남북을 연결하는 도로

**또띨라에 고기와 매운 소스를 넣어 만든 멕시코 음식

그의 깨끗하고 고른 치아. 뉴욕 지하철에서 남자랑 엮이면 별로 좋지 않다는 걸 알 정도로 뉴욕 생활에는 익숙했지만, 이 남자는 위험해 보이지 않았으며 심지어 익숙하기까지 했다. 그에게 이름을 말해주고 다시 「배니티 페어」에 얼굴을 묻었다.

"레슬리, 반가워요. 내 이름은 코너예요."

그가 예의 바르게 말했다.

나는 시궁쥐처럼 눈을 들어 슬쩍 쳐다봤다. 대체 내 어디가 괜찮아서 저럴까?

그가 다시 미소 지었다.

"뉴욕에서 일해요?"

다시 보니 내 하버드 생활을 물어보던 아빠의 얼굴과 비슷하게도 보였다.

나는 자랑스레 말하지 않을 수 없었다.

"저 「세븐틴」에서 일해요. 그 잡지 알아요?"

"오 그렇군요. 저는 블랙 무어에서 일해요. 알아요, 그 투자은행?"

내가 그 투자은행에 대해 알게 된 유일한 이유는 하버드 신입생 시절 룸메이트인 리의 몇몇 전 남자친구들이 그곳에서 일했기 때문이다. 풋볼팀과 하키팀의 주장이었던 그들은 캠퍼스에서 가장 자신만만하고 의기양양했다. 나로선 수백만 가지 이유로 데이트를 하고 싶지 않던 남자들이었고, 대학 시절 남자들과 말도 거의 나누지 못했기에 그런 부류와 데이트 할 기회는 훨씬 더 적었다. 그들은 리에게 차인 후 밤마다 처절하게 그녀를 찾았다. 이에 진절머리가 난 리가 걸려오는 전화에 더 이상 응답하지 않으면 이들은 대신 착하디착한 룸메이트─바로 나─를 붙잡고 울고불고 하며 자신들의 극적인 애절함을 대신 전하곤 했다.

펜스테이션에 다다르자 지하철은 속도를 줄였다. 나는 코너가 자신이 믿을 만한 사람이라는 걸, 적어도 사이코패스 지하철 살인마가 아니라는 점을 증명하기 위해 직장을 알려줬다는 걸 알았다. 그는 일어나서 구겨진 비싼 코트를 펴기 위해 어깨를 으쓱했다. 그리고 나를 향해 한 번 더 돌아서면서 왼손으로 손잡이를 잡았다.

결혼반지 없음.

"지금은 저지시티*에 살고 있지만 곧 이스트 82번 스트리트로 이사 올 거예요. 내 룸메이트와 함께 파티를 열 예정이고요. 전화해서 초대할게요."

"좋아요." 내가 말했다.

코를 가로지르며 박힌 주근깨가 마치 기대감을 애써 감추려 쿨하고 거만한 척 구는 소년처럼 보이게 했다. 그러나 나는 번호를 주지 않았다. 난 뉴욕 지하철 안에서 6분간 만난 사람에게 전화번호를 주는 여자가 아니다. 그가 내리고 문이 닫혔다. 걸어가는 뒷머리가 창 너머로 보였다.

지하철이 움직이자, 나는 벽에 새겨진 안내표지를 봤다. 왼편은 펜 스테이션, 오른편은 헤럴드 스퀘어로 간다고 되어있었다. 아마 우리 외할아버지 새미는 60년 전 34번 스트리트의 사무실에서 일했을 때 이 표지를 수백 번 보았을 것이다. 외할아버지는 1929년에 하버드를 졸업하고 메이시 몰**의 부사장이 되었다. 스트로베리 힐에 있는 72개의 방을 가진 저 거대한 건물에는 누가 살까 궁금해 했던 과거의 마케팅 부서 꼬마가 말이다. 그는 대부분의 남자들이 가족을

* 뉴저지주 북동부에 위치한 항구 도시
** 미국의 백화점 브랜드

부양하기도 빠듯하던 대공황 시절에 영국에서 자동차를 주문 제작해
구매했다. 나는 그 시절 외할아버지가 이 벽돌로 된 지하철 터널을
지나다니는 것을 상상할 수 있었다. 위니와 내가 어렸을 때, 비가 내릴
때면 외할머니의 다락에 처박혀서 가지고 놀던 검은색 코트와 모자를
쓰고 말이다.

다시 고개를 들었을 때 열차는 내가 내릴 역에 도착해 있었다. 23번
스트리트로 나가는 출구에서 누워 있는 노숙자를 밟을 뻔했다. 취해서
자고 있는 그는 손에 잭다니엘 빈 병을 쥐고 있었다. 손톱은 새까맸다.
이 사람도 누군가의 할아버지겠지?

비가 그쳤고 기온은 위니네 아파트를 떠났을 때보다 한 3도가량
오른 듯했다. 8번 애비뉴 곳곳에는 물웅덩이가 져 있었고 밤공기는
너무 축축해서 마치 천 조각처럼 만질 수 있을 것만 같았다. 나는
지하철에서 나와 19번 스트리트의 서쪽에 있는 집을 향해 걸었다. 가는
길에 모퉁이에 있는 식당에서 나오는 커플들과 물을 튀기며 달리는
택시, 셔터가 내린 장외 경마 도박장과 네온사인이 켜진 특이한 스시집
간판을 봤다.

내가 외할아버지에 대해 물어볼 때마다 엄마는 미소 지으며 시선을
피했다. 그리고 늘 같은 대답을 했다.

"나는 우리 아빠를 정말 사랑했단다."

외할아버지는 엄마가 여덟 살 때, 엄마가 자기 형제들에게 줄 선물을
사려고 거실 카펫 밑에 숨겨 둔 돈을 들고 술을 마시러 갔다. 그 후
몇 해 동안 그는 가족이 가진 모든 돈을 술을 마시는 데 써버렸고,
이 때문에 외할머니 프랭키는 가족을 부양하기 위해 지역 대학에서
학생들을 가르쳐야만 했다. 10년 후, 외할머니가 마침내 할아버지와
이혼했을 때, 그는 맨해튼에서 스트로베리 힐까지 11마일을 걸어서

엄마를 만나러 왔다. 차비는 술값으로 다 써버렸기 때문에.

외할아버지가 알코올의존증으로 돌아가신 게 내가 태어나기 전인지 후인지 잘 모르겠다. 내가 아는 건 외할아버지가 돌아가실 당시에도 메이시 몰에서 일하고 계셨다는 것이다. 그는 그곳에서 살기도 했다. 청소부였으니까.

아마 나는 중독적 성향을 외할아버지에게서 받은 것 같다. 나는 열두 살 때 벽난로 장식 뒤에서 말보로를 훔쳤다. 부모님이 연 파티에서는 마티니를 삼키기 위해 코를 막았고 열네 살 때 처음 대마초를 흡입한 이후 완전히 중독됐다. 누구도 이런 짓들을 가르쳐주지 않았다. 그냥 알았다.

고등학교 시절, 나는 성취에 과도하게 집착하는 마약중독자였다. 약과 성취에 대한 갈망은 서로 떼어 놓기 힘들었다. 학교에서는 『멋진 신세계』를 읽고 매슬로우의 욕구 계층론과 미분 그래프를 열심히 들여다봤다. 자율 학습시간에는 내게 정기적으로 약을 가져다주는 것 외에는 뚜렷한 매력이 없던 남자친구와 물품 보관함 안에서 스킨십을 했다. 또래 여자애들이 쇼핑을 하거나 욕실 거울 앞에서 립스틱을 바를 때 느끼는 즐거움을 난 약에 취했을 때 느꼈다.

주말이면 아버지가 다운타운에 있는 자기 로펌 사무실에서 시간을 보내는 동안 엄마는 베세즈다*의 100년도 넘게 자란 나무들이 있는 2000평방미터의 숲에 있는 집에서 럼과 콜라를 섞어 들이키곤 했다. 나는 친구들과 조지타운에 있는 스캔달, 맥, 살룬과 같은 술집에 가곤 했다. 음주 허용 나이는 18세 이상이었지만 이런 곳에서는 15세 정도의 청소년들도 들어가서 술을 마셔도 아무 문제가 없었다. 밤에 집에 있을 때는 내 방 욕실 장을 열어 허브 에센스와 샴푸, 데오드란트 뒤에 숨겨 놓은 보물들을 꺼냈다. 5분의 1쯤 남은 스페인 산 데킬라와 캘리포니아

* 미국 북동부 메릴랜드 주 서부의 도시로 워싱턴 교외의 주거 지역

산 대마초 봉지들, 약국에서 산 피임용 기구(그렇다, 나는 굉장히 책임감이 강한 10대 마약중독자였다!), 그리고 나무 파이프를 찾았다.

엄마는 집에 나와 둘밖에 없을 때 나를 '워싱턴 창녀'라고 부르곤 했다. 그녀는 그게 복잡한 주제를 환기시키게 하는 좋은 방법이라고 생각했나 보다. 한참 후 그것이 그녀의 죄절감과 어린 시절의 두려움을 내게 표출하는 말이라는 걸 이해하기는 했지만, 그럴 때마다 그녀의 분노는 나를 날카롭게 파고 들어왔다.

분명, 무언가가 잘못되었다고 느꼈다.

'중독'이라는 게 무엇인지도 알지 못한 어린 시절부터, 그리고 내게도 같은 문제가 있다는 걸 깨닫기 전부터, 친구들과 선생님들에게 엄마의 음주 습관을 알리려고 했다. 이 사실을 처음 털어놓은 건 잘생긴 친구 폴의 소탈한 아버지 로버트 카롤라였다(훗날 그를 나중에 내 고등학교 화학 선생님으로 다시 만났다). 나는 쉬는 시간이 되면 교무실에서 로버트를 찾곤 했다. 그는 나와 엄마 사이에 있는 문제에 대해 진지하게 들어주었다. 그는 가난한 이탈리아 이민자 대가족 출신이었고 가족끼리의 관계가 매우 돈독했다. 그는 우리 가족이 너무 오랫동안 과도하게 부유했기 때문에 그러한 갈등이 생긴 거라고 했다. 과연 그렇게 단순한 이유 때문이었을까.

어쨌든 로버트의 친절함은 청소년기에 나를 지켜줬다. 나는 그가 내게 베풀어 준 것과 같은 방식으로 「세븐틴」을 읽는 10대 소녀들을 구하고 싶었다.

하루는 로버트 앞에서 콧물을 줄줄 흘리며 말했다.

"저는 엄마가 술을 끊을 거라는 희망을 절대로, 절대로 갖지 않을 거예요."

그때 나는 열여섯 살이었고 엄마 때문에 상처받고 화가 나고 혼란스러워 하며, 대마초와 술, 그리고 코카인이 묻어 있는 말보루 담배에서 위안을 찾으려 했다. 그러다 훗날 스스로를 자랑스럽게 여기도록 한 현명한 결정을 하게 되었다. 바로 엄마에 대해 모든 것을 포기하는 것이었다.

"아냐 레슬리."

로버트가 고개를 저으며 미소 지었다. 그는 태어날 때부터 그 미소를 짓고 있었을 지도 모른다. 그는 내게 티슈 한 장을 건네면서 따뜻하고 거친 손으로 내 손을 넓게 폈다. 마치 내 마음도 활짝 펴려는 것처럼.

"희망은 언제나 좋은 거란다."

그는 나에 대한 믿음으로 가득한 미소를 지으며 쳐다보았다.

"그거 아니? 의사들은 늘 간이 사람을 회복시키는 유일한 장기라고 말해. 그런데 그건 틀렸어. 심장도 그렇게 할 수 있단다. 늘 희망을 갖겠다고 나랑 약속하자."

운이 좋게도 나는 세인트 폴리 고등학교에서 자퇴하지 않고 하버드에 합격했다. 마약을 끊지 않은 대단한 중독자 상태였다. 대학 1학년 때 홉(간지럽지만 실명이다. Hope, 희망이라는 이름)을 만나 처음으로 재활 프로그램을 시작했다. 그때 술과 마약을 완전히 끊었다. 보통의 하버드 대학생들이 마약을 하는 즐거움을 막 알게 되었을 바로 그 신입생 시절에 말이다. 나는 학생식당에서 하루에 세 끼를 먹고 수업을 듣고 낮잠을 길게 잤으며, 그러는 동안 친구 홉을 포함해 프로그램에서 만난 다른 사람들의 도움으로 서툴지만 간절하게, '내 인생이 남들이 보기에 어떤지'가 아니라 '나의 내면이 진정으로 어떤 상태인지'를 알아내려 무척 노력했다. 이런 노력을 하는 동안에는 마치 캠퍼스를 완전히 알몸으로 걸어 다니는 것 같은 기분이 들었다.

첫 학기가 끝나고 베세즈다의 집으로 돌아왔을 때, 별로 좋아진

건 없었다. 부모님은 여전히 럼과 콜라를 섞어 마셨고 집 곳곳은 내 끔찍했던 어린 시절을 상기시켰다. 나는 이틀 후 쭈뼛 선 머리로 다시 하버드로 도망쳐버렸다. 그리고 졸업 때까지 휴일과 방학은 텅 빈 기숙사에서 혼자 지냈다.

이렇게 4년 동안 드리미를 찍고, 「세븐틴」에서 전화를 받았다. 내가 몇 달 전에 보낸 '고등학교 시절 거식증 극복'을 주제로 쓴 글을 싣고 싶다는 거였다(안다, 고등학교 시절 내게는 너무나 많은 문제가 있었기 때문에 앞에서 일일이 다 설명하지 못했다). 얼마 지나지 않아 「세븐틴」은 나를 채용했고, 졸업 후 「세븐틴」에서 에디터로 일하게 되었다.

뉴욕으로 옮겼을 때 사우스 스테이션에서 내 친구 홉과 만났다. 그녀는 내가 이렇게 멋진 일을 할 자격이 있다고, 그리고 삶이 나를 이끄는 곳으로 가야만 한다고 몇 달간 나를 다독였다. 그녀는 내 팔에 손을 얹었다. 그녀의 따뜻한 손길이 옷 아래로 전해져왔다. 그녀는 내 어깨를 문지르며 마치 내 얼굴을 자기 눈에 담으려는 듯 한참 동안 응시했다.

"레슬리, 알다시피 넌 4년 동안 힘든 걸 잘 견디며 멋지게 해냈어." 그녀는 특유의 쉰 목소리로 말을 시작했다. "넌 열여덟 살 때 중독에서 벗어나기 위해 노력한 멋진 년이야! 넌 하버드를 졸업했어. 최악의 시절은 다 끝났어. 앞으로 모든 게 잘 될 거야."

나는 작별 인사를 하며 그녀를 안았다.

다섯 시간 후, 나는 아버지의 헤진 검은색 수트케이스를 끌고 펜 스테이션 역의 낙서 앞을 지나고 있었다. 노란색 택시들이 경적을 울리며 해질녘의 잉글리시 애비뉴를 휘젓고 다니고 있었다. 사람이 어찌나 많은지 예전에 독립기념일 불꽃놀이 행사를 보러 워싱턴 DC의 쇼핑몰에 갔을 때보다 더 많은 것 같았다. 인파가 나를 감쌌다. 모두가 가야할 곳을 향해 바쁘게 움직이고 있는 듯 보였다. 나만 빼고.

여섯 달 후, 나는 다시 태어난 것만 같았다. 마약으로 얼룩졌던 10대 시절의 상처는 이제 찾아볼 수 없었다. 나는 막 대학을 졸업한 후 굉장한 직업을 갖고 첼시에 있는 멋진 아파트에 살고 있으며 생애 첫 아메리칸 익스프레스 카드를 소지하게 된 활기차고 앳된 아가씨로 보였다. 회사의 의류 보관소에서 빌린 미니스커트를 입고 하이힐을 신고 걸어가면 사무실 근처 역에서 근무하는 기막히게 귀여운 뉴욕 소방관들이 나를 보고 휘파람을 불었다. 노숙자들은 나를 보고 미소 지었다. 술을 마실 필요가 없어진 다음부터는 매일 밤 돈을 들이지 않고 삶을 즐길 수 있었다.

보통 사람에게는 거의 없을 인생의 두 번째 기회였다.

나는 집에 도착해 아파트 지하실의 문을 열고 부츠를 벗고 복도에 젖은 코트를 걸어놓았다. 내 작은 샴고양이는 침실에 살짝 들어와서 젖은 옷을 수상히 여기며 코를 킁킁댔다. 마치 개똥 조각과 같이 금지된 물질을 묻혀온 게 아닌지 자세히 들여다보는 듯했다. 위니 대신 들어온 조지아주 사바나 출신의 룸메이트는 라임색 빈백의자에서 일어나더니 부재중 메시지를 적은 핑크색 노트를 건네주었다(그녀는 이 노트를 배우 오디션을 보러 다니는 중 틈틈이 아르바이트하던 곳에서 몰래 가져왔다). 그녀는 자신에게 2000달러의 수입을 올리게 해준 버거킹 광고에서 보여 줬던 환하고 밝은 미소를 짓고 있었다. 그녀는 내가 집에 없을 때 나와 데이트하는 남자들이 전화를 하면 다양한 영화 속 캐릭터의 목소리를 흉내 내며 메시지를 받았다. 「이창」의 그레이스 켈리, 「필라델피아 스토리」의 캐서린 헵번, 「바람과 함께 사라지다」에 엄마 역으로 나왔던 해티 맥대니얼까지.

홉의 말이 맞았다. 나를 조지려고 호시탐탐 기회를 엿보던 마약과

술을 물리치고 새 삶을 살게 된 게 너무 기뻤다. 난 자신만만했다.

한 달쯤 후, 사무실 내 자리로 전화벨이 울렸다. 두 번 울리는 소리로
봐서 내부에서 온 전화였다. 내 이름과 발음이 같은 레슬리Lesley라는
이름의 광고부서 직원이었는데, 어떤 남자가 전화로 나를 찾고 있는 것
같다고 했다.

"그가 당신을 지하철에서 만났다고 하던데요."

그녀는 마치 내가 뉴욕에서 프린스턴 클럽* 도서관이 아닌
지하철에서 남자를 만나고 다니는 유일한 여자인 듯한 뉘앙스로
말했다.

"전화 교환국에서 실수로 나를 바꿔준 것 같아요. 저 그 남자랑
15분이나 통화를 했다니까요. 재밌는 분이던데요. 그런데 그분이
사람을 착각한 것 같아요."

'그래, 너희들과 달리 적어도 난 남자를 만나긴 하지.' 속으로
생각하며 전화를 끊고 버튼을 눌러 대기중 통화를 연결했다.

"레슬리? 안녕, 저… 코너예요. 우리 몇 주 전에 지하철에서 만났죠.
당신을 찾아내는 데 굉장히 오래 걸렸네요."

그가 말을 멈추고 웃었다. 걸걸한 목소리를 들으니 지하철에서
쿨하고 거만한 척하면서도 언뜻 어린애 같이 설레어하던 티가 나던
게 기억났다. 잘생긴 얼굴과 실제 나이보다 훨씬 더 나이 들어 보이던
모습을 떠올리자 기분 좋은 떨림이 온몸을 스쳐 지나갔다.

'그가 나를 찾아 다녔다.'

"곧 룸메이트랑 그때 말한 파티를 열거예요. 다다음주 금요일이요.

* 프린스턴 대학교
동문들이 주축이 되어
이뤄진 회원제 사교
클럽

파티에 오실 수 있어요?"

"아, 그 날은 안 되는데요." 나는 무심한 척 대답했다. "아버지의 옛
고객이 우리 가족 전부를 데리고 그 주말에 베일에 가기로 했거든요.
저희 아버지가 판사가 되기 전에 맡았던 소송이 이번에 끝나서
고맙다는 표시로요."

잠깐의 정적이 흘렀다. 수화기 너머에서 그가 눈썹을 치켜 올리는
걸 느낄 수 있었다. 물론 나는 그에게 넌지시 잘난 척 좀 하려고 했다.
스키 같은 비싼 스포츠를 즐기고, 아버지는 힘이 좀 있는 사람이며,
콜로라도에서 주말을 보낸다는 사실을.

코너는 망설이더니 목을 가다듬고 조금 낮은 목소리로 물었다.

"음, 그러면 다른 날 만나는 건 어때요?"

나는 거짓말을 하고 있었다. 물론 우리 아버지에 대한 것과 스키
여행은 진짜였다. 하지만 몇 가지 사실을 빼먹었다. 부모님의 32년에
걸친 결혼생활은 파경을 맞고 있었다. 나는 어린 시절 내내 아버지가
고객에게 쏟는 헌신을 저주했다. 나는 스키를 타는 게 서틀러 로프에
조금만 경사가 져 있어도 울곤 했다. 그리고 나는 마약중독자에 창녀에
거짓말쟁이였다.

"좋아요." 나는 최대한 심드렁하게 말했다. "다음달 3일에 피제이
클라크*에서 한 잔 하는 거 어때요?"

나는 호기심이 일었다. 사무실 근처에서 술을 한잔 하는 데이트는
밑질 것 없지 않나.

"좋아요."

그의 대답이 다소 지나칠 정도로 성급히 튀어나왔다.

* 뉴욕에 위치한
대표적인 펍

유나이티드 에어라인 항공은 뉴욕에서 콜로라도로 가는 길에 내
짐과 스키를 잃어버렸다. 아버지와 남동생 휴, 여동생 실비아와 함께
했고, 엄마는 자기 학급의 자폐증 학생들이 지하철에서 길을 잃을까
봐 걱정된다며 오지 않았다. 엄마가 가족 여행에서 빠진 것은 이번이
처음이었다.

여행 내내 아버지 없이 우리끼리만 놀았다. 나는 경사가 완만한
곳에서 스키를 타고 싶었지만 내 형제들은 날 속여 상급자 코스로
데려가려 했다. 아버지는 우리를 콜로라도에 데려오게끔 해준
고객을 즐겁게 하려고 무척이나 분주했다. 우리는 아버지를 하루에
20분 정도밖에 볼 수 없었다. 한번은 리프트에서 어떤 남자가 스템
크리스티* 동작을 하는 걸 내려다보며 생각했다.

'와 저 아저씨 우리 아버지랑 닮았다.'

실제로 우리 아버지였다. 아, 아버지랑 함께 왔었지.

일요일 밤에 뉴욕으로 돌아와 공항에서 택시를 기다리고 있었다.
검은색 레이밴 선글라스를 쓰고 주말 내내 스키를 타고 잠을 잘 때까지
벗지 않았던 구겨진 청바지 차림이었다. 공항에서 한 40살쯤 된 남자와
택시를 함께 타게 됐는데 소호에 거주하는 마이클 더글러스를 닮은
건축가였다. 그는 내게 번호를 물었다.

갑자기 코너가 어떻게 생겼는지 기억이 나지 않았다. 그저 네이비색
캐시미어 코트와 어두운 금발만 떠올릴 수 있을 뿐이었다.

약속한 날, 몇 분 늦게 도착해 피제이 클라크에 들어서니 정장을 입은
젊은 사람들로 꽉 차 매우 덥고 혼잡했다. 코너는 작은 2인 테이블에
혼자 앉아 있었다. 브룩스 브라더스 울 정장 차림에 새 가죽 서류가방을

* 스키에서 쓰이는
다리 벌려 돌기 기술

발 옆에 반듯이 세워놓고 있었다. 머리는 상쾌하게 다듬어져 있었고
얼굴은 마치 클리니크 스크럽 로션으로 몇 분 전에 문질러 낸 듯
빛났다. 그는 나를 보더니 일어서서 코트를 벗었다. 안에는 붉은색
서스펜더에 공들여 다린 얇은 스트라이프 셔츠가 가슴 근육을
자랑하기 위해 존재하는 듯 가슴팍 위로 팽팽히 펴져 있었다.

흥, 몸은 좋긴 하네.

그는 클럽 소다를 샀다. 그리고 다른 뉴욕 남자들이 첫 데이트에서
하는 것처럼 자신에 대해 시시콜콜히 말하는 대신, 내게 일련의 질문을
해댔다. 마치 인터뷰를 받는 느낌이 들었다. 그의 '무언가'가 되기 위한
면접을 보는 것처럼. 잠깐, 무언가라고? 나는 쏟아지는 질문 세례를
받는 동안 숨도 쉴 수 없을 지경이었다.

어디에서 자랐어요?

아버지는 뭐 하는 분이세요?

형제는 있어요?

학교는 어디 다녔어요?

여름에는 보통 뭘 하세요?

어떤 운동을 하세요?

대답을 하면서 진실의 큰 덩어리는 당연히 빼먹었다. 내 어린 시절을
정상적인 걸로, 아니, 심지어 멋지게 꾸며내는 일은 너무도 쉬웠다.
워싱턴에서의 행복한 봄날, 버몬트에서 보낸 여름, 하버드, 스키,
테니스, 어쩌고저쩌고.

물론 나도 할 말은 있다. 당신 같으면 알코올의존증 어머니와
일중독자 아버지를 가졌고, 그리니치 빌리지 공원을 지날 때 공기
중에 실려 오는 대마초 냄새에 아직도 다리가 풀리며, 10대 시절
마약 딜러들과 수십 번 원나잇 스탠드를 수십 번 했다는 사실을 첫

데이트에서 말하겠는가?

나는 클럽 소다를 마시며 말을 잠깐 멈췄다.

그의 시선은 내내 내 얼굴에 머물러 있었고, 난 한 마디의 질문도 할 수 없었다. 30분 후 나는 소다를 한 잔 다 마셨고 자리에서 일어났다. 코너는 화들짝 놀라 일어나며 탁자를 쾅 쳤다.

"아, 가시기 전에 제 번호를 드릴게요."

중고차 딜러 같았다.

그러고서는 서류가방에서 이력서를 꺼냈다.

이력서? 순간, 나는 어이가 없어서 빤히 쳐다봤다. 「세븐틴」 열혈 독자들이 들으면 환장하겠는 걸.

웃음을 터뜨리기 직전, 코너가 먼저 웃었다.

"제가 어떤 사람인지 보세요."

그가 웃자 한쪽 입꼬리가 다른 쪽보다 더 많이 올라갔고 깨끗하고 고른 치아가 보였다. 섹시했다.

"다음에 우리가 진짜 데이트를 할 수 있을지 당신이 정하면 되겠네요."

내가 데이트를 너무 빨리 끝내 버릴까 걱정했었나?

코너가 소리 내어 웃으며 머리를 뒤로 젖혔다. 갑자기 그의 얼굴이 믿을 수 없이 잘생겨 보였다. 과도하게 열정적인 소년은 사라지고 없었다. 시끄럽고 담배연기로 뿌옇던 바가 그의 뒤로 아득하게 멀어졌다.

혼란스러워졌다. 나는 "잘자요"라는 말을 남기고 바를 떠나, 지하철을 타러 3번 애비뉴로 내려가면서 이력서를 접어 코트 주머니에 넣었다.

집에 도착했을 때 아파트의 뜰은 차갑고 어두웠다. 내 샴고양이가 너무 시끄럽게 우는 바람에 길에서도 들을 수 있을 정도였다.

대학교 3학년으로 넘어가던 시절, 즉 맥주를 끊고 내 자신을 들여다보기 시작한 두 번째 해 여름에 샴고양이 크리세이드를 얻었다. 당시 다른 사람들과는 한 마디도 대화를 하지 못했고, 이 때문에 룸메이트들도 대하기 어려웠다. 그래도 고양이 한 마리쯤은 괜찮았다. 내가 처음 쓰레기 더미에서 이 고양이를 발견했을 때, 너무 낯을 가려서 라디에이터 뒤에 숨어 있는 걸 억지로 꺼내야 했다. 당시 내가 살던 래드클리프 근처 작은 스튜디오에 데려왔을 때 처음 첫 일주일 동안은 침대 커버 밑에 숨어 나오지도 않았다. 난 손가락에 아기 음식을 묻혀 크리세이드가 핥아먹게 했고, 그녀가 유일하게 믿는 인간이 되었다. 크리세이드는 첼시의 아파트로 이사 와서는 캠브리지에서 은둔생활을 했던 게 무색하게 뒤뜰에 몇 시간이고 혼자 있는 용맹함을 보였다.

오드리가 문간에 끼워 놓은 노란 메모지에는 오늘 밤 남자친구 집에 가 있겠다고 쓰여 있었다.

불을 켜고 방에 들어왔다. 엄마가 내게 준 커다란 마호가니 침대 세트 옆에는 거울과 보석상자가 놓여 있었고 바닥에는 내가 열일곱 살 때 외할머니가 돌아가시면서 남겨 주신 아름다운 해리즈 카펫이 깔려 있었다. 거울 앞으로 가 코너가 준 크림색 이력서를 붙였다. 그리고 만약 외할머니가 살아 계셨다면 오늘 일에 대해 어떻게 말했을지 상상해보았다.

외할아버지처럼, 외할머니도 시설에서 살다가 알코올의존증으로 돌아가셨다. 당시 나이 76세였다. 그 시설은 홀로 된 나이 든 여자들이

90대 후반까지 사는 곳이었다. 외할머니는 술에 취해 넘어져서
엉덩이뼈가 부서졌고, 이후 그 부분이 감염이 되어 시설의 침대에서
돌아가셨다. 아마 감염만큼 술을 못 마시게 된 괴로움이 그녀를 20년
정도 더 일찍 죽게 만들었으리라.

외할머니의 죽음은 내가 겪은 첫 죽음이었다. 당시 나는 미드리드에
살고 있었고, 어느 누구도 외할머니가 돌아가셨다고 말해주거나
엄마와 함께 있어줘야 한다고 말하지 않았다. 덕분에 나는 하버드에
지원할 시점이 되어서야 바다를 건너 미국으로 돌아왔다. 그땐 내
자신을 알기에 너무 어렸다. 난 장례식에 참석하지 않았다.

아버지는 매년 쓸데없는 부동산세를 낼 필요가 없다고 생각했고,
엄마는 외할아버지가 뉴욕의 거리로 사라져 버린 후 계속 외할머니와
함께 살았던 어린 시절의 집을 팔았다.

"외할머니 물건 중 하나는 가져야 해."

장례식이 끝난 몇 달 후, 엄마는 외할머니의 침대 기둥을 마치 아기의
머리처럼 살살 두드리며 말했다. 엄마가 울음을 터뜨릴 것 같은 얼굴을
보인 적은 처음이었다. 엄마에게로 가서 가만히 안아주자, 그녀는 마치
내 포옹이 살을 태울 것 같다는 듯 뒤로 물러섰다.

"네 외할머니랑 나누고 싶은 얘기가 너무나도 많단다." 엄마가 맞잡은
두 손을 내려다보며 말했다. "너무 일찍 돌아가셨어. 외할머니를 종종
떠올리도록 이 침대를 가져가려무나."

사실, 침대 세트는 외할머니에 대한 기억보다 엄마가 얼마나 애정을
견딜 수 없어 했는지를 더 떠올리게 했다. 엄마의 애정은 늘 술, 음식,
호화로운 생일 파티, 크리스마스 때 산 캐시미어 스웨터, 가끔씩 내가
알아차리지 못할 때 내 가방에 쑤셔 넣는 돈다발에 의지했다. 마치
말이나 신체적으로 표현하는 애정은 과도하게 강하다고 느끼는 듯이.

혹은 충분히 강하지 않다고 느꼈거나.

"그래 그 지하철 남자랑은 좀 만났고?"

몇 주 후 위니가 전화해서 물었다. 그녀는 생애 처음으로 랄프 로렌 상품을 구매하러 이탈리아에 출장 가 있는 상태였다.

"네 연애사에 대해 하나하나 다 알아야겠어."

전화벨이 울렸을 때 나는 테이블에 난잡하게 늘어놓은 서류들 중 「세븐틴」에 실을 기사를 들여다보고 있었다.

"그 이력서를 생각할 때마다 웃겨 죽겠다니까. 그동안 일주일에 한 번씩 몇 번 만났어. 근데 말야 귀엽긴 한데… 뭔가 내면에서 긴장감이 느껴져."

"예를 들면?"

"레스토랑을 고를 때 너무 신중해. 꼭 자갓 가이드*에 나오는 '뉴욕시—상대방에게 감명을 주는 레스토랑 고르는 법' 코너를 참고하는 것 같단 말야. 둘이서 유명한 곳엔 다 가봤어. 너무 관광지스러운 곳도 포함해서. 그리고 언제나 현금을 내는데… 다림질한 것처럼 빳빳한 20달러로만 지불해."

위니가 큭큭댔다.

"어떻게 생겼어? 재미는 있고?"

"응, 재밌어. 약간 독특한 방식으로 재밌어. 내가 하는 말은 하나하나 다 귀담아 들고. 그런데 좀 이상해 위니. 그에 대해 뭐라고 말을 못하겠어. 그 사람 마치 하늘에서 갑자기 뚝 떨어진 것 같아. 자기 가족이나 친구들에 대해 이야기를 안 해. 내가 아는 건 단지 그가

* 미슐랭 가이드와
함께 세계적인
권위를 가진
레스토랑 가이드북

메사추세츠주에서 자랐고 작년에 대학을 졸업했다는 것뿐이야. 그 사람 우리보다 여덟 살이나 많거든. 리의 친구들 중에 그와 같은 투자은행에 다니는 사람이 말하길, 그는 멋진 사람이고 엄청나게 똑똑하고 업무에서도 최고래. 그런데 그 사람들도 코너의 사생활에 대해 아는 게 쥐똥만큼도 없다니까."

"그 사람 , 왠지 지하철에서 만난 금발 여자애들을 납치하다 걸려서 감옥에 있다 얼마 전 출소한 거 같은 기분이 든다. 학위도 감옥에서 학점 따서 얻은 거 아냐?"

"하, 참 웃기기도 한다. 적어도 그는 얼마 전에 누구랑 약혼한 '전형적인 백인 기독교 집안의 도련님'은 아닌 거 같은데?"

"흥, 내가 졌군."

코웃음치며 분개하는 척 했지만 수화기 너머로 그녀가 웃고 있는 것을 알 수 있었다.

"아무튼, 나 그때 공항에서 만났다고 한 남자와도 데이트했어. 사무실 건물 로비에서 앤이랑 테리가 봤는데, 마이클 더글라스랑 똑같이 생겼다는 것에 동의하더라. 그때 빅맨 타워에 가서 점심을 먹었어. 너도 알지? 미드타운의 UN빌딩 근처에 있는 건물. 자기는 아이들을 좋아하기는 하지만 애들은 역시 지하에 있는 놀이방, 그것도 방음시설이 있는 방에 넣어놓아야 한다고 하더라. 그래서 이렇게 말했지. '그럼 그냥 금붕어나 키우지 그래요?'"

위니가 깔깔대며 웃었다. 위니를 웃게 하는 것. 내가 제일 좋아하는 일 중 하나다.

"그 후에 또 다른 투자은행 사람을 한 파티에서 만났는데 나를 스미스 앤 월렌스키*에 데려갔어. 너 거기 가봤어? 장담하는데, 거기서 먹은 스테이크가 오드리랑 내가 일주일 동안 먹는 식료품 값보다 더 비쌌을

*뉴욕에 위치한 최고급 스테이크 하우스

거야. 그 사람이 나한테 자기가 페라리를 샀는데 다음달쯤 이탈리아 몬자에 가서 시험 운행을 해보겠냐고 묻더라고. 어떻게 그럴 수 있지? 아, 위니, 있잖아. 코너는 좀 지루해. 다시 볼지 말지 생각 중이야."

"이 녀석, 그동안 바빴구나!" 위니가 소리쳤다. "이제 조언하는 건 그만둬야겠다. 내가 미국에 돌아가면 네년은 결혼해서 애를 둘이나 낳아 있겠어."

그리고 그녀는 이탈리아에서 본 온갖 천에 대해 이야기하며, 밀라노를 돌아다니면서 웨딩드레스를 어떤 소재로 해야 좋을까밖에 생각할 수 없었다고 말했다.

「세븐틴」 3월호에는 내가 쓴 가출 소녀들에 대한 기사가 실렸다. 8번 애비뉴 근처 지하철 입구에 있는 뉴스 가판대에서 멈춰 잡지의 표지를 보았다. 교실 대신 타임스퀘어에 나와 있는 소녀들의 실루엣이 표지에 나와 있었다. 사실적이고 보는 사람을 불편하게 만드는, 그리고 야한 소녀들이 나온 어느 앨범 재킷 같이 너무 어둡거나 화려하지 않은 완벽한 묘사.

업무시간에는 내 생애 첫 커버스토리를 쓰기 시작했다. 캐시는 내게 '왜 섹스와 마약, 그리고 술이 남자아이들보다 여자아이들에게 더 안 좋은 영향을 주는지'에 대한 주제를 할당했다. 지난 번 썼던 가출 청소년 기사와 같이 극도로 처절한 현실에 대한 자료들이 주어졌다. 마운틴 시나이 병원의 산부인과 의사가 설명하기를, 여성의 생식기 피부에 있는 수분 때문에 여성은 남성보다 성병에 걸리기 쉬우며, 여성이 상대적으로 남성보다 하체에 무게가 몰려 있고 지방이 많기 때문에 술이 더 큰 악영향을 미친다고 했다. 더불어 니코틴을 포함해 마약은 여성 호르몬에 더 활발하게 섞인다고 한다. 허이구, 멋지군 그래.

미용 부서의 에디터가 어느 날 오후에 와서 혹시 화장하는 것과 관련된 무언가를 잠깐 할 시간이 있느냐고 물었다. 나는 그녀가 커피를 쓸 시간이 있는지 묻는 줄 알았다. 그러다 스타일리스트가 전화해 내게 미용실에 언제 올 수 있느냐고 물었을 때, 비로소 나를 메이크오버의 희생양으로 넣으려 한다는 걸 깨달았다. 난 그녀에게 조명 아래서 화장 받는 것은 술과 마약을 끊는 것과 비교하면 아무것도 아니라고 말해주고 싶었다.

나는 다음에 코너가 전화하면 이제 만나지 못한다고 얘기해야겠다고 생각했다. 당시 너무 많은 남자들을 만나고 있어서 일주일에 6일 밤을 외출해야 할 지경이었다. 때로는 하루에 점심식사는 이 남자와, 저녁식사는 저 남자와 하기도 했다. 덕분에 내가 완전히 좋아하지도 않는 남자와 데이트하는 일은 이제 바보 같이 느껴졌다.

그런데 짜잔. 그는 전화하지 않았다! 내 구식舊式 베이지색 전화기는 통 울릴 기미가 안 보였다. 내가 자신한테 싫증났다는 걸 알아차린 걸까? 아니면 관심 끌려고 수작을 부리나?

그러다 어느 금요일 밤, 너무 피곤해서 외출하지 못하고 오드리도 남자친구 집에 가 있던 그날 밤에 꿈을 꿨다.

코너와 나는 넓은 가죽 벤치 시트에 좌석 벨트도 없는 낡아빠진 포드를 타고, 새벽의 텅 빈 월스트리트와 로어 맨해튼을 달리고 있었다. 도시는 황폐했다. 커다랗고 가느다란 핸들을 한 손으로 잡고 운전하는 코너는 마치 제임스 딘처럼 보였다

그는 운전하는 내내 나를 쳐다보고 있었고 금발은 왼쪽 눈썹에

드리워 있었다. 나는 조수석에 앉아 마치 투명한 물 위에서 제트 스키를 타는 것처럼 미끄러지며 움직이는 차의 움직임에 꼼짝도 못하고 있었다. 우리는 한참 전에 말을 멈췄다. 그는 손가락으로 차의 앞부분을 가리키다 하늘을 향해 올렸고, 그러자 마치 배트맨 만화책 시리즈에서 벌어지는 일처럼 차가 맨해튼 하늘을 향해 솟아올랐다. 배가 울렁거렸다.

몇 시간이나 날아다닌 후, 코너는 천천히 뒤로 기대며 미소 지었다. 그의 푸른 눈은 내내 나를 떠나지 않았다. 그의 오른손이 검은색 싸구려 미니스커트 아래 내 다리 사이의 공간으로 비집고 들어왔다. 나는 그의 손길에 오르가즘을 느끼며 전율했고, 그의 뜨거운 손가락 때문에 온몸이 폭발할 것만 같았다. 동시에 차가 폭발했고, 색색의 종이로 산산이 부서졌다.

잠에서 깨었을 때, 화창한 토요일 아침이었다. 나는 침대 위에 홀로 누워 있었고 이불 속에서 꼼짝도 할 수 없었다. 지난 4년간 섹스를 하지 않았다. 섹스를 했을 때는 늘 약이나 술에 취한 상태였었다. 내 인생에 오르가즘을 느껴본 적도 단 몇 번뿐이었다. 잘 때는 한 번도 느낀 적 없었다. 이런 현상이 가능한 건가? 이런 얘기를 생전 들어본 적이 없었다. 심지어 루스 웨스트하이머 박사*가 하버드 로스쿨에 와서 강연하면서 개와 섹스를 하는 사람들에 대한 이야기와 적절한 딜도를 찾는 방법을 알려줬을 때도 이런 내용은 없었다.

망할. 나 코너를 다시 만나야 하나.

❦

* 성문제 치료로
유명한 의사

「세븐틴」에 실릴 내 메이크오버 촬영은 5번 애비뉴의 뷰티 살롱이

문을 닫은 월요일에 이루어졌다. 일단 머리를 다듬는 것부터 시작했다. 그 다음은 메이크업. 덩치가 막노동꾼처럼 큰 근육질의 흑인 남성이 곁에 가짜 보석이 빼곡히 박힌 조그만 핑크색 화장품 박스를 들고 들어왔다. 그는 내 얼굴에 예닐곱 겹의 파우더를 바르고 눈 주위를 다크 브리운 세도우와 검은색 이이리이너로 채웠다. 한 무리의 어행객들이 살롱 바깥에서 촬영하는 것을 지켜보고 있었다. 촬영을 다 마치고 밖으로 나가려 무거운 유리문을 열자 구경하던 사람들이 마치 유명 모델을 본 것처럼 "우와" 하고 탄성을 질렀다. 아니면 내가 거기 있던 아이들 중 한 명을 붙잡아 피를 빨아먹을 것처럼 보였거나.

그 전 주 금요일, 코너는 사무실로 전화를 걸었다. 그동안 보고 싶었다는 말이 아주 간신히 입 밖으로 나왔다. 나는 다음 주 월요일 저녁 데이트를 허락했다. 바로 오늘이다.

갑자기 내 인생에 들어서는 새로운 남자들이 지겨워지기 시작했다. 그들을 만날 때마다 매번 긴장하고 어색해하고 친밀감의 부족을 느끼는 것에 지쳤다. 재미있는 이야기를 생각해 내려고 노력하거나 밤에 헤어질 때 작별인사를 하며 뺨이 아플 정도로 크게 짓는 거짓 미소가 지겨워졌다. 가만히 말없이 함께 앉아 있어 줄 사람이 필요했다. 가족 같이 느껴지는 사람.

가족 얘기가 나왔으니 말인데, 나는 얼마 전 아버지로부터 큰 카드보드 박스를 받았다. 안에는 그가 지난 20년 동안 입었던 다섯 개의 울 재킷이 들어 있었다. 왜 그 남자들이 입는 방식 있잖은가. 주 단위로, 월요일에는 회색, 화요일에는 감청색…. 20년의 세월 동안 소매는 닳아 해져 있었다. 아버지는 이 옷들을 버리려 했다가, 내가 좋은 천을 얼마나 좋아하는지, 내 쥐꼬리 월급으로 얼마나 많은 새 옷을 사 입을 수 있는지 떠올리고는 내게 그 재킷들을 보냈다. 그것들은

헤링본 스타일로 짜인 직물로 된 트위드였으며 검은색과 파란색, 짙은
회색이 섞여 너무나 아름다웠다. 나는 5달러짜리 티셔츠와 20달러짜리
늘어난 미니스커트 위에 이 재킷 하나를 입고 소매를 걷어 올렸다. 짠!
딱 「세븐틴」의 '30달러 이하 패션' 꼭지에 소개되는 패션 같았다. 가장
좋은 점은 재킷들에 아버지의 냄새, 남성스러움을 풍기는 울 소재에
애프터 셰이브와 시가 향이 섞여 그 어느 때보다도 아버지와 가까이
있다는 느낌을 받았다는 것이다.

살롱에서 사무실로 돌아오는 동안 5번 애비뉴에 늘어선 가게들의
쇼윈도에 내 기괴한 얼굴이 비쳐 보일 때마다 놀라서 펄쩍 뛰었다.
사무실 빌딩의 9층까지 올라가는 동안 경비원, 재봉사, 퇴직한
집배원을 보았고 그들과 마주치지 않기 위해 매번 여자화장실로
숨어 들어갔다. 거친 휴지로 얼굴을 문질러 닦아 거의 휴지 한
통을 다 쓰고서야 그나마 정상적인 사람으로 보였다. 앤과 테리가
메이크오버가 어땠냐고 묻길래 난 노코멘트 했다.

"음, 그냥 나중에 나오면 봐."

그들은 안 봐도 알겠다는 듯 헛기침을 했다. 징조가 별로 좋지는
않았다

몇 시간 후 나는 그랜드 센트럴 스테이션의 시계탑 아래에서
코너—아직도 그를 생각하면 손바닥이 간질거렸다—를 만났다. 그는
이번에도 일찍 나왔다. 황량한 원형 극장 건너편에서 시계탑 앞
「월스트리트저널」을 읽고 있는 코너를 발견했다. 나는 살며시 다가가
부드럽게 키스했다. 그의 목구멍에서 부드러운 신음소리가 울렸다.

우리는 크로스타운으로 가는 셔틀버스에 끼어 탄 후 9번 애비뉴로
걸어 내려갔다. 거리는 어딘가로—집으로, 가게로, 아이들의 학교로, 센트럴
파크로—가려는 뉴욕 사람들로 가득했다. 모두가 업타운으로 가는 것

* 지붕 위에
엠파이어빌딩의
축소모형이 있는
레스토랑으로
맨해튼의 명소

같았다. 우리는 다운타운으로 향하는 유일한 사람들이었다.

마침내 인파가 없어지고 내 아파트 근처에 있는 엠파이어
다이너*에서 서로 옆에 앉게 되었을 때, 나는 계속 그 꿈을 생각하고
있었다. 코너 옆에 앉아 그에게서 풍기는 깨끗한 비누 향기를 맡고
있는 동안, 그의 정장 재킷을 보며 어린 시절 보았던 아버지가 퇴근했을
때 문 앞에 있던 모습과 비슷하다고 생각하며 그의 손에서 눈을
떼지 못했다. 그는 손을 줄곧 숨기고 있었다. 제스처도 별로 없었고
다른 남자들이 너무 일찍부터 그러하듯 내 허벅지나 팔을 향해 손을
뻗지도 않았다. 그러나 그날 밤 나는 그의 손을 찾아내었고, 보는 순간
전율했다.

강하고 얌전한 손가락. 둥글고, 정리가 잘된 손가락들. 코너의 우아한
손은 코너의 근육질 가슴과 단단한 허리와는 어지러울 정도로 대조를
이뤘다.

나는 그날 밤 내내 코너의 손만 쳐다보았다. 포크를 잡는 손, 음식
계산을 하는 손, 테이블 위에 가만히 놓아둔 손. 꿈에서 그의 손은 자신
있게 핸들을 붙잡고 있었다. 그의 오른손이 내 스커트 밑으로 들어왔을
때 너무도 뜨거웠다.

코너는 이제 더 이상 지루한 존재가 아니었다.

그는 회사, 새 룸메이트, 집 근처 피트니스 클럽, 맨해튼에서의
세세한 삶의 모습들, 주식매매 업무의 치열함에 대해 이야기했다.
솔직히 그는 내가 좋아하기에는 너무 늙어 보였다. 눈 주위에 진
잔주름은 그가 아내와 어린 아이들, 그리고 대출이 있는 사람이라고
말하는 듯했다. 그러나 동시에, 그의 얼굴에서 묻어나는 싱그러움은
마치 야구 연습이 끝나고 물을 마시러 뛰어 들어가는 열여덟 살
소년처럼 보이게도 했다. 나는 손을 뻗어 손가락으로 그의 뺨을 만지고

싫었다. 그러나 오늘밤 그와 함께 침대에 뛰어들지는 않을 것이다.
나는 자다가 아침에 일어났을 때, 옆에 잘 기억나지도 않는 깡마른
마약쟁이나 수염 난 바텐더가 있는 것을 발견할 때의 기분이 어떤지
너무나 잘 알고 있었다.

욱…. 꿈이든 아니든, 이번에는 내가 준비될 때까지 기다릴 것이다.

코너는 나를 집에 데려다 줬다. 그는 멈춰서 한 손은 내 허리에,
한 손은 아파트 지하실 철문에 대고 내게 천천히 키스했다. 그는
내게 자기가 안에 들어갔으면 좋겠느냐고 물었고, 내가 "오늘밤은
말고요"라고 말하자 재빨리 물러섰다.

내 말의 의미를 아는 것 같았다. 오늘은 아니지만, 곧.

집으로 들어가 샤워를 하러 욕실로 들어갔다. 내 검은색 카프리
바지(그렇다, 그 의류 보관소에서 가져온)를 벗고 속옷을 벗었다. 몸을
적셨다. 나는 그동안 젖은 속옷이 어떤 기분인지 잊고 있었다. 나는
이런 짜릿함, 통제불능의 상태에 빠질 듯하면서도 그걸 또 좋아하게
되는 느낌을 전에는 느껴본 적이 없었다. 내가 정말로 아끼고 믿는
사람과 사랑을 나누는 것은 어떤 느낌일까?

예전에 남의 집 옆에서 주워온 욕실 거울 앞에서 이를 닦았다.
거울에는 80년대 초반 스타일의 핑크색 글자―'넌 무진장 예뻐!―가 씌어
있었다. 입안은 치약 거품으로 가득 찼고, 아마 이게 사랑에 빠지는
기분이 아닐까 하는 생각이 들었다. 진정한 사랑.

월요일 오후 5시 30분. 아버지의 사무실로 전화를 걸었다. 그는
신호가 떨어지자마자 전화를 받았다.

"오, 레슬리! 일은 어떠니? 내가 보낸 소포 받았고?"

"오, 레슬리! 일은 어떠니? 내가 보낸 소포 받았고?"

"오, 레슬리! 일은 어떠니? 내가 보낸 소포 받았고?"

"네, 아빠. 오늘은 회색 재킷 입고 나왔어요. 고마워요. 오늘 늦게까지 일하세요?"

그는 큭큭대며 웃었다.

"출근한 지 벌써 열두 시간째란다. 새벽에 걸어서 사무실에 왔는데 '월싱턴' 다운타운 길거리를 돌아다니는 사람을 하나도 없지 뭐니."

그는 오클라호마 억양을 섞어 워싱턴을 '월싱턴'으로 발음했다.

아버지는 오클라호마 남부의 가난한 침례교 마을에서 나고 자란 머리 좋은 소년이었다. 그는 가족 중 처음으로 고등학교를 졸업했다. 그의 조부모 중 한 명이 체로키 인디언이었고, 그 혈통 때문에 우리 가족의 얼굴은 광대뼈가 튀어나오고 발가락 끝이 구부러졌으며, 약간 황금빛이 도는 피부에 몸에 털이 거의 없었다.

아버지가 들려준 몇 개의 일화를 듣고, 그의 어린 시절이 방랑벽이 있고 종교에 광적으로 빠진 친할머니에 의해–나쁜 방식으로–지배되었다는 걸 알았다. 그녀는 남편을 떠나 가족을 데리고 일 년에 열두 번 정도를 종교적 계시와 추방 명령, 밤늦은 시간 이웃에서 신고 전화를 받고 출동한 경찰에 쫓겨 옮겨 다녀야 했다. 그 와중에 아버지의 누나는 백혈병에 걸렸으며 치료를 받지 못하고 죽었다. 그러나 아버지는 누나 얘기를 거의 하지 않았다.

아버지는 시카고 공립 고등학교를 졸업하고 해군 학군단 장학금을 받아 하버드에 입학했다. 그도, 할머니도 고등학교 때 선생님이 지원해보라고 말하기 전까지는 하버드가 뭔지 들어본 적도 없었다. 그는 여름 내내 건설 현장에서 일하며 캠브리지까지 이동할 차비를 마련했다. 그가 시카고를 떠날 때, 할머니는 그가 기어이 악마에게로 가는 거라고 저주를 퍼부었다.

아버지는 엄마를 래드클리프에서 처음 만났다. 당시 엄마는 외삼촌의 커클랜드 집을 함께 쓰던 룸메이트와 약혼한 상태였는데, 너무 가까운 촌수여서 거의 근친상간일 정도였다. 엄마는 그와 파혼하고 스트로베리 힐에 있는 오래된 참나무 아래에서 아버지와 결혼식을 올렸다. 아버지는 학자금 대출을 갚기 위해 해군에서 비행기를 몰며 복무한 후 로스쿨에 진학했다. 엄마는 그의 학자금을 대기 위해 서머빌에서 체육교사로 일했다.

내 기억으로는 아버지가 워싱턴에서 변호사를 하면서 저녁 7시 전에 집에 들어온 적이 없었다. 아마 그는 우리에게 있어 아버지와 함께 보내는 시간이 떠돌이 거렁뱅이였던 유년시절의 자신에게 몰약처럼 귀했던 새 신발이나 음식만큼이나 소중하다는 생각은 하지 못했을 것이다. 아버지는 50대 초반에 판사가 되었다. 「뉴욕타임스」나 「워싱턴포스트」에 실린 아버지의 오피니언 칼럼 코너를 읽는 게 실제 아버지를 보는 횟수보다 많았다. 내 인생에서 아버지와 날씨나 테니스, 혹은 워싱턴 레드스킨스 야구팀에 관한 것 말고 다른 주제로 대화를 나눈 적은 손에 꼽을 정도였다. 나는 아버지와 한 대화를 토씨 하나 안 빼먹고 기억하고 있었다.

그러나 오늘은 달랐다. 나는 코너에 대한 이야기를 하기 위해 그에게 전화를 건 게 아니었다. 아버지에게 데이트 상대에 대해 이야기하지 않게 된 지는 아주 오래 됐으니까. 그는 내 남자친구들을 헷갈려했다. 따끈따끈한 새 남자친구 이야기를 들려주는 와중에 헤어진 전 남자친구의 이름을 아버지가 실수로 들먹이는 걸 굳이 듣고 있어야 할 필요는 없었다. 또한 아버지와 나는 엄마의 장광설이나 내 마약중독, 거식증, 음주에 대해 이야기하지 않았다. 그는 내 문제가 얼마나 극심하든 알아차리지 못하는 듯했다. 그에게는 내가 잘 지내고 있는 걸로 보이는 게 간편하고 맘 편한 것 같았다. 특히 지금은 정말로 그랬다.

나는 아버지가 집을 나갔다는 사실을 안다고 말하기 위해 전화를 걸었다. 내가 계속 우기는 바람에 아버지는 엄마에게 최후통첩을 날렸나. 술을 끊든지 아니면 관계를 끝내든지. 그리고 어젯밤 엄마가 말했다.

"너희 아버지가 집 얻어서 나갔다고 네게 말했니?"

이 말이 무슨 뜻인지 와 닿자 가슴이 철렁했다. 엄마는 술을 끊지 않았다. 그녀는 아버지 대신 술을 택했다. 아버지는 부부가 30년 넘게 함께 썼던 옷장을 비우면서 내게 그 재킷들을 보낸 것이다. 그들이 갈라서는 데 한 10년 정도는 걸린 것 같다. 아버지가 너무 소심한 겁쟁이라 내게 이 사실을 직접 말하지 못했다고 해도, 별로 놀랄 만한 사실은 아니다. 그에게는 그의 입장이라는 게 있으니.

나는 최대한 간결하고 다정하게 말하려 했다. 그를 위해, 그리고 아마도 나를 위해.

"아빠, 잠시만요. 엄마가 말하길 집을 나가셨다고 하던데요. 분명 힘드실 거예요. 그러면서도 제게 부담이 되고 싶지는 않으시겠죠. 그렇지만 혹시라도 제가 필요하면 언제든 얘기하세요. 정말 안됐어요. 전 아빠가… 최선을 다했다는 걸 알아요."

침묵. 수화기 너머로 법률 노트를 넘기는 소리가 들렸다.

"흠, 레슬리." 아버지가 목을 가다듬고 말했다. "네 엄마를 사랑한단다. 32년 동안 함께 했고. 그런데 결혼생활은… 이제 끝난 것 같다. 사실, 진작에 끝났던 게 아닌가 싶다."

오 안 돼요, 아빠, 전화를 끊으며 속으로 외쳤다.

로비로 걸어 나오는데 코너와 스티치가 웃는 소리가 들렸다. 나는 잠깐 멈춰서 아버지의 회색 헤링본 재킷을 걸쳤다.

"이거 나쁘지 않네요," 코너는 남자들끼리 대화할 때 나오는 특유의
자신감에 찬 목소리로 말했다. "32년 동안 쥐똥만 한 우체국에서
일하다가 열일곱 살짜리 모델들 구경하는 거요."

스티치가 뱃속에서부터 울리는 웃음소리를 껄껄 내며 말했다.

"아, 여기에 저런 애들이 여기에 많죠. 그래서 꼬여드는 미친놈들
쫓아내느라 정신이 없어요."

나는 옷을 입다가 팔을 잘못 끼워 옷을 다시 입으려 더듬거려야 했다.
코너가 스티치 옆에 서서 목구멍 깊숙한 곳에서 비어져 나오는 웃음을
터트리는 걸 보자 나도 모르게 미소 지었다.

우리는 다운타운에 위치한 레스토랑인 인도차인으로 향했다. 코너는
이제 능숙하게 레스토랑을 골랐다. 우리는 구석에 있는 낮은 테이블에
앉았다. 그는 내게 와인이나 맥주를 마시겠냐고 물었다.

"아, 괜찮아요."

나는 어깨를 으쓱하며 대답했다. 늘 이런 식으로 술을 거절해 왔다.
굳이 설명하지 않았다. 내 이야기를 하려면 십 년은 족히 걸릴 테니까.
아직 우리는 그런 극적인 이야기를 나눌 사이가 아니다.

"당신, 술을 안 마시는군요."

그는 내 쪽으로 몸을 숙이며 흥미로운 듯 물었다. 웃고 있는 그의
얼굴은 천진난만했다. 그는 나에 대해 모든 것을 알고 싶어 했다.
"당신은 우리가 데이트하는 동안 술을 단 한 번도 마시지 않았어요.
이유가 뭐예요?"

나는 이야기를 잠시 멈추기 위해 레스토랑의 천장 장식을 고개를 들어 살펴보았다.

"음, 코너. 우리 엄마 쪽 가계에는 알코올중독 문제가 좀 있어요. 저는 미성년자를 막 벗어나던 18세 생일 이후부터 아예 술을 끊었고요. 믿을지 모르겠지만 그 전에는 술을 많이 마셨었어요. 니는 내 주위의 알코올중독자들처럼 되고 싶지 않아요."

이 정도면 대충 알아듣겠지, 뭐.

내 말을 듣자 코너는 맥주잔을 테이블 저편으로 치워버렸다. 그는 레스토랑에 있는 테이블 위 촛불 하나하나에 시선을 주며 응시했다. 이윽고 다시 내 얼굴을 바라보며 미소 지었다.

"그럼 나도 안 마실래요."

그가 입도 대지 않은 맥주잔을 쳐다봤다. 황금빛 액체 위에 올린 하얀 거품이 거의 살아 숨 쉬는 듯 보였다. 공기를 품은 거품 몇 줄기가 차갑고 물기가 서린 맥주잔 표면으로 흘러내렸다.

감동적이었다. 꽤. 이 얼마나 다정한가. 술을 마실 줄 아는 사람이라면 여섯 번 남짓 만난 상대를 위해 술을 마다하진 않을 것이다. 여자가 술을 마시지 않으면 대뜸 헤어지자고 하겠지. 내 친구들 중 술을 안 마시는 애들이 들으면 무척 부러워할 일이다. 벌써 귓가에는 술을 마시는 평범한 사람들이 이럴 때 어떻게 행동하는지에 대해 말하며 깔깔대는 직장 동료들의 목소리가 들리는 것 같다.

"아니에요 코너." 나는 고개를 저었다. "저는 상관없어요. 제 친구들(사실은 데이트하던 남자들)도 술을 마시거든요. 술 안 마신 지 몇 년 됐어요. 술을 마시고 싶었던 때도 오래됐고요. 바에 가는 건 문제도 안 돼요. 옆에 술이 있다고 해서 먹고 싶다는 생각은 요만큼도 들지 않아요. 정말로 상관—"

"레슬리."

그는 적절한 단어를 고르려는 듯 말을 멈추고 잠시 내 머리 뒤를
응시했다.

"저는 당신이 좋아요. 자라면서 알코올중독 문제가 주변에 있었고 또
당신이 여전히 골치 아파하는 걸 확실히 알겠어요. 저는 가족 중 그런
사람이 있다는 게 어떤 기분인지 알아요. 저는 절대 당신을 비하… 하는
말을 하고 싶지 않아요. 정말로, 진심으로요."

나를 바라보는 그의 파란색 눈동자가 내 살과 뼈를 뚫고 들어와
심장을 찌를 것만 같았다. 내가 우리 엄마 때문에 술 먹는 사람은 절대,
절대 다시는 믿지 않기로 한 걸 어떻게 알았을까?

"좋아요, 마음대로 해요. 여긴 자유 국가니까. 하지만 나 때문에
그러진 말아요. 이게 그렇게 큰일은 아니니까요."

내가 왜 거짓말을 했는지 모르겠다.

저녁을 먹고 난 후 나는 너무 피곤해져서 원래 가기로 했던 재즈
클럽에 못 가겠다고 얘기했다. 그는 그의 부드럽고, 따뜻한 손으로
내 손을 잡고 레스토랑에서 몇 블록 떨어진 지하철역을 향해 걷기
시작했다. 나는 부모님 생각 때문에 혼란스러워 혼자 있고 싶었다.
이런 상태로는 코너에게도, 멋진 재즈 음악에도 집중할 수 없었다. 그가
술을 마시지 않겠다고 맹세하면서 내 혼란은 가중되었다.

그는 지하철역 회전문까지 나를 바래다주었다. 우리가 작별 키스를
나누는 동안 열차들이 플랫폼에 들어오느라 건물이 진동했다. 코너는
내게 입을 맞췄고, 언제나처럼 입술만 살짝 닿았다. 그는 키스하는
동안 내 두 손을 꼭 잡고 있었다. 그 두 손 안에서 나는 마치 야구
글러브를 낀 것 같은 느낌이 들었다. 나는 코너의 내면에 가능한 한
가까이 다가가고 싶었다. 그를 그답게 만든 것이 무엇인지, 대체 그게

무엇이길래 우리가 함께 있을 때 나를 이렇게 미치도록 기분 좋게
만드는지 알고 싶었다. 그러나 두려워서 그의 얼굴을 쳐다볼 수가
없었다. 그는 진정 나를 믿고 있었다. 만약 고개를 들어 코너의 얼굴을
봤을 때 내가 지금 느끼는 것─코너의 손과 내 손이 이어져 수혈을 받는 것
같은 기분─을 망치는 표정이 떠올라 있으면 견딜 수 없을 것 같았다.

얼마 후, 코너는 나를 보내줬다. 나는 회전문을 통과해 열차 문이
닫히기 직전 겨우 올라탔다. 열차는 텅 비어 있었다. 나는 자리에
앉았고 내 주변은 녹아내리는 것 같았다. 코너는 사라졌다.

다음 월요일, 코너와 나는 퇴근 후 그랜드 센트럴의 시계탑 아래에서
만났다.

그날 오후에 나는 라구아디아 공항에 나가 전국에서 날아온
「세븐틴」의 10대 모델 콘테스트 최종 후보로 뽑힌 여섯 명의 소녀를
마중해야 했다. 수하물 찾는 곳에서 그들을 만나, 어린 기린 떼처럼
몰아 커다란 검은색 리무진에 태우고 맨해튼으로 데려왔다. 센트럴
파크 사우스의 파크 레인 앞에 있던 도어맨들은 키가 180센티미터쯤
되는 열네 살 소녀 여섯 명이 리무진에서 내리는 것을 뚫어지게
쳐다봤다. 미용 부서에서 매니저 세 명이 이들을 숙소에서 하룻밤
재우기 위해 데려갔다. 소녀들 중 한 명이 퀸 사이즈 침대에 뛰어들어
그녀의 금빛 머리카락이 천장을 향해 솟구치는 것을 마지막으로 보며
그 자리를 나왔다.

그 시간 동안 코너는 참을성 있게 기다렸으며, 한 손에는 옅은 핑크색
장미 한 다발을, 다른 손에는 커다란 핑크색 종이가방을 말아 팔 아래

끼고 있었다. 그는 카키색 바지와 로퍼, 파란 옥스퍼드 셔츠 차림이었고 비싼 사립학교에 다니는 학생 같은, 말하자면 열두 살 소년이 교회에 갈 때 입고 갈 것만 같은 니트 조끼를 걸치고 있었다. 날 발견하자 그의 얼굴이 밝아졌다.

"안녕."

내가 그를 향해 다가갔을 때 그는 여전히 미소를 지으며 말했다. 그가 내 어깨에 팔을 두르자, 내 어깨뼈는 우유를 넣은 진한 핫 초콜릿이 담긴 머그잔처럼 따뜻해졌다. 코너는 막 샤워를 마치고 나온 것처럼 보였으며 옷은 깔끔하고 완벽하게 다림질되어 있었다. 마치 하루 종일 이 순간만을 기다렸던 것처럼.

"오늘 기분이 어때요?"

그가 내 얼굴을 유심히 살폈다.

"괜찮아요."

나는 피곤한 듯 한숨을 쉬며 말했다. 모델 지망생들을 보살피느라 한 십 년은 늙은 것 같았다.

"자, 그거 이리 줘 봐요." 그는 내 손가방과 슬링, 백팩을 가져갔다. "택시 타고 당신 집으로 가서 이걸 좀 내려놓죠."

"음, 있죠." 내가 물었다. "우리 좀 걷는 게 어때요? 상쾌한 공기를 쐬고 싶어서요. 가방은 별로 무겁지 않죠?"

"네." 그가 웃었다. "이건 아무 것도 아닌걸요."

그래서 우리는 42번 스트리트를 건너 헬스 키친*의 온 벽이 그래피티 투성이인 길―모두가 주말의 숙취 때문에 거리로 나올 생각을 하지 않는 월요일 이른 저녁 외에는 늘 위험한―을 지나 서른다섯 블록을 걸어 내 아파트에 도착했다. 나는 지하실 문 밖에서 열쇠를 찾으러 이리 저리 돌아다녔다. 코너는 한 번도 집 안으로 들어온 적이 없었다.

* 뉴욕 맨해튼의
대표적인 빈민가

문을 열자마자 크리세이드가 나를 향해 달려오다가 코너를 발견하곤 깜짝 놀라서 거실로 미끄러져 질주하더니, 내 침대 밑 몇 센티미터밖에 안 되는 틈으로 숨으러 달려가 숨었다. 모든 일이 너무 빨리 벌어져서 우리는 희미한 하얀 잔상밖에 볼 수 없었다.

"뭐였어요?"

그가 웃었다. 그는 가방을 내려놓더니 내게 꽃을 건네주었다. 핑크색 꽃줄기는 길었고 희미한 향기가 났다.

"마음에 들었으면 좋겠어요."

"맙소사, 너무 예뻐요! 아까 그건 내 샴고양이 크리세이드예요. 낯을 좀 가리죠. 물 한 잔 줄까요?"

"아뇨, 하지만 꽃에는 좀 주세요. 당신이 꽃에 물을 주고 오면 줄 것이 있어요."

그는 팔 아래 접어서 끼고 있는 종이가방을 보며 말했다.

나는 화병에 물을 넣고 꽃을 꽂은 후 부엌에서 물을 한 잔 마셨다. 크리세이드는 눈에 불을 켜고 침실 문 아래 틈으로 코너를 주시하고 있었다. 마치 부모의 저녁 파티를 몰래 엿보는, 이미 잠자리에 들었어야 하는 어린 소녀처럼. 코너는 오드리와 내가 거실에 벽돌과 판자를 이용해 만들어 놓은 임시 책장에 꽂힌 책들을 유심히 보았다.

"와우." 그는 내가 뒤에 있다는 기척을 느끼고는 말했다. "당신 이거 다 읽은 거예요?"

"에이, 너무 놀라지 말아요. 난 영문학 전공이었어요. 그 책들은 제가 좋아해서 계속 가지고 있는 거예요."

그는 눈썹을 치켜 올리더니 책장을 향해 돌아섰다.

"이 오래된 책들은 뭐예요? 『뷰티풀 조』? 『짐 점프』? 『블랙 뷰티』? 대학생용으로 보이지는 않는데."

코너는 내가 꽂아 놓은 어린이 책들을 손가락으로 쭉 훑었다. 내가 어린 시절 가장 좋아했던 책들이다. 지금은 표지가 다 해졌지만 어렸을 때 이 책들이 크리스마스 트리 밑에서 얼마나 반짝반짝 빛났는지 생생히 기억난다. '산타로부터'가 새겨진 황금색 스티커가 붙어 있던 표지.

"으, 저 울지도 몰라요. 책 하나당 30분씩은 울 수 있을걸요. 죽은 강아지, 죽은 조랑말…. 알잖아요."

"글쎄요 난 잘 모르겠는데. 어렸을 적에 집에 책이 없었어요."

아니, 책이 없는 집이 있나? 농담이 분명했다. 진실이든 아니든, 이것이 그가 꺼낸 유일한 어린 시절 이야기였다.

"좋아, 이제 앉아 봐요." 그가 방으로 들어오며 말했다.

나는 핑크색 소파에 앉았다.

"눈을 감아 봐요."

눈을 감았다. 긴장되어 웃음이 나왔다.

"손을 내밀어 봐요."

손을 내밀었고 손에 벨벳 같이 부드러운, 그러나 조금 더 가벼운 무언가를 느꼈다.

"이제 눈 떠도 돼요."

내 손에는 작은 하얀색 꽃장식이 프린트된 옅은 파란색 드레스가 들려 있었다.

"오, 코너, 이럴 필요 없는데…."

"이거 실크예요. 부드럽죠? 이 옷이 당신에게 잘 어울릴 것 같았어요. 지난주 당신과 대화하다가 문득 선물을 하고 싶다는 생각이 들었어요."

드레스를 위로 들어 펼쳤다. 긴팔에 브이넥, 허리 부분이 조여진

디자인. 잠자리에 들 때까지 입고 싶은 드레스였다. 나는 드레스를
조심스레 접어 종이가방 안에 넣었다.

"지금 인상 쓰는 거예요? 마음에 안 들어요?"

"아뇨, 정말 마음에 들어요. 단지 당신이 정확히 내가 좋아하는
스타일의 드레스를 샀다는 게 믿기지가 않아서 그래요. 고마워요. 너무
예뻐요."

그가 서서히 미소를 지었다.

"저 원래 이런 거 잘 파악해요. 이제 가서 입어 봐요."

욕실에 들어가 출근할 때 입은 미니스커트와 아버지의 울 스웨터를
벗었다.

드레스가 들어 있는 종이가방을 펴서 브랜드를 확인했다. 핑크색
글자로 새겨진 이름이 묘하게 익숙했다. 아, 사무실 빌딩에서 반 블록
떨어진 곳에 있는 가게! 점심시간에 이 가게에 두 번 들렀었다. 한 번은
보라색 린넨 드레스를 샀고, 한 번은 코너를 지하철에서 처음 만난 날
입고 있었던 검은색 울 원피스를 샀다. 기막힌 우연이기도 하지.

"코너!"

옷을 홀딱 벗은 채 욕실 문 밖을 향해 소리쳤다. 욕실의 공기가
차가워서 젖꼭지가 단단해졌고 딛고 있는 바닥 타일이 차가워
발가락을 오므렸다. 그가 욕실 앞으로 달려오는 소리가 들렸고 몇 초
만에 욕실 문 앞에 다다랐다.

"무슨 일이에요?"

"믿을 수가 없어요! 이건 제가 세상에서 가장 좋아하는 옷가게의
옷이에요! 우리 사무실 빌딩 바로 근처에 있는 곳이요!"

그는 껄껄대며 웃었다. 우리가 처음 통화했을 때 들려주었던
사랑스러운 낮은 웃음소리.

"알아요. 이전에 우리 통화할 때, 당신이 근처에 있는 근사한 옷가게에 다녀왔다고 한 적이 있었거든요. 그때 길 건너편 분수가 있는 공원에서 점심을 먹었다고 이야기 했고요. 그래서 어제 당신 사무실 빌딩 근처를 돌아다니다가 마침내 그 가게를 발견했어요."

대체 얼마나 걸렸을까? 얼마나 많은 길을 헤맸을까? 그 근처에는 여성복 가게가 수십 개는 있었다. 그가 그 가게를 찾은 것이 기적 같았다. 내가 이렇게 특별한 기분을 느끼게 만든 것이 기적 같았다.

"그 가게가 일요일에도 문을 연다는 사실조차 몰랐어요."

"사실, 일요일엔 문을 닫더라구요. 그런데 어제 마침 가게 주인이 물건을 받느라 나와 있었어요. 그를 불러 문을 열게 한 후 당신이 어떤 스타일을 좋아하는지 말했어요. 그랬더니 어제 이탈리아에서 막 도착한 옷들을 보여주더군요."

나는 드레스를 들어 머리부터 집어넣었다. 완벽하게 맞았다. 허리 부분에는 실크로 덮인 단추가 세 개 달려 있었고 치마는 길고 풍성했다. 원래부터 나를 위해 만들어진 옷 같았다. 천은 너무도 따뜻하고 부드러워 살갗에 닿는 속옷 같았다. 마치 『아발론의 안개』*에 나오는 요정 모르건이 된 것 같았다.

나는 머리를 매만지고 욕실을 나왔다. 코너는 핑크색 소파에 앉아 존 롤스**의 『정의론』에 몰입해 읽고 있었다. 내 책장에서 꺼낸 책이었다. 확실히 가벼운 책은 아니었다.

"와우."

내가 복도에 서 있는 것을 알아챈 코너가 나직한 소리를 냈다. 그는 읽던 부분을 잊을까 봐 조심하며 책장 중간에 엄지손가락을 넣으며 책을 덮었다.

"그 책 빌려가도 돼요. '무지의 베일'***. 존 롤스는 굉장한 철학자죠."

* 매리언 짐머 브래들리가 쓴 아서왕 전설을 소재로 한 판타지 로맨스 소설

** 사회 정의에 관한 자유주의적 입장을 주장한 철학자

*** 순수한 절차적 정의를 보장하기 위해서는 합의 당사자들이 갖고 있는 특수한 사정을 모르게 해야 한다는 개념

"맙소사."

그는 고개를 저었다.

"너무 아름다워요. 정말. 이제 저녁 먹으러 갈까요?"

나는 메트로폴리탄 박물관의 매끄럽고 차가운 계단 위에 앉아
있었다. 계단 뒤편으로는 어마어마하게 큰 콘크리트 기둥에 '5000년
역사를 빛내는 작품 전시!'라고 쓰인 붉은색 배너가 걸려 있었다. 나는
입고 있는 캐시미어 스웨터의 팔소매를 문질렀다. 이 스웨터는 엄마가
30년 전 래드클리프에서 산 것으로, 물빨래를 하도 많이 해댄 바람에
캐시미어가 아니라 애들 잠옷 만들 때나 쓰는 천으로 보였다. 엄마는 늘
멋진 헤어스타일과 멋진 신발을 갖추면 뭘 입어도 보통 이상은 간다고
말했다. 아, 물론 요새 나눈 대화는 아니었다. 엄마는 얼마 전 내가
부모님 간의 협상—술을 끊든지 갈라서든지—에 대해 아버지와 이야기를
나눈 사실을 안 이후부터 내게 전화하지 않고 있었다.

5번 애비뉴의 건너편 그늘에서 코너의 금발이 보이자 나는 일어서서
손을 흔들었다. 코너는 계단을 두 칸씩 뛰어 올라왔다. 내 입술에 닿는
그의 입술은 부드럽고 따뜻했다.

"오, 이 입술."

그는 눈을 감고 감미로운 목소리로 말했다. 얼굴에 그림자를 드리운
긴 속눈썹. 내 심장은 뛰기 시작했다.

그가 들고 있는 종이봉투 안에는 두께가 10센티미터는 족히 되는
로스트비프와 치킨 샌드위치, 그리고 모네의 정물화에서 방금
튀어나온 것 같은 커다란 초록색 사과와 오렌지가 들어 있었다. 모두

어퍼 이스트 사이드의 고급 베이커리에서 사온 것들이었다.

코너는 갑자기 바버라 월터스*에게서 질문을 받은 것처럼 이야기를 시작했다.

"저는 아일랜드 출신 노동자들이 사는 동네에서 태어났어요. 우리 가족은 스코틀랜드 출신이었는데 말이죠. 우리는 그 동네를 사우디**라고 불렀어요. 당신은 바로 건너편 캠브리지에 있는 학교에 4년 동안이나 다니면서도 이런 동네가 존재하는지 몰랐을 거예요. 그렇죠?"

충격적이었지만 티 내지 않았다. 그는 보스턴 근처에서 자랐다고 말했었지만 어린 시절에 대해 제대로 이야기해준 적이 없었다. 이에, 위니는 의심스러운 '지하철남'의 어린 시절을 나름대로 구성해보며 그의 부모님을 멋대로 밀드레드와 프랭클린이라고 불렀다.

코너는 나를 도전적으로 쳐다봤다. 그는 하버드에 매료되어 내 대학 시절에 대해 사소한 것까지 물어봤고, 이제 하버드에 관한 모든 것을 알고 있었다. 나는 가만히 있었다.

"한 번도 아버지를 본 적이 없어요. 어머니가 임신 5개월일 때 집을 나갔거든요. 그들은 가난했고, 돈 문제로 싸우다가 아버지가 어머니의 배를 주먹으로 때렸대요. 그러고는 집을 나가 돌아오지 않았죠."

그는 로스트비프 샌드위치를 한 입 베어 물었다. 이제까지 어린 시절 이야기를 하지 않은 게 이해가 됐다. 그런 남자의 아들이라는 건 어떤 기분일까? 경사진 잔디밭에 앉아, 코너가 뒤틀린 얼굴을 하고 털어놓는 이야기를 속으로 경악하며 듣고 있었다.

"아버지가 집을 나간 후 어머니는 외할아버지 집으로 들어갔어요. 어머니는 스물두 살이었고, 임신 6개월에, 슈퍼마켓 계산대에서 일하고 있었어요. 나는 네 살 때까지 그곳에서 살았어요. 그 시절의 일이

* '인터뷰의 여왕'이라는 별명을 갖고 있는 미국의 유명 방송인

** 보스턴의 남쪽 지역을 부르는 말로, 아일랜드계 주민이 많이 거주하고 술집이 많다 - 옮긴이

대부분 기억나요. 믿을지 모르겠지만, 그렇게 어렸는데도 다 기억이

나요. 어머니와 저는 늘 함께 있었어요. 참, 모두가 어머니를 '치키*라고

불렀는데, 그녀의 지능을 생각했을 때 참 적절한 별명이었어요. 제가 네

살이 되고 얼마 안 되어서 어머니는 슈퍼마켓에서 일하다 만난 주유소

식원과 결혼했어요. 외할아버지와 외힐머니 몰래요. 나중에 이 시 실을

알게 되자 그들은 엄청나게 화를 냈어요. 외할머니는 그를 절대 믿지

않았고, 외할아버지는 그 남자의 신변은커녕 그 이름이 진짜인지조차

믿을 수가 없다고 늘 말했어요."

　코너는 믿을 수가 없다는 듯 고개를 가로저었다. 그의 얼굴은 붉게

달아올랐고 피부 밑에서 붉은 반점이 올라왔다.

　"그들은 함께 새 출발을 했어요. 5년 동안 애를 넷이나 낳았죠.

의붓아버지 웨이드가 동생들에게 밥을 먹이는 동안 저는 식탁에서

아무 것도 먹지 못하고 앉아 있었어요. 그는 이렇게 말했죠.

'코너한테는 맘마 못 줘요.' 그리고 의붓동생들에게도 똑같이 말하도록

시켰어요. 그는 제가 배가 고픈지 물어보면서 밥 먹는 동생들을 지켜만

보게 만들었죠."

　코너는 전부 솔직하게 말했다. 얼굴에 그늘이 졌다. 그는 아까

조심스럽게 까놓은 오렌지를 한 조각 먹었다.

　숨쉬기가 힘들었다. 어떤 사람이 아이한테 그런 짓을 할 수 있을까?

우리 엄마는 적어도 내가 10대가 될 때까지 기다렸다가 그런 짓을

시작했다. 그의 어린 시절은 나보다 훨씬 처절했다.

　코너는 스내플 티를 한 모금 마셨다. 그는 이야기를 멈추지 않았다.

마치 이 모든 이야기를 내게 한 번에 털어놓아야만 하는 것처럼.

　"그러다가… 결국 저는 외할아버지 집으로 다시 가게 됐어요. 그때

그들은 70대 초반의 나이였어요. 우리 어머니를 늦게 낳았던 거죠. 정말

* 젊은 여자를
낮추어 부르는
말-옮긴이

좋은 분들이었어요."

듣던 중 그나마 반가운 이야기였다. 그는 손을 청바지 뒷주머니에
넣어 비싼 악어가죽 지갑을 꺼냈다. 지갑 속 가지런히 꽂혀 있는 20달러
지폐들 뒤에서 가장자리가 하얀 흑백사진 몇 개가 나왔다. 구부정하고
얼굴에 주름진 할아버지가 활짝 웃으며 세발자전거를 탄 어린 코너의
어깨에 손을 올리고 있었다. 코너의 얼굴에는 주근깨가 있었고 짧게
자른 머리카락은 하늘을 향해 뻗쳐 있었다. 다른 사진에는 코너와
체구가 작은 외할머니가 식탁에 함께 앉아 있었다. 식탁에 놓인 커다란
머그잔은 그들을 더 작아 보이게 했고, 둘 다 다리가 땅에 닿지 않았다.
사우스 보스턴의 낡은 아파트가 보여주는 아늑하고 정갈한 아침
풍경이었다.

식탁 가장자리에는 어린이용 야구 글러브가 놓여 있었다. 사진
밖으로 가죽 냄새가 물씬 풍겨져 왔다. 나는 글러브를 손으로 가리키며
질문을 담은 눈으로 코너를 바라봤다.

"보스턴 리틀 야구단 알아요? 모두가 보스턴 레드삭스의
광팬이었어요. 여덟 살 때 제 친구들은 콘크리트 주차장에서 리틀
야구단 애들이 연습하는 걸 지켜봤어요. 저는 밤에 할아버지를 도와
뜰에 있는 꽃밭에 물을 주며, 애들이 경기하는 소리를 듣곤 했죠. 저만
유일하게 팀에 가입하지 못했거든요."

코너는 다시 잘생긴 서른한 살의 남자가 되어 소중한 추억을
떠올리는 듯 웃었다. 나는 그를 불쌍히 여김으로써 모욕을 주고 싶지
않았고 마침내 자신의 이야기를 시작한 그를 중간에 방해하고 싶지도
않았다. 나는 눈길을 살짝 피해 다른 곳을 쳐다보면서 흘러내리는
눈물을 참기 위해 입술을 살짝 깨물었다. 코너가 보지 않을 때
선글라스를 들어 눈물방울을 훔쳤다.

"결국 선택을 해야 했어요. 학교에 가느냐, 조부모님을 돌보느냐. 그들은 얼마간 아무 것도 할 수 없었거든요."

그는 다시 그 시절로 돌아갔다. 눈은 더 이상 나를 보고 있지 않았다.

"저는 연금을 대신 타오고, 그들을 의사에게 모셔 가고, 약국에 가서 약을 지어야 했어요. 그들은 나이가 너무 많아서 제가 학교에 가야 한다는 사실을 알지 못했어요. 그래서 8학년을 마치고는 다시 학교로 돌아가지 않기로 결심했죠."

나는 그 나이 때, 비가 오는 여름 버몬트의 헛간에서 엄마에게 수학을 배웠다. 그녀는 직접 운전해서 매일 오후 나를 도서관에 데려다 주었고 나는 그해 여름에 40권의 책을 읽었다. 엄마는 오직 A학점만 인정할 수 있다고 날 세뇌시켰다. 나는 고등학교를 졸업하기 전까지 2년 동안 수학을 공부했고, 스페인어를 완벽하게 습득하기 위해 마드리드에 6개월간 머물렀으며, 학급의 첫 여자 반장으로 뽑히기도 했다. 그때까지 나는 엄마가 '워싱턴 창녀'라고 딱지 붙인 내 행동거지를 만회하기 위해 기를 썼다. 이는 하버드에서 온 두툼한 합격 통지서가 베데스다 집 정문 우편함에 꽂히기 전까지 이어졌다. 하버드 합격 통지를 받은 이후 나는 더 이상 부끄러운 딸이 아니었다.

"참 많이 외로웠어요." 코너는 이 시기에 대해 사과를 하려는 듯 계속 말을 이었다. "10대의 나이에 70대 노인 둘과 함께 하루 종일 시간을 보내는 게 싫었어요. 그래서 나는 오후에, 정확히 말하면 두 분이 낮잠을 자러 들어가는 시간에 밖에 나가기 시작했고, 근처에 있는 체육관에서 시간을 보냈어요. 체육관 주인인 제드는 저보다 몇 살밖에 많지 않았죠. 그는 제게 무술을 가르쳐줬고, 4년 후 난 쿵푸와 가라데 검은 띠를 땄어요. 그는 웨이트 리프팅 하는 법도 알려줬어요. 당신이 원하면 다음에 가르쳐줄게요."

이 이야기를 통해 그의 탄탄한 몸과 움직일 때 보이는 날렵한 이
정체를 알게 되었다. 그는 팔을 뻗어 물이 빠진 스웨터를 걸치고 있는
내 좁은 어깨를 감싸 안았다.

"1978년 미스터 메사추세츠 대회에도 나갔었어요. 그 다음해에
제드와 함께 웨이트 트레이닝과 무술 강습을 결합한 체육관을 새로
열었어요. 처음 문을 열었을 때는 밤이면 체육관 바닥에서 잤어요.
하지만 얼마 되지 않아 2호점을 열었고 또 3호점까지 내게 됐죠. 우리는
감당할 수 없을 만큼 돈을 많이 벌었어요."

그는 오렌지의 하얀 속껍질을 까더니 한 조각 입에 넣으며 말했다.
봄바람이 그의 머리카락을 부드럽게 흩트렸다.

"조부모님이 돌아가신 후 몇 년이 지난 해의 8월에 체육관을
제드에게 모두 넘겼어요. 어머니와 의붓아버지는 제가 대학에 간다고
하니 비웃더라고요. 그들은 아이비리그 대학에 대해 아는 게 아무것도
없었어요. 어쨌든 나는 초등학교 때 성적표와 GED*을 들고 대학
입학처를 찾아갔어요. 처음에 그들은 제가 평생교육 프로그램만
들을 수 있도록 해줬어요. 알죠? 야간 수업. 하지만 한 학기를 마친 후
교수님들이 특별추천서를 써줘서 학부에서 공부하게 됐어요. 그리고
작년 봄에 졸업했죠. 어머니, 의붓아버지, 의붓동생들, 심지어 제드까지
졸업식에 왔어요. 엄마는 제가 졸업장을 받을 때 울었죠."

그는 웃더니 마치 손 안에 숨은 새를 찾겠다는 듯 양손을 가만히
하늘을 향해 폈다.

"어머니가 말하더라고요. '네가 우리의 유일한 희망이다, 코너.' 비빌
만한 언덕이 뭔지 단번에 알아본 거죠."

코너는 위쪽 도로를 쳐다봤다. 롤러블레이드를 탄 사람, 조깅하는
사람, 유모차를 밀고 다니는 커플 들이 끊임없이 길을 돌아다녔다. 그의

* General
Equivalency
Diploma: 정규
고등학교 과정을
마친 것과 같은
자격을 인정하는
자격증-옮긴이

얼굴이 잠시 일그러졌다. 내 눈에는 마치 피카소가 작품을 그릴 때 봤을 법한 얼굴—고통, 실망, 분노에 절은 퍼즐 조각 같은—처럼 보였다. 코너는 큰 한숨을 쉬었다. 천천히, 그의 얼굴에서 주름이 가셨다.

"뭐 어쨌든, 졸업할 때쯤 월스트리트 투자은행 네 곳에서 취업 제안이 왔어요. 그중 최고를 골랐죠. 난 공부하는 게 좋아요. 사실 일마 전에는 하버드 경영대학원에 원서를 냈어요."

그는 내 눈빛에 조롱의 기미는 없는지 읽어내려는 듯 내 눈을 날카롭게 응시했다. 나는 고개를 끄덕이고 차가운 잔디밭에 놓인 그의 손 위에 손가락을 얹었다. 따뜻했다. 여전히 무슨 말을 해야 할지 몰랐다. 우리는 다른 길을 걸어왔지만 둘 다 똑같이 좋은 학위에 잘나가는 뉴욕 회사에서 일하고 있었고 밝고 빛나는 미래를 가졌다.

코너는 다시금 나를 바라보았다. 장난감 가게에서 자기가 원하는 동물 인형을 살 돈이 충분히 있는지 엄마에게 물어보는 아이의 표정이었다. 나는 가까스로 고개를 돌려 코너의 등 뒤 먼 곳을 응시했다.

"우리 둘 다 이상한 가족을 가졌네요." 나는 말했다. "그게 가족이란 것 아니겠어요? 자, 이제 가요."

우리는 일어서서 몸에 붙은 풀을 털어내고 남은 음식을 버렸다. 계단을 오르고 기둥을 지나 박물관 입구로 걸어갔다. 유럽 조각상 전시실에는 보안직원 외에는 아무도 없었다. 우리는 이탈리아에서 온 누드 대리석 조각 앞에서 한참을 머물렀다. 투스카니의 정원을 꾸미기 위해 만든 약간은 거칠고 믿을 수 없을 만치 순수한 조각상이었다. 나는 코너의 손을 놓고 싶지 않았다. 우리는 정교한 의상에 창백한 얼굴, 빨갛게 칠한 입술을 한 작은 중국 도자기 상을 보며 낄낄댔다.

전시실 안은 선선했다. 봄의 열기가 아직 건물 안에까지 미치지 못한 듯했다. 20분 정도 후 코너는 네이비색 재킷을 벗었다. 오늘은 고동색 줄무늬 서스펜더를 하고 있었고 주머니 부분에는 금색 고정 클립이 달려 있었다. 몸에 걸친 캐주얼한 옷과는 어울리지 않는 기괴한 조합이었다. 나는 서스펜더를 애써 쳐다보지 않았다.

그는 브룩스 브라더스의 흰색 면 셔츠를 입고 있었다. 회사에서 일할 때 입는 셔츠라는 걸 단번에 알아봤다. 팔소매 밖으로 놀라울 정도로 가는 손목이 드러났다. 청바지 안에 가지런히 집어넣은 셔츠의 맨 위 단추는 푼 상태였고, 청바지는 다림질이 잘 되어 정강이 부분에 가로로 줄이 가 있었다. 어떻게 그런 어린 시절을 보냈는데도 불구하고 사람이 이렇게 완벽해 보이도록 옷을 다듬을 수 있을까? 나는 다림질할 생각을 한 번도 하지 않은 내 구겨진 청바지를 내려다봤다.

휴일 오후에 과도하게 잘 차려 입은 옷차림은 보잘 것 없는 태생을 감추기 위해 옷차림에 신경 쓰는 어린 소년을 떠올리게 했다. 모든 희망을 짊어진 어린 소년. 그는 자신이 되고자 했던 모습대로 옷을 입는다. 사립학교 학생들이 입는 셔츠와 비싼 로퍼 외에는 평생 한 번도 몸에 걸쳐보지 않은 아이비리그 출신 월스트리트 투자은행 직원처럼. 마치 제이 크루* 카탈로그에서 찢어낸 각진 턱의 모델 사진을 거울 옆에 붙여 놓고 그 웃음을 흉내 내려고 무진 애를 쓰는 꼬마 같기도 했다. 너무 완벽하려 굴면 오히려 쉽게 탄로 나게 마련이다.

물론 그날 전시실 안에서 우리를 본 사람들은 자세히 보지 않아도 알았을 것이다. 코너의 눈에는 레스토랑에서 격식에 맞춰 식사할 줄 아는 하버드 출신 금발 여성이 자기가 걸친 브룩스 브라더스 재킷보다

* 미국의 의복 및 액세서리 회사

훨씬 더 매력적으로 보인다는 사실을.

　그날 내가 느낀 전부는 그가 나를 믿고 원한다는 사실이었다. 그것이 나로 하여금 코너를 미치도록 원하게 만들었다.

✦　✦　✦

　해가 뉘엿뉘엿 넘어갔다. 공기가 서늘해졌다. 우리는 손을 잡고 어퍼 이스트 사이드를 걸어 다녔다.

　세컨드 애비뉴에 있는 작은 이탈리아 레스토랑인 카페 비앙코에 들어갔다. 무거운 강철 이중문을 열고 들어가자 뉴욕이 우리 뒤로 사라졌다. 웨이터들이 이탈리아 억양으로 말하며 분주하게 움직이고 있었다. 우리는 분수가 있는 조용한 뜰에 자리 잡았다. 이제야 점심식사를 마치는 몇몇 사람이 보였다. 토요일이면 오후 다섯 시 반에야 점심을 먹기도 하는 대단히 뉴욕다운 모습이었다. 우리는 조용히 파스타를 먹었다. 오후의 강한 햇볕과 전시 관람과 그동안 나눈 많은 이야기로 지친 상태였다.

　손을 잡고 82번 스트리트와 요크 애비뉴에 있는―위니와 렉스의 집에서도 가까운―코너의 아파트로 천천히 걸었다. 엘리베이터가 없는 건물 5층이 집이었다. 계단을 걸어 올라가면서 코너는 룸메이트가 주말 동안 집을 비웠다고 말했다. 그의 집은 깨끗하고 현대적이었다. 매끈한 검은색 가죽 소파와 흰색과 검은색이 어우러진 깔끔한 주방, 이탈리아 대리석 타일로 꾸민 욕실. 요크 애비뉴가 내려다보이는 욕실의 반쯤 열린 창문으로 시원한 저녁 공기가 들어오고 있었다.

　코너는 해질녘 햇살이 가득한 침대 위에 걸터앉아 긴장한 듯 움직였다. 나는 몇 미터 거리에 있는 의자에 앉았다. 우리는 삼십 분 정도 이야기를 나눴다. 길에서 떠드는 소리, 택시 경적 소리, 언뜻언뜻 들리는 큰 목소리가 5층까지 떠밀려 올라왔다.

대화를 하다가 잠깐 멈춘 사이 나는 손짓으로 코너를 불렀다.

"이리 와요."

코너는 내쪽으로 손을 뻗으며 걸어오는 동안에도 내 얼굴에서 한시도 눈을 떼지 않았다.

우리는 옷을 벗었다. 재빨리. 밤 기온은 온화했고 우리는 잘 다려진(역시나) 옅은 복숭아 색 면 시트가 깔린 퀸 사이즈 침대에서 서로를 안았다. 우리는 아무 말도 하지 않았다.

한참 후, 우리는 땀에 젖은 채 숨이 막혀 시트 밖으로 나왔고, 방을 채운 상쾌한 공기를 느꼈다. 청바지와 내 캐시미어 스웨터, 그의 재킷, 우리의 속옷이 방바닥에 널려 있었다. 벽에 붙어 있던 침대가 1미터는 밀려나와 어두운 방 가운데 섬처럼 떠 있다는 사실을 말해주자, 코너가 베개에 얼굴을 파묻으며 웃었다. 나는 꿈에서처럼 코너의 손길에 폭발하지는 않았다. 하지만 그 정도로 강렬한 크기의 무아지경에 빠져들었었다.

시원한 공기가 우리를 둘러쌌다. 나는 손을 뻗어 스웨터와 속옷을 집었다. 코너는 시트 속으로 기어 들어갔다. 나는 코너의 어깨에 머리를 기댔다.

"저 사실 말할 게 있어요."

코너가 속삭였다. '망할.' 첫 섹스를 하고 10분 있다가 상대에게 듣고 싶은 문장은 아니었다.

그러나 걱정할 필요는 없었다.

"내 의붓아버지 웨이드는 늘 나를 때렸어요."

오, 맙소사. 목이 메었다. 순식간에 눈물이 터져 나왔다.

"며칠 동안 병원에 입원하고 그랬어요. 내가 기절할 때까지 목을 조르곤 했죠. 그래서 아직도 목을 꽉 죄는 타이는 못 매요. 가끔 그의 손이 내 목을 조르는 악몽을 꾸면서 깨기도 하고요."

그는 마치 목을 조르는 손을 떨쳐버리려는 듯 배게 가장자리로 고개를 휙 틀었다.

"어머니는 어디 있었는데요?"

나는 개구리처럼 꺽꺽대는 목소리로 머리에 떠오르는 유일한 질문을 했다.

"아, 물론 함께 있었죠. 어머니도 맞았어요."

코너는 고개를 저었다.

"우리 형제들 전부 다 있는 앞에서요. 손바닥으로 때리고, 주먹질을 하고, 바닥에 내동댕이쳤어요. 한 번은 어머니가 바닥에 누워있는데 발로 차서 갈비뼈가 부러졌죠. 어머니가 얼굴을 맞아서 코가 부러지던 걸 본 기억도 나요. 온 부엌이 피바다가 됐죠."

코너는 어두운 방 안에서 갑자기 밝아지더니 몸을 일으켜 앉았다.

"내가 쿵푸 검은띠를 처음 매고 우리 집에 온 날 의붓아버지의 표정을 봤어야 하는데."

나는 그때 처음 그가 아직도 어머니의 집을 '우리 집'이라고 부르고 있다는 사실을 알아챘다. 그의 벼려진 칼날 같은 목소리가 다시 돌아왔다.

"그때까지 2년 동안 웨이트 리프팅을 했어요. 한번은 의붓아버지가 뭣 때문에—왜인지는 기억도 안 나요. 어쨌든 이유 없이 늘 때리곤 했으니까—날 때리려고 했을 때 제가 낮은 목소리로 속삭였죠. '이제 나한테 그러지 않는 게 좋을걸.' 그리고 그의 가슴을 두 손으로 세게 밀었어요. 정확히 짚어야 할 곳을 손가락으로 누르면서요. 그는 세게 넘어졌어요. 나는 정말로 강해졌어요. 하지만 당신이 나를 보면 그리 강해 보이지는 않을 거예요."

코너는 큭큭대며 말했다. 즐거운 기색이었다.

"의붓아버지는 그때부터 나한테 손대지 않았어요."

그가 웃자 방 안에 안도감이 흘렀다. 나는 얼굴뼈가 조각날 것만 같았다. 눈물을 삼키느라 목구멍이 아파왔다. 할 수만 있다면 내 어린 시절 몇 년을 떼어 혼자서 그 모든 것을 견뎌내며 살아남은 코너에게 주고 싶었다.

이 마음을 전달하고 싶었지만 적절한 말이 떠오르지 않았다. 대신 손을 뻗어 그의 부드러우면서도 단단한 팔을 잡아 내 쪽으로 끌어당겼다. 그의 팔과 가슴이 나를 감싸 안아 깊은 숲 속에 있는 새 집 안에 있는 것처럼 느껴졌다. 우리는 아무 말 없이 그대로 한참을 있었다. 나는 우리 둘의 과거가 전혀 문제될 것이 없다고 말하지 않았다. 이게 4년 만의 첫 섹스라고, 게다가 한 번도 술에 취하거나 약에 절지 않은 상태로 해본 적이 없다는 말도 하지 않았다. 까칠까칠한 수염이 내 볼과 입술을 비볐다. 내 검은색 스웨터에는 그의 체취가 묻었다. 그의 손길로 영원히 변해버린 이 스웨터를 입고, 그의 냄새를 맡으며, 그 안에서 밤새 자고 싶었다. 마치 『나니아 연대기』에 나오는 루시가 된 것만 같았다. 나는 새롭고도 마술적인 세계를 발견해 들어왔고, 다시는 과거로 돌아가지 못한다 해도 상관없었다.

밤이 깊어 코너는 나와 함께 밖으로 나와 택시를 불러주었다. 나는 밤을 함께 보내기에는 너무 이르다고 느꼈고, 잔인한 일요일 아침 햇살과 함께 서로의 입 냄새를 맡으며 침대에서 얼굴을 바라보며 깨기에는 아직 어색하다고 생각했다. 길바닥은 까만 아스팔트로 포장되어 있었다. 택시가 밝은 노란빛을 뿜으며 나타났다. 뿌옇게

보이는 요크 애비뉴의 아파트를 배경으로 가로등과 신호등이 보석처럼
빛났다. 코너는 운전기사에게 돈을 주고 첼시에 있는 내 집 주소를
말해줬다. 반쯤 열린 창문 사이로 내게 키스하는 코너의 입술은
티슈처럼 건조하고 부드러웠다.

"안녕, 지기"

코너의 속삭임과 동시에 택시가 출발했다.

"샌디, 서둘러!"

엄마는 뒤로 뒤돌아 있었지만 그 목소리는 뒷마당 문이 세게
닫히는 듯 축축한 공기를 뚫고 날카롭게 들렸다. 늙은 개 샌디가 오후
내린 비로 아직 젖어 있는 나무 주변에서 떠나지 않자 엄마가 해진
붉은색 목줄을 잡아당기며 외친 것이다. 나는 부활절이 되기 며칠
전 「세븐틴」 가을호에 실릴 기사를 취재하기 위해 잠시 워싱턴에
머무르고 있었다. 10대 소녀들을 위한 에이즈 교육 기사에 사용할
건강보건 자료가 필요했기 때문이다. 오후 6시, 해가 지기 직전이었다.
엄마가 이때쯤 몽고메리 카운티의 공립학교에서 자폐아들을 가르치는
일을 마치고 퇴근한다는 사실을 알고 있었다. 나는 아버지에게서
빌려온 머스탱을 엄마 눈에 띄지 않도록 몇 블록 떨어진 곳에 주차해
놓았다. 아버지가 집을 나온 후 아버지와 내가 엄마에게 전화를 걸어
메시지를 남겼지만, 3주 동안 아무 연락을 받지 못하던 차였다.

"엄마 저 왔어요…."

그녀가 돌아봤다. 은색 머리카락이 반짝였다. 내 손이 조금 떨렸다.
공기 속 흙내음과 근처 수풀로 떨어지는 빗소리에 집중하면서,

예전에 요가 강사가 알려준 대로 '두려움에서 비롯되는 나쁜 에너지를 변화'시키려 노력했다.

"뭐야, 너 여기 오면서 미리 나한테 연락 안 한 거니?"

엄마는 나를 날카롭게 째려봤다. 그리고 이웃집에서 울타리를 손보는 나이 든 정원사 쪽으로 몸을 돌리더니, 울타리의 늘어진 부분의 물을 털어냈다.

"엄마가 절 보고 싶어 하는지 모르겠어서요…."

나는 손을 뻗어 엄마의 팔을 잡았지만 그녀는 깜짝 놀랄 정도로 격하게 뿌리쳤다.

"샌디! 이 망할 개새끼 같으니라고. 이 개를 얻어온 건 너희들인데, 봐, 이제 내가 얘를 돌봐야 하잖아. 너네 아버지랑은 통화했니?"

"네, 엄마. 엄마도 언제든지 아빠랑 통화할 수 있다는 사실은 알고 있죠?"

"그 자식한텐 안 해. 아쉬우면 그 인간이 찾아오겠지."

엄마는 서글픈 듯 웃으며 다른 곳을 쳐다봤다.

"나 술 안 마셔." 엄마가 노려보며 말했다. "심지어 알코올중독자 모임에도 나간다니까. 근데 그 사람들을 어떻게 참아낼지 모르겠다. 담배 뻑뻑 펴대는 거 하며, 걸핏하면 신에 대해서 떠드는 거 하며. 진절머리가 나. 사실 이번에 훨씬 나은 알코올중독 치료사를 찾았어. 애초에 알코올중독 치료 센터에 나간다는 것 자체가 바보 같았지. 내가 거기 가면 누가 학교에서 애들을 가르치니? 샌디는 누가 돌보고? 너희 아빠가 참 잘도 해주겠다."

"글쎄요, 이번 기회에 엄마가 술을 끊는다면 아빠가 집을 나간 게 어쩌면 좋은 일일 수도 있어요."

내 말을 듣자마자 엄마는 목줄을 확 끌면서 내게 달려들었다. 샌디가 놀라서 깨갱거렸다. 엄마는 이를 악물고 있었고 목에는 핏줄이 고무 튜브처럼 한껏 튀어나왔다. 나는 깜짝 놀라 뒤로 멀찍이 물러섰다.

"그런 생각은 하지도 마! 그 사람이 이 모든 일의 배후에 네가 있다고 말해주더라. 내 생전 이렇게 치욕스러운 적은 처음이다! 너 내가 진짜로 술을 끊을 거리고는 기대하지 마. 난 원래도 별 문제없었어. 단지 네 애비가 나한테 알코올중독자라고 부르면 아니라는 걸 보여주기 위해 잠시 안 마시고 있을 뿐이야. 너 내가 너랑 말 섞는 것만 해도 고마운 줄 알아!"

왜 나를 비난하는 거지?

엄마는 가죽 플랫 로퍼를 신은 채 앞으로 성큼성큼 걸어갔다. 나는 뭘 어떻게 해야 할지 몰라 무작정 그녀를 따라 걸었다. 30년이 넘는 세월 동안 술은 엄마의 가장 친한 친구였고, 그 누구보다 가까운 존재였다. 나는 겨우 열여덟 살이었기 때문에 쉽게 술을 끊을 수 있었던 건지도 모른다. 어떤 사람들은 버티고 싶기 때문에 술을 마시는 건지도 모른다. 엄마가 단 몇 달이라도 술을 끊으면 간 기능이 급속도로 좋아져 건강히 더 오래 살 수 있을지도 모른다. 그러나 지금 당장은 엄마가 나를 일상적으로 대하면서 전화를 받아주기만 해도 고마울 것 같았다.

엄마는 한 블록쯤 걷더니 속도를 낮춰 내가 옆에서 걷도록 했다. 동네의 초록색 잔디 위에 여기저기 노란색 수선화가 피어 있었다. 길가에 늘어선 진달래꽃이 막 꽃망울을 터뜨리려 하고 있었다. 엄마는 더 이상 소리 지르지 않았고 마치 나를 다시 딸로 받아들이는 것처럼 보였다. 그녀는 화가 누그러진 듯 내 곁에서 함께 걸었다. 내가 신발 안에 들어온 작은 돌을 꺼내기 위해 멈춰 서자 엄마도 같이 멈췄다. 그리고 내가 신발에서 돌을 빼내는 동안 내 팔을 잡고 중심을 잡게 도와줬다.

희망은 언제나 좋은 것이다. 그렇지?

우리가 집에 도착했을 때 나는 안으로 들어가는 모험을 하지 않기로 결심했다. 대신 길에서 엄마에게 작별의 의미로 포옹을 하려 했다. 그녀는 내가 포옹하도록 가만히 있었다. 레몬향 핸드크림과 헤어스프레이 냄새가 났다.

"부활절 잘 보내요 엄마. 늘 그렇듯 이번에도 버몬트로 갈 건가요?"

"응. 내일 오후에 덜레스 공항에서 비행기를 탈거야. 그 전에 정원을 손질해서 이 집이 겨울까지 잘 버티도록 정비해야지. 이놈의 오래된 집구석을 부활시킬 거라고."

엄마는 부활절 맞이 농담을 냉소적으로 던지며 갑자기 나를 꼭 껴안았다. 그러더니 밀어냈다. 그리고 처음으로 나를 정면으로 바라봤다.

"다음에는 오기 전에 꼭 전화해, 알겠니?"

그녀는 내가 어디에서 묵는지 묻지 않았다. 나는 아버지가 집을 얻었다는 사실을 엄마에게 말하지 않았다. 내 생각에 아버지는 엄마와 우리가 꽤 오랫동안 함께 살았던 집으로 다시는 돌아오지 않을 것 같았다. 나는 코너가 주식매매 업무가 중단되는 성 금요일*을 맞아 내일 기차를 타고 내려와서 나와 아버지와 함께 부활절을 보낼 것이라는 말을 하지 않았다. 엄마는 코너가 누군지도 몰랐다. 남편을 잃은 시기에 자기 딸이 꿈에 그리던 남자를 만났다는 이야기를 굳이 들을 필요가 없지 않은가.

나는 아버지의 새 집으로 차를 몰았다. 아버지는 서류 냄새와 약한 담배 냄새를 풍기며 밤 아홉 시쯤 퇴근했다. 그는 엄마를 떠나기 전보다 한 십 년은 젊어 보였다. 자기 전 욕실에서 이를 닦으면서 아버지가 침실에서 통화하며 웃는 소리를 들었다. 난생처음 듣는, 다 안다는 듯한

* 부활전 전의 금요일로 예수가 십자가에 못 박힌 날을 기리는 날

뉘앙스의 깊은 웃음소리. 누구와 통화하는지는 알 길이 없었다.

아버지 집 거실에 있는 소파 침대 시트 밑으로 기어들어가며, 아버지에게 엄마의 음주 습관에 대해 맞서라고 격려했던 것이 그에게 벌집의 여왕벌로부터 달아날 빌미를 준 것이라는 생각이 처음 들었다. 그는 엄마와 결혼해서 사회적인 지위를 얻었고, 인상적이고 수익이 많이 나는 경력 또한 엄마의 도움을 통해 쌓을 수 있었다.

거기에다, 엄마를 떠난 것도 다 내 탓으로 돌리고 있었다.

내 오래된 녹슨 열쇠는 아직 제 역할을 했다. 내가 어렸을 때 수백 번 넘게 지나쳤던 현관문이 끼익하고 열렸다. 발걸음 소리가 현관을 울렸다. 어렸을 때 우리 모두 함께 모여 살던 때도 이 공간은 늘 고요했다.

코너는 문 앞에 놓은 매트에 발을 문지르고 나를 따라 안으로 들어왔다. 나를 뜨악하게 만들었던 것들을 그는 미처 발견하지 못한 것 같았다. 엄마가 쌓아 놓은 오래된 신문지들, 고양이 오줌 냄새, 벽난로 옆에 있는 황금색 앤틱 소파에 쌓여 있는 개지 않은 옷들. 대신 그가 처음 발견한 것은 내 할아버지와 그의 형제자매 사진이 들어 있는 커다란 황금색 프레임의 액자였다. 그들은 20세기 초 스코틀랜드 혈통의 백인 청교도로서, 아주 근사하게 차려입고 있었다. 코너는 액자에 수북이 쌓인 먼지를 알아채지 못했다. 그는 놀란 입모양으로 이 사람들이 누구냐고 물었다.

"왈! 왈! 월워워어월월!"

샌디는 엄마가 집을 비울 때면 들어가 있는 우리 속에서 기관총처럼 짖어댔다.

"제 할아버지 새미예요."

나는 샌디가 짖어대는 소리에 묻힐까봐 목소리를 높이며 흑백
사진에서 키가 제일 큰 남자를 손가락으로 가리켰다. 할아버지는
어떤 신성한 힘이 작용해 아침마다 완전무결한 복장을 입고 깨어나는
마법에 걸린 것처럼 맞춤양복을 품위 있게 입고 있었다. 코너에게는
아직 우리 가족에 대해 많은 것을 알려주지 않았다. 그래서 화창한
부활절 아침 그를 이곳으로 데려와 모든 것을 말해주고자 했다.

"새미는 외할머니의 첫 남편이에요. 외할머니의 이름은
프랭키였어요. 뭐, 사실 본명은 프랜시스였지만 모두가 그냥
프랭키라고 불렀죠. 외할머니는 결혼을 세 번 했고, 제가 고등학교 때
돌아가셨어요. 어쨌든, 외할아버지는 1929년에 스포츠카를 두 대나
소유했던 사람들 중 유일한 하버드 졸업생이었어요."

맞은편에 서 있던 코너의 눈이 커졌다. 그리고 얼굴이 너무 굳는
바람에 숨을 쉬지 않는 것처럼 보일 정도였다. 이제 막 시작했을
뿐인데. 샌디가 계속 짖는 바람에 얘기를 하려면 거의 소리를 질러야
했다.

"외할아버지와 외할머니는 1929년 8월에 결혼했어요. 타이밍 죽이죠?
대공황이 닥치기 딱 8주 전이었어요. 그들이 유럽으로 두 달 동안
신혼여행을 갔다가 돌아와 보니 집이 망해 있었어요. 증조할아버지는
재정적, 사회적으로 엉망이 되면서 폐암이 급속도로 퍼져서 1년 후
돌아가셨어요. 제 증조할머니는 정신이 나가버렸고요. 아, 물론 아주
조용히, 고상한 방식으로요. 그녀는 모든 식구들에게 크리스마스 때
배드민턴 세트를 선물로 줬어요. 매년마다요."

우리는 말없이 어두운 복도에 서 있었다. 코너는 내가 그의 이야기를

들고 그랬듯 몹시 놀란 것 같았다.

"이 사람들 좀 봐요." 나는 서로 팔짱을 낀 사진 속 할아버지의
형제자매들을 가리키며 말했다. "웃고 있잖아요. 공황이나 부모를 잃은
슬픔조차 이 사람들에게서 서로에 대한 믿음을 앗아가지는 못했어요.
그리고 실제로 잘 지냈고요. 여자 형제들은 월스트리트에 진출했어요.
비서로 들어가 결혼도 잘 했죠. 남자 형제들은 군대와 정부 기관으로,
그들이 원했던 하버드 학위 없이도 충분히 존경받을 수 있는 자리로
갔어요."

샌디가 끝내 조용해졌다. 나는 비로소 보통 목소리로 말할 수 있었다.
숨을 크게 들이마셨다.

"엄마는 새미에 대한 얘기를 거의 안 했어요." 손가락으로
외할아버지를 가리키며 말했다. "그런데 몇 년 전 온 가족이 한 자리에
모인 날, 그의 여동생 레슬리—제 이름을 이분한테서 따왔죠—가 그를
마지막으로 봤을 때 얘기를 해줬어요. 레슬리 부부는 뉴욕에 있는
플라자 호텔의 회전문에서 우연히 외할아버지를 봤대요. 레슬리는
그날 저녁에 극장을 가려고 모피를 걸치고 진주 장신구를 하고
있었고요."

나는 모피를 조이고 손으로 머리카락을 만지는 시늉을 하며
으스대듯 약간 고개를 들었다.

"그녀가 말하길, 외할아버지는 오래된 양복에 기름때가 묻은 모자
차림이었어요. 그의 유일한 옷이었죠. 그가 그녀를 안았을 때 숨을
입으로 쉴 수밖에 없었대요. 그는 노숙자였거든요. 플라자 호텔에는
구걸하러 들어왔던 거고요. 레슬리는 그날 저녁 극장에 가는 걸
포기하고 근처 식당에 가서 그에게 저녁을 대접하고 담배도 사줬어요.
그리고 그가 덜덜 떨리는 손으로 술잔을 들며 어린 시절에 있었던 웃긴

이야기를 하는 걸 들었죠. 그리고 그녀는 그날 이후 그를 영영 보지 못했어요."

코너는 믿을 수 없다는 듯 고개를 저었다.

"맙소사, 레슬리, 이제야 당신이 왜 술을 안 마시는지 확실히 이해가 되네요."

그는 마지막으로 한 번 더 할아버지의 당당하고 전도유망해 보이는 잘생긴 얼굴을 바라봤다. 그 다음에 거실에 가득한 스트로베리 힐에서 가져온 앤틱 가구들을 호기심 어린 눈으로 살펴보기 시작했다. 나는 불을 켜고 그의 손을 잡아 오래된 오리엔탈 스타일의 러그 한가운데로 이끌었다. 스트로베리 힐에서 가져온 이 러그는 우리 집 작은 거실에 맞도록 잘라낸 상태였다. 엄마가 어렸을 때 돈을 숨겨놨던 (그리고 외할아버지가 몰래 가져가 술을 사 먹었던) 바로 그 러그였다.

"우리 식구 중에는 술과 마약으로 인생을 망친 사람이 정말, 정말 많았어요. 저도 그중 한 명이 될 뻔 했죠."

왜 그랬는지는 모르겠지만, 나는 벽에 늘어선 의자를 가리키며 말했다. 마치 그들 중 몇 명이 그곳에 앉아 있다는 듯.

"전 운이 좋았어요."

우리는 외할아버지의 형제자매 사진이 줄줄이 걸린 식당을 지나고 일광욕실을 지났다. 부엌으로 들어서자 샌디가 또 미친 듯이 짖기 시작했다. 샌디는 코너의 바지에 코를 대고 바지 어딘가에 숨겨둔 폭탄이 터지기 전에 찾아내겠다는 듯 열성적으로 킁킁댔다.

"물 한 잔 줄까요?"

샌디가 조용해지자 코너에게 물었다.

"좋죠."

나는 물을 가득 담은 컵을 건넸다.

"당신 아버지가 집을 떠났다니 유감이네요. 아마 더 못 버티서서 그런 거겠죠?"

"모르겠어요. 못 버텼다기보다… 그냥 아버지한테는 일이 가장 중요해 보였어요. 결국 음주 문제가 있는 엄마를 우리 손에 두고 떠나버린 거예요. 우리한테 그러는 건 좀 슬픈 일 아닌가요."

코너는 내 이상적인 어린 시절에 대한 환상이 깨진 데 대해 뭐라고 생각할까? 나는 처음 데이트할 때부터 꾸며왔던 허울 좋은 이미지 뒤에 있는 진실을 말하기 시작했다. 그는 내가 왜 그렇게 꾸며댔는지 이해할까?

"버몬트에 살 때였어요. 그때 난 열한 살이었는데, 하루는 엄마가 차 문을 부술 듯이 닫더니 다시는 돌아오지 않겠다고 말하고 떠나버렸어요. 나는 저녁 때 동생들에게 불을 사용하지 않고 만들 수 있는 유일한 음식인 킬바사*와 오이를 썰어 주었어요. 그러고는 문 밖 계단에 앉아 저쪽에서 엄마의 스테이션 왜건 불빛이 보이길 기다리며 하염없이 기다렸어요. 나는 엄마가 다음날 새벽 여섯 시에 돌아오고서야 방으로 돌아갔어요. 그리고 언젠가부터 친구들에게 우리 집에서 자고 가라는 말을 하지 않게 됐어요. 파티를 열어서 친구들을 초대하는 것도 그만뒀는데, 엄마가 그때마다 기회다 싶었는지 친구들 앞에서 나에게 공공연히 모욕을 줬거든요. 지금껏 한 번도 엄마에게서 미안하다거나 사랑한다는 말을 못 들어봤어요. 그래서 대학에 진학하면서 제가 이 집에 절대 돌아오지 않을 거라는 걸 알았죠."

코너는 아무 말도 하지 않았다. 부엌의 인조 대리석 탁자에는 식료품 영수증과 10년은 족히 그 자리에 있었을 깨진 접시가 어지럽게 놓여 있었다. 샌디의 심장약통이 엄마의 알레르기 약통 옆에 있었고 반쯤 먹은 화이트 와인 병과 아직 지불하지 않은 고지서가 쌓여 있었다.

* 마늘을 넣은 폴란드식 훈제 소시지—옮긴이

"뭐, 다 옛날 얘기지만 당신에게 꼭 얘기해주고 싶었어요. 이제 1층에 있는 내 방을 보여줄게요. 다른 사람 방은 다 2층에 있었어요."

어두운 복도를 지나 옛 침실로 코너를 데려갔다. 중조할머니가 뜬 퀼트가 아직도 침대 머리맡 벽에 걸려 있었고 네모난 베개들이 마치 짚더미처럼 완벽히 쌓여 있었다. 방은 예전에 내가 떠날 때와 변함없이 깨끗했다. 나는 토요일 아침마다 방바닥을 닦았다. 청소년으로서는 흔치 않은 행동이었다. 엄마는 내 하버드 졸업장을 책상 위에 걸어 놓았다. 졸업장은 벽에서 떨어져 약간 구부러져 있었고 코너는 손을 뻗어 그걸 쫙 폈다.

"하버드는 어땠어요?"

"뭐…" 나는 눈을 이리저리 굴렸다. "믿을지 모르겠지만, 사실 대학교를 가는 게 무서웠어요. 특히 하버드요. 진심이었는데, 대학 입학처 신들에게 제발 날 떨어뜨려서 대학에 가지 않게 해달라고 빌었다니까요."

코너는 외계인에게 납치당했었다고 주장하는 어린애를 보는 것 같이 살짝 찌푸린 눈으로 날 쳐다봤다. 코너는 탄탄한 가슴 위로 팔짱을 끼고 하버드대 총장 데릭 복이 사인한 하버드 졸업장을 다시 올려봤다.

코너는 불만스러운 듯 이마는 찌푸리고 있었다. 그는 내가 방금 말한 걸 들었나? 지금까지 말한 걸 듣기는 했나? 그는 내 방 벽 한쪽에 나 있는 창문으로 가더니 밖을 바라보며 말했다.

"와, 동네 좋다! 저 나무들 좀 봐요. 다른 집은 보이지도 않네. 마치 개인 사유지에 있는 고급 맨션 같아요."

'그래서 뭐?'라고 말할 뻔했다. 나는 코너를 데리고 이방 저방 돌아다니면서 "이 방은 우리 엄마가 우리를 죽이겠다고 도축 칼을 들고 위협하던 곳이에요", "이게 엄마가 우리 집에서 연 축구팀 파티

중간에 내동댕이친 스파게티 냄비예요", "이게 내가 욕실에서 울 때 쪼그리고 앉아 있던 러그예요. 아무리 소리 내어 울어도 아무도 와보지 않았죠" 같은 얘기를 해주고 싶었다. 이제 더 이상 혼자가 아니라는 기분이었다. 처절한 어린 시절을 보낸 동지로서, 그는 나를 잘 이해해줄 것 같았다. 하지만 지금 그는 조금 짜증이 나 있는 것 같았다. 대체 왜? 나는 코너의 태도가 왜 저런지 이해하지 못했지만, 왠지 과거의 이야기들이 현재 우리의 관계까지 망치기 전에 이 집에서 나가야 한다는 생각이 들었다.

"나가서 산책할래요? 샌디가 운동을 할 수 있게요. 엄마가 버몬트에 가 있는 동안 개 산책시키는 사람이 일주일에 한 번밖에 오지 않거든요."

내가 샌디의 목에 줄을 채우자 이 개는 또 미친 듯이 짖기 시작했다. 나와서 앞문을 닫고 잠갔다. 우리는 물이 떨어지는 벚나무 아래를 가로질러 걸었다. 가지마다 소복이 피어 있는 핑크빛 꽃망울이 어린 소녀의 머리카락을 묶은 리본 같았다. 우리는 엄마와 내가 3일 전 걸었던 그 길을 똑같이 걷기 시작했다.

"코너, 당신이 여기 와 줘서 너무 좋아요. 이 동네는 이맘때가 제일 예뻐요."

나는 그의 손을 잡았다.

"너무 아름답지 않아요?"

완연한 봄. 이 도시에 가득 핀 꽃의 화려함은 언제나 날 감동시켰다. 꽃이 빼곡히 핀 나무와 덤불이 동네의 가파른 언덕과 골목을 덮고 있었고, 오래된 벽돌집 마당마다 깔린 잔디가 너무나 멋져서 비현실적으로 보일 정도였다. 대학 시절, 집에 와서 부활절 연휴 내내 파스텔 색의 생기 있는 풍경을 보다가 학교로 돌아가 보스턴의 칙칙한 갈색 풍경을 보는 게 너무 싫었다. 우리는 말없이 몇 분가 걸었고, 그가 나와 같이 이 풍경을 만끽하고 있다고 생각했다. 코너가 고개를 좌우로 몇 번 젓더니 결국 입을 열었다.

"당신이 이런 곳에서 자랐다는 게 믿기지가 않는군." 코너가 신랄하게 말했다. "이것 좀 봐! 심지어 이 망할 아스팔트 바닥도 완벽해. 여기다 대체 뭘 하는 거지? 세 달에 한 번씩 바닥을 새로 포장하나? 이렇게 완벽할 필요까지는 없잖아! 여기는 완전 디즈니랜드야."

그는 분노한 것 같았다. 그것도 나에게. 마치 내가 이런 사치스러운 환경에서 자라 배신감을 느꼈다는 듯이. 한 소년이 아버지 없이 자라야 했던 남쪽 콘크리트 바닥과 내가 산 이곳이 같은 시공간에 함께 존재해서는 안 된다는 투였다. 만약 내가 이런 환경을 당연한 것처럼 받아들인다면 우리 사이에 공통점은 단 한 가지도 있을 수 없다는 듯 그는 계속해서 고개를 저었다.

"코너, 봐요. 이 동네가 아름답다는 건 인정해요. 하지만 꼭 추한 것만 현실인가요? 그리고 내가 당신을 이 집에 데려온 건 집이 아무리 동네가 넓고 아름다워도 닫힌 문 뒤에서는 아름답지 않은 일이 실제로 벌어지고 있다는 것을 보여주기 위해서였어요."

그는 나를 향해 몸을 확 돌리고는 추궁하듯이 내게 손가락질을 하며 외쳤다.

"절대 당신이랑 나랑 똑같이 자랐다고 하지 마! 당신은 이해 못해. 당신이 결핍되었다고 한 건, 그냥 당신이 그렇게 생각할 뿐이야. 당신은 다 가졌어. 돈. 잘 배운 부모. 빌어먹을 창창한 미래! 망할 하버드에 다녔잖아! 싸워서 쟁취해 본 것 있어? 그냥 지저분한 집에서 살아야 했던 불쌍한 아기 공주님이었던 거잖아. '엄마가 술을 너무 많이 마셨더요. 아빠는 일을 넘 열심히 해요.' 이게 문제라고? 당신은 남들이

당신에게 절대 못 가진다고 호언장담한 걸 쟁취하기 위해 분투하는 게
어떤 기분인지 전혀 몰라!"

코너의 코가 새빨갰다. 그는 거의 울기 직전이었다. 우는 대신 독기
서린 말을 쏟아내는 걸 보며, 그가 우는 것처럼 약해 보이는 행위와는
거리가 먼 사람이라는 걸 깨달았다. 나는 크게 한 발짝 물러섰다. 내가
생각할 수 있는 유일한 건, 그가 틀렸다는 사실이었다. 난 분명 충분히
싸워왔다.

"이봐요 코너, 난 당신의 적이 아니에요."

난 두 손을 모으며 말했다.

"난 이 좋은 환경을 당연한 걸로 여기지 않았어요. 집이 잘살고
부모가 망할 하버드를 나오면 뭘 해요. 내가 가장 원하던 것, 즉 내게
사랑한다고 얘기해주고, 술을 적당히 먹는 자제력을 가지고, 매일 밤
고객 접대보다는 가족과 시간을 보내는 부모를 갖지 못했던 걸요.
부유함과 망할 하버드를 나온 부모님은 내게 전혀 의미가 없었어요.
물론 내가 세상물정 몰라서 그런 거라고 말할 수도 있지만, 쌍,
어린애한테는 '사랑'이 훨씬 중요하다고요. 난 사랑을 받기 위해서라면
저 집, 하버드, 플로리다에서 보낸 휴가 같은, 당신이 말하는 '특권'을 다
줘버릴 수도 있었어요. 내 부모가 내게 사랑한다고 단 한 번이라도 말
해주고, 엄마가 밤마다 술 마시고 정신 나간 여자처럼 굴지 않았다면요.
하지만 난 당신 기분 좋으라고 이 동네까지 증오할 수는 없어요. 난
언제나 이곳을 너무나 좋아했으니까요!"

열이 오른 아이처럼 얼굴이 뜨거웠다. 이제 울음을 참는 쪽은 나였다.
세계는 분노로 가득 찬 작은 공간으로 쪼그라들었다. 심지어 샌디까지
우리 둘을 휘감아 외부로부터 차단시킨 분노의 공간에서 멀찍이
떨어져 있었다.

나는 말없이 몇 블록을 더 걸어가다가 뒤로 돌아 엄마의 집으로 향했다. 길가에 멋진 튤립 화단이 나올 때마다 짜증나는 눈빛으로 쳐다봤고 코너는 세상에 정의는 없다는 듯 고개를 계속 가로저었다.

바로 그때, 은빛 메르세데스 세단이 우리를 향해 다가왔다. 너무 조용히 오는 바람에 우리는 차가 발등을 지나치기 직전에야 길옆으로 간신히 비킬 수 있었다. 나보다 약간 나이 많아 보이는-코너의 나이쯤 되는- 커플이 얼굴에 미소를 띠고 차에서 내렸다. 교회에 다녀온 옷차림이었다. 남자는 짙은 푸른색 수트에 주머니에는 싱싱한 카네이션을 꽂고 있었고, 여자는 값비싸 보이는 옅은 오렌지색 맞춤 린넨 드레스를 입고 있었다. 드레스에 맞춰 쓴 모자 밑으로 내려온 금발은 관리하는 데만 한 달에 250달러는 족히 들 것 같았다. 이들은 동굴처럼 깊어 보이는 메르세데스 뒷좌석에서 예쁜 아이 둘을 내려주었다.

보기만 해도 차 내부의 비싼 가죽 냄새가 훅 밀려오는 것 같았다. 이 가족이 활짝 웃는 모습을 보며 고급 생활 잡지인 「타운 앤드 컨트리」 표지 사진을 보는 중인가 하는 착각이 들 정도였다. 옆을 힐끗 쳐다보니 코너의 얼굴은 일그러지다 못해 소리를 지르거나 토할 것 같은 표정이었다. 팔은 옆에 가만히 늘어뜨린 채 주먹을 쥐었다 폈다 했다.

"안녕하세요!" 나는 우리 둘 다 입을 벌리고 멍하게 스텝포드네 식구들을 쳐다보고 있다는 걸 깨닫고 정신을 차리며 외쳤다. "행복한 부활절 되세요!"

아이들은 정문까지 이어지는 바닥 판돌 위를 뛰어갔고 부부는 가죽 구두를 신고 또각또각 행복한 소리를 내며 걸어갔다. 이들은 서로 손을 잡고 한데 어우러진 웃음소리를 남기며 집안으로 들어갔다.

"코너, 이제 가요."

나는 샌디가 이웃집 잔디밭에 변을 보기 전에 목줄을 당겨 끌었다.
코너의 잿빛 얼굴은 마치 뺨을 얻어맞은 것 같았다. 이제 나도 분노의
반경에서 벗어나 있었다. 그는 자신이 느끼는 감정과 함께 온전히
혼자였다.

이후 코너는 아무 말이 없었고 뉴욕으로 돌아가는 기차 안에서도
마찬가지였다. 나는 그와 나의 어린 시절이 그토록 다르다는 것에
경악했다. 그러나 그게 어째서 과거가 차이가 난다는 것이 어째서
우리 사이에 이 정도의 불화를 불러왔는지 도무지 이해할 수 없었다.
처음부터 다시 돌이켜보며 무엇이 잘못되었는지 이해하려 애썼다.
하지만 그의 얼굴에서 무언가를 읽어내려 할 때마다 그는 내 눈길을
피해 창밖을 바라볼 뿐이었다.

뉴욕에 도착한 후, 그는 택시에서 나를 내려주고는 작별 키스도 없이,
뒤도 돌아보지 않고 다시 택시를 타고 자신의 집으로 가버렸다. 그래,
시간이 좀 필요할지도 모르지. 나는 그날 밤 코너에게 전화를 하고 싶은
마음을 애써 눌렀다.

월요일.

화요일.

수요일.

코너는 목요일에야 주식시장 마감 후 회사로 전화를 걸었다.

"안녕. 나예요."

힘이 빠진 목소리였다.

"안녕. 괜찮아요?"

그가 웃었다.

"당연하죠. 나의 부유한 애인년은 어떻게 지냈어요?"

그는 그렇게 말하며 웃었고, 나도 따라 웃었다. '년'이라는 단어도

'나의'라는 단어와 함께 따라오니 나쁘지 않았다. 이게 다 애정을 담은 표현 아닐까?

"맙소사, 코너. 걱정했어요. 오늘밤에는 내가 저녁을 살게요." 난 서둘러 말했다. "당신이 늘 데려가는 레스토랑 같은 곳은 비싸서 갈 수가 없어요. 하지만 알파벳 시티에 있는 정말 괜찮은 중동음식점이 있는데…. 5달러 미만으로 최고의 음식을 먹을 수 있어요. 어때요?"

나는 조마조마한 속마음을 감추고 자신 있는 말투로 말하려 애썼다. '제발, 제발, 제발….'

"괜찮은 것 같네요. 이따가 데리러 갈게요. 늘 가던 시간에."

나는 그가 수화기 너머로 미소 짓는 것을 들을 수 있었다. 이제 그는 내가 아는 '나의' 코너로 돌아와 있었다. 전화를 끊으며 밀려드는 기쁨과 안도감에 스스로도 놀랄 정도였다.

지난밤 나는 코너의 집에서 잤다. 요즘은 매일같이 그의 집에서 시간을 보냈다.

"이걸 가지고 있어요."

부활절 사건 이후 몇 주 후, 그는 내게 자기 집 열쇠를 건네주었다. 나는 너무 놀라서 말을 잊을 정도였다. 나는 그의 체온으로 따뜻해진 열쇠를 꼭 쥐고 청바지 주머니에 밀어 넣었다.

"나는 당신이 원할 때면 언제나 왔으면 좋겠어요. 일주일에 7일 다 오고 싶으면 그렇게 해요."

내 대학 동창들과 직장 동료들은 남자친구가 도무지 관계에 헌신하지 않는다며 한탄해댔다. 그들은 남자친구가 집 안에 그녀의

물건을 요만큼도 두는 걸 허락지 않는 바람에 늘 칫솔과 속옷을 넣은
가방을 들고 뉴욕 거리를 활보해야만 했다. 나는 부활절 연휴에 겪은
일이 그로 하여금 우리 관계를 다시 고려하게 만들었다고 생각했다.
적어도 몇 주간은 우리 관계의 진전을 조금 늦추고자 한다고 느꼈다.
하지만 우리가 화해한 후, 코너는 내가 거의 매일 밤 그의 집으로
가는 것을 좋아하는 눈치였다. 나는 옷을 가져오거나 빨래를 하거나,
크리세이드에게 먹이를 주기 위해 일주일에 한 번씩 집에 들르는 게
전부였다.

그와 한시도 떨어져 있기 싫었다.

그의 아파트 앞에서 키스를 할 때 느끼는 아침 공기는 시원했다.
화창한 봄날의 수요일 아침이었지만 요크 애비뉴에 줄지어 서 있는
건물들이 드리운 그늘 안은 쌀쌀했다. 나는 도무지 키스를 멈출
수 없었다. 이런 키스를 길바닥에서 나누기에는 너무 이르다는 듯,
업타운으로 향하는 택시가 경적을 울리며 지나갔다. 코너가 내게서
떨어지더니 웃음을 터뜨렸다.

"이따 봐, 자기. 밤까지 기다릴 수가 없을 것 같아. 영원처럼 느껴질
것 같은데."

그는 손으로 내 뺨을 감싸며 마지막으로 한 번 더 입을 맞췄다. 그는
택시를 잡아 월스트리트로 가는 이스트 리버 드라이브로 향했다. 나는
코너에게서 바로 멀어지면 안 될 것 같은 마음에 발걸음을 천천히
옮겼다.

나는 위니의 아파트로 향했다. 2주 전, 위니는 내 도움으로
「세븐틴」의 예술팀에 자리를 얻었다. 그녀는 폴로에서의 옷 판매원
일을 더 이상 참을 수 없었다. 덕분에 나는 이제 그녀를 매일 볼 수
있게 되었고 가끔 출퇴근도 같이 했다. 위니는 81번 스트리트에 있는

남자친구 렉스의 아파트에서 살고 있었고 코너의 집은 여기서 몇 블록 떨어진 82번 스트리트와 요크 애비뉴에 있었다.

위니는 아파트 정문 앞에서 내가 오기를 기다리며 서 있었다. 그녀는 검은색 폴로 리넨 셔츠를 입고 아침 햇살에 눈이 부셔 눈을 살짝 찌푸리고 있었다.

"오 위니, 나 이 남자 진짜 좋아!" 나는 위니에게 다가가며 외쳤다. "하루를 어떻게 보내지?"

그녀는 눈알을 굴리며 고개를 젓더니 3번 스트리트를 향해 걷기 시작했다.

"내 안에 제트기 연료를 채운 것 같아. 그와 한 몸처럼 느껴져."

위니는 고개를 끄덕이더니 체셔 고양이처럼 기묘한 미소를 히죽 지었다.

"세상에, 나도 알아. 내가 엄청 감상적으로 보인다는 거." 나는 말하는 데 정신이 팔려 도보에 갈라진 부분에 걸려 넘어질 뻔했다. "근데 나이런 기분 처음이야. 너도 렉스에 대해 이런 기분을 느끼니?"

"가끔." 그녀가 웃었다. "그치만 보통은 죽여 버리고 싶지."

우리는 함께 웃었다.

그리고 그녀는 나를 곁눈질하며 내가 약간 미친 건 아닌지 살폈다.

"그래, 앞으로는 어떻게 될 것 같은데?" 그녀가 물었다. "그 사람 이번 가을인가에 하버드 경영대학원에 간다고 하지 않았어?"

"응 맞아, 이번 가을학기 모집하는 데 원서를 넣었어. 근데 솔직히, 너무 멀게 느껴져서 다음 생에나 있을 일 같아. 그래서 그런지 현재가 너무 소중하게 느껴져. 위니, 나 세상에서 가장 운이 좋은 여자 같아."

위니는 내가 혹시 다시 술을 먹기 시작한 건 아닌지 의심스럽게 쳐다봤다.

"좋아 좋아, 메리 포핀스 씨. 누가 널 카트에 태워 정신병원으로 데려가게 되면 내게 알려줘. 「세븐틴」에 실을 기사감이 생기면 가져다줄게.

나는 사무실에서 다섯 시 반에 나왔다. 위니는 렉스와 함께 저녁을 먹기로 했기 때문에 나는 혼자서 업타운에 있는 코너의 집으로 걸어갔다. 여섯 시 반 직전에 코너의 집에 도착했고, 몇 분 후 코너도 집에 도착했다. 그는 문을 열고 들어오자마자 나를 꼭 안았다. 그의 입에서 깊은 한숨이 나왔고, 나는 그 또한 하루 종일 이 순간만을 기다렸다는 것을 알 수 있었다. 그의 따뜻하고 부드러운 셔츠를 벗겨내자 그 밑에 숨어 있던 매끈하고 단단한 가슴이 드러났다. 우리는 침대 위에서 24시간이 아니라 1년 만에 만나는 연인들처럼 필사적으로 사랑을 나눴다. 난 다리로 코너의 몸을 감싸면서 '이런 느낌 없이는 하루도 살 수 없다'고 생각했다.

우리는 사랑을 나눈 후 늘 그러하듯, 이번에도 방이 어두워질 때까지 침대에 그대로 누워 음악을 듣고 말없이 서로를 안고 있었다. 그 후에 운동복으로 갈아입은 후 운동용 가죽장갑을 낀 채 서로의 손을 잡고 열두 블록 떨어진 체육관인 펌핑 아이언으로 갔다. 수요일 저녁 8시, 펌핑 아이언은 사람들로 꽉 차있었다. 20~30대 근육질의 남자들이 플랫 벤치와 스쿼트 랙에서 서로를 보며 알은체했다. 여자들이 간간이 있는데도 불구하고 체육관은 늘 남자 탈의실 같은 느낌이 들었다.

운동 후 코너의 집으로 돌아와 간단히 샤워를 한 후, 옷을 갈아입고 따뜻한 뉴욕 밤거리로 나와 카페 비앙코에 늦은 저녁을 먹으러 갔다.

우리는 가장 좋아하는 자리인 조용한 안뜰의 분수 옆 테이블에 앉았다. 크리스티 털링턴*이 슈퍼모델 친구 몇 명과 우리 옆 테이블에 앉아 있었다. 그녀는 세상에서 가장 아름다운 여인 중 한 명─나는 그녀가 모델로 나온 「보그」 표지를 하루 종일 쳐다본 적도 있었다─이었으나 코너는 내 의자를 빼주면서 그쪽 테이블로는 1초도 눈길을 주지 않았다. 우리가 푸타네스카 파스타**를 주문할 때는 이미 밤 11시였다. 우리 둘 다 다음날 출근해야 했지만 나는 전혀 피곤하지 않았다. 사실 요즘 들어 피로를 느낀 적이 없었다.

우리는 레몬향이 나는 얼음물을 홀짝댔다. 코너는 지난 번 내 앞에 있는 맥주잔을 밀어버린 후 단 한 번도 내 앞에서 술을 마시지 않았다. 나는 여전히 이에 대해 어떻게 생각해야 할지, 혹은 어떻게 말해야 할지 몰랐다. 물론 나는 술에 의존하게 되는 것이 두려웠다. 그리고 상대방이 술을 마시지 않는 것을 선호했다. 그러나 그가 술을 마시지 않기로 한 사실은 은연중에 나를 몹시 불편하게 했다. 나조차도 그 불편함이 어디에서 오는지 알 수 없었다.

우리는 서로의 손가락을 느슨히 잡고 푸른 뉴욕의 밤공기를 가르며 집으로 돌아왔다. 4층 계단을 올라가며 고통에 찬 신음소리를 내뱉었다. 코너는 앞서 올라가는 내 엉덩이를 손가락으로 장난스럽게 찌르며 빨리 가라고 재촉했다. 사실 그가 내게 웨이트 리프팅을 가르친 후부터 내 몸은 확연히 건강하게 변했다. 어제는 양 손에 식료품이 가득 든 무거운 가방을 들고 이 계단을 뛰어 올라갔다. 지난주에는 회사에서 깡마른 모델들이 벽장문을 열어달라고 부탁했고 나는 손잡이를 잡고 옆으로 힘껏 당겨 문을 가볍게 열어 주었다. 열광하며 박수 치는 모델들 사이에서 나는 아놀드 슈왈제네거처럼 승리의 포즈를 취해 보았다. 결국 코너는 나보다 먼저 올라가 열쇠를 꺼내 문을 열었다. 집은 비어

* 1980년대∼90년대 전성기를 누렸던 슈퍼모델

** 토마토·블랙 올리브·양파· 오레가노·마늘 ·안초비·케이퍼 등을 섞은 매콤한 소스로 만든 파스타

있고 어두웠다. 그의 룸메이트 엘리자베스는 오늘밤에도 돌아오지 않는다고 했다. 그녀가 일하는 내슈빌에 있는 컨설팅 회사에서는 그녀가 주말에 어디를 가든 항공권을 사줬다.

코너는 현관에서 문이 닫히기도 전에 내게 키스하기 시작했다. 그의 차가운 입술에서는 비앙코에서 마신 레몬수 맛이 났다. 그는 나를 안고 복도를 지나 방으로 가는 내내 키스를 멈추지 않았다. 내 등이 침대에 닿았다. 그는 내 팬티와 청바지를 빠른 손길로 벗겨낸 다음 내 두 다리를 벌려 허벅지 안으로 밀고 들어왔다. 내 두 다리와 뺨, 움켜진 손에 차가운 침대 시트가 느껴졌다.

그는 단단해졌고 절정에 가까워질수록 숨이 거칠어졌다. 그가 눈을 감자 긴 속눈썹이 그의 뺨에 그림자를 드리웠다. 그는 눈을 감은 채 가슴을 들고 몸을 팔꿈치로 지지했다. 숨소리가 가늘고 빨라졌다.

그는 손으로 내 목을 감싸 쥐었다. 그리고 갑자기 눈을 떠 짙은 파란색 눈동자로 내 눈을 쏘아봤다. 내 목을 감싸 쥔 그의 손에 힘이 들어갔다. 그의 온몸에 흥분이 화물열차처럼 밀어닥치는 것을 느꼈다. 나는 기침이 났고 숨이 막혔다. "코너, 안 돼요. 그만 해요. 숨을 쉴 수가 없어요"라고 말하려 했지만 갈라진 신음소리 외에는 어떤 소리도 낼 수 없었다. 눈물이 나기 시작했다. 몸이 이리저리 뒤틀렸다. 공포가 온몸을 훑고 지나갔다.

그는 눈을 똑바로 뜬 채 거친 숨을 몰아쉬었고 이윽고 그의 입에서 희미한 세 단어가 흘러나왔다.

"난… 널… 가졌어."

그러고는 눈을 질끈 감더니 내 목을 더 심하게 조르기 시작했다.

그는 다른 세계에 가 있는 것 같았다. 마침내 그가 사정했고 내 목을 조르던 손에 힘이 풀렸다. 그가 쓰러지며 내 몸에 부딪혔다. 그리고 몸을 굴려 침대에 등을 댄 후 바로 곯아떨어졌다.

맙소사.

목이 아팠다. 내 아랫배 어딘가, 바로 그가 내 안에 들어왔던 그 지점에서 서늘한 적의를 느꼈다. 자궁에 얼음을 집어넣은 것처럼. 내가 지금까지 한 번도 느끼지 못했던 공포감이 밀려왔다. 입술은 바짝 말라 있었고, 차가웠다. 내 손은 침대 시트 아래서 가늘게 떨렸다. 토할 것 같았다.

아니지, 아니야. 나는 메스꺼움과 공포를 몰아내려 애썼다. 진짜 이상했어. 그건 뭐였지? 변태 섹스인가?

욕실로 갔다. 반짝반짝 매끄럽게 빛나는 타일을 내려다보며 진정하려고 애썼다. 큰일은 아닐 거야. 수많은 섹스 칼럼니스트들이 이런 이야기를 쓰잖아, 안 그래?

다시 침대로 돌아와서 코너의 따뜻한 몸을 팔과 다리로 감았다. 그의 규칙적인 숨소리에 귀를 기울였다. 그의 따뜻한 몸을 꼭 안고 있으면 이 서늘한 기분이 가실 것만 같았다.

메모리얼 데이* 연휴를 앞둔 늘어지는 일요일 오후. 도시는 텅 비어 있었다. 코너와 나는 한가한 휴일 오후를 만끽했다.

계절은 이제 막 여름으로 접어들고 있었고, 날씨는 더워져 더 이상 밤에도 시원하지 않았다. 낮 동안 달궈진 맨해튼 거리의 콘크리트와 아스팔트 바닥이 저녁부터 뜨거운 열기를 뱉어냈다. 코너와 나는 옷을 입지 않은 채 몇 시간 동안이나 침대에 누워 책을 보다 잠들었다 했다. 창문은 활짝 열려 있었고 새하얀 커튼은 여름 바람에 부풀어 올라

* 미국의 전몰 장병 추모일로 매년 5월의 마지막 월요일

있었다. 늘 시끄럽게 들리던 택시 경적 소리가 들리지 않았다. 아마 승객을 찾아 코너 아일랜드로 몰려갔겠지.

나는 몸을 굴려 침대에 배를 대고 누웠다. 맨살에 닿는 침대 시트는 시원하고 부드러웠다. 창문 아래 바닥에는 하얀 종이가 무참히 찢어진 채 굴러다니고 있었다. 몇 주 전에 도착한 하버드 경영대학원에서 온 통지서였다. 안에는 코너의 불합격 소식이 정중하지만 가차 없이 적혀 있었다. 이번에는 탈락했지만 앞으로 업무 경험을 조금 더 쌓아 다시 한번 지원해 달라는 내용도 포함되어 있었다. 입학처 사람들은 그가 열한 살 때부터 일을 시작해 10대 때 이미 성공적인 사업을 일궈낸 이야기가 담긴 구구절절한 지원서를 읽지 않은 것이 분명했다. 코너는 편지와 편지봉투를 갈기갈기 찢어 창문 밖으로 던져버렸다. 그중 일부는 바람에 날려 돌아와 방바닥으로 떨어진 것이리라.

"내 머리의 반도 못 미치는 부잣집 놈들은 합격했다고. 그럴 거면 GMAT* 점수는 아예 제출하지 말라 그러지! 이건 사기야! 그렇지만 난 거기에 입학해야 해. 내년에 다시 지원할 수밖에 없겠어. 망할 새끼들."

그는 나 외에는 아무에게도 탈락 사실을 말하지 않았다. 주식매매 팀 상사들은 이를 못마땅하게 여길 것이다. 그는 자기 어머니에게도 말하지 않았다. 그는 이제 그녀에게 예전만큼 자주 전화하지 않으며 돈을 보내주는 것도 그만뒀다고 말했다. 탈락 소식을 들은 날, 부활절 이후로 코너가 그렇게 화내는 것은 처음 봤다. 나는 위니의 남자친구, 그러니까 코너가 말한 '그의 머리의 반도 못 미치는 부잣집 놈들' 중 하나인 렉스가 하버드 경영대학원에 합격했다는 소식은 알리지 않기로 했다. 합격 소식을 듣기 전까지 렉스가 하버드에 지원했는지도 모르고 있었다. 렉스와 위니는 이번 가을에 보스턴으로 이사한다고 했다.

코너는 내게 돌아눕더니 내 뒷머리에서부터 머리카락을 쓸어 올리며

* Graduate Management Admission Test; 경영대학원 입학시험. 주로 경영학 석사(MBA) 학위를 부여하는 경영대학원 입학시험으로 미국과 유럽에 있는 경영대학원에서 주로 요구한다

말했다.

"레슬리, 우리 결혼하자."

그가 속삭였다. 심장이 쿵하고 떨어졌다. 그의 얼굴에 드리운 금빛 머리카락과 커다란 파란 눈. 그는 믿을 수 없이 잘생기고 희망에 차 보였다. 티파니 광고에서 조그만 파란색 상자를 뒤에 감추고 청혼하는 남자 모델처럼. 아, 물론 완전히 벌거벗은데다 반지 상자를 가지고 있지 않다는 점만 제외하면.

거대한 사랑의 감정이 파도처럼 밀려왔다.

"좋아요, 코너."

그에게 속삭였다. 그리고 키스했다.

달리 무슨 대답이 가능했겠는가? 우리는 결혼한 것과 다름없었다. 나는 코너에게 나 같은 여자친구가 있다는 게 어떤 의미인지 잘 알고 있었다. 나는 그의 '아내'로서 그가 과거에 겪었던 학대와 무시와 고통을 이겨내도록 도와줄 수 있었다. 나는 세상 그 어떤 여자보다도 코너를 잘 도와줄 수 있었다. 그리고 내가 온전한 그를 찾게 해준다면, 우리는 진정한 하나가 될 수 있다고 믿었다. 그는 영원히 내 것이었다.

그 주 목요일 밤, 우리는 가죽 웨이트 벨트를 찬 채 손을 잡고 요크 애비뉴에 있는 체육관으로 걸어갔다.

코너가 말했다.

"레슬리, 6월 15일에 우리 집 렌트 계약 기간이 끝나. 다른 집을 알아봐야 돼. 우리 같이 살자. 나는 결혼 날짜를 잡지 않는 한 혼전동거는 옳지 않다고 생각했어. 하지만 우리는 그럴 필요 없을 것 같아. 우린 늘 함께해야 하니까. 우린 가족이잖아."

맙소사. '우린 가족이잖아.' 도로를 지나가던 택시와 버스와 사람들 모두가 시야에서 아득하게 사라졌다.

아직 아무에게도 코너가 내게 청혼했다는 사실을 알리지 않았다. 너무 성급해 보였다. 하지만 누군가에게 알리고 싶어 미칠 지경이었다. 나는 위니한테 어떻게 말할지 상상하며 혼자 리허설을 해보기까지 했다. 물론 코너는 위니를 별로 좋아하지 않아서 내가 그녀에게 이 소식을 처음 알린다는 걸 알면 화를 내겠지만.

"물론이죠, 코너. 좋은 생각이에요." 너무 좋아서 입이 찢어질 것 같았다.

우선 내 룸메이트 오드리에게 이 사실을 전하기로 했다. 그녀 또한 자기 남자친구 집에 늘 머무르던 참이었다. 그녀도 남자친구와 동거를 시작할 것 같다고 말했다. 우리 집 주인은 어깨를 으쓱하더니 새 세입자를 찾는 광고를 내야 하니 30달러를 달라고 했다. 그날 저녁, 회사 건너편 피자집인 오리지널 레이에서 위니와 피자를 먹으며 드디어 이 사실을 전했다.

"이렇게 빨리? 너 그 사람 만난 지 겨우 한… 여섯 달도 안 되지 않았어?"

"음…." 나는 의자를 당겼다. 예전에 위니가 렉스와 합친다고 얘기했을 때 나도 너무 이르다고 생각했다. 그러나 그때 그들은 벌써 3년 넘게 만나고 있던 중이었다. 사실 '나만' 이르다고 생각한 거였다.

"내가 그를 어떻게 생각하는지 알잖아, 위니."

"알지." 그녀는 뭔가 더 말하고 싶은 듯 아랫입술을 살짝 깨물었다. 그리고 가능한 활짝 웃어 보이려 애썼다. "하긴, 뉴욕에서는 다들 빨리빨리 합치지. 어차피 둘이 계속 붙어 있을 건데 두 집 집세를 계속

내고 있기에는 너무 비싸잖아."

위니가 내가 코너를 얼마나 많이 사랑하는지 느끼기를 간절히
바랐다. 그러면 날 충분히 이해할 수 있을 테니까.

"내가 알아서 할게."

그날 밤, 나는 「빌리지 보이스」에서 보고 표시해 둔 아파트를
코너에게 보여주었다. 그는 내게서 그것을 가져가더니 말했다.
"우리한테 딱 맞는 곳을 구할게."

그로부터 2주도 지나지 않아, 코너는 84번 스트리트와 렉싱턴
애비뉴에 위치한 작고 매력적인 곳을 얻었다. 발코니에서 센트럴
파크와 메트로폴리탄 미술관이 내려다보이는 멋진 집이었다. 이
집은 렉스와 위니의 집보다 훨씬 더 귀여웠다. '봐, 그가 벌써 날
이렇게 챙기고 있잖아'라고 위니에게 말하고 싶었다. 입주 날짜는 7월
1일이었다. 계약서를 쓰면서, 아버지가 매년 내 생일 때마다 약간의
돈을 모아 둔 신탁자금을 보증금에 포함시켰다. 뉴욕에서 살기에는
턱없이 부족할지 모르지만 그래도 내 연봉의 두 배는 되는 금액에,
뉴욕의 비싼 임대료를 감당할 능력이 있다는 것을 보여주기에는
충분한 돈이었다.

코너는 이사할 때 필요한 모든 것을 알아서 하겠다고 말했다. 이사
날, 코너는 하루 휴가를 내고 아침 일찍 그의 집에 있던 모든 짐을 꺼내
새 집으로 옮겼다. 그리고 내 퇴근 시간에 맞춰 회사 앞으로 와서 나를
데리고 첼시의 내 집으로 갔다. 그가 고용한 이스라엘인 인부들이
집에서 짐을 꺼내 재빨리 트럭에 실었다.

우리는 인부들에게 인사했다. 코너는 내 손을 잡고 8번 애비뉴의
네 블록을 걸어 23번 스트리트에 있는 지하철역으로 걸었다. 우리가
회전문을 돌려 역 안에 들어서자마자 E 라인 열차가 플랫폼에

들어오고 있었다. 뜨거운 바람이 훅 불어와 내 머리를 헝클어뜨리고 하얀색 원피스 치마를 붕 띄웠다. 열차의 문이 열리자 우리는 안으로 들어갔다. 열차는 업타운으로 향했다. 1월, 내가 코너를 처음 만났던 그 열차와는 정반대 방향으로 향하는 열차였다. 그때와 다른 점이 있다면, 이제 코너는 날 영원히 놔주지 않겠다는 듯 내 손을 꼭 붙잡고 있다는 것이었다.

미끌미끌한 노란색 지하철 좌석에 둘이 꼭 붙어 앉았다. 나는 그의 팔에 팔짱을 끼고 얼굴을 그의 따뜻한 목에 묻은 채로 좋은 냄새를 맡았다. 우리가 역에 도착할 즈음 코너가 갑자기 어깨를 확 숙여 기대고 있던 나는 거의 미끄러져 넘어질 뻔했다.

"놀랐지!"

그가 웃으며 외쳤다. 열차 안에 있던 사람들은 마치 교실에서 말썽을 피우는 초등학생들을 보는 것처럼 곱지 않은 시선으로 우리를 바라보았다.

우리는 86번 스트리트에서 내렸다. 도로가 복잡하게 얽혀 있는 렉싱턴 애비뉴로 올라가자 지하철역의 탁한 공기와는 대조되는 상쾌한 공기가 밀려왔다. 우리는 저녁거리를 사는 사람들, 저수지로 조깅을 하러 가는 사람들, 골동품 가게 문을 닫고 퇴근하는 사람들을 지나쳐 새 아파트로 걸어갔다. 샌들을 신고 밟는 시멘트길이 마치 해변에서 부서지는 파도 거품 같았다. 나는 코너의 팔을 감으며 생각했다. 오늘이 인생에서 가장 행복한 날이구나.

내 짐을 실은 트럭 두 대가 벌써 새 아파트 앞에 주차되어 있었다. 두 명의 인부가 짐을 재빨리 내려놓았다. 책과 옷을 담은 상자들, 그리고 외할머니가 남겨 주신 옷장과 침대가 전부였다. 코너와 나는 인부들이 특유의 강한 이스라엘 억양으로 나를 "레질리"라고 부를 때마다 웃겨서 쓰러졌다. 두 사람이 내 이름을 낯설게 부르는 것을 들으니 마치 다른 사람이 된 것 같은 묘한 스릴이 느껴졌다.

코너와 나는 대부분의 짐을 풀지 않고 그대로 뒀다. 나는 편한 옷으로 갈아입고 코너와 함께 침대를 설치하고 그 위에 시트를 깔았다. 그리고 접시 몇 개와 고양이 사료, 다음날 회사에 입고 갈 옷을 꺼내 놓았다. 새 집은 약간 낡은 듯하면서도 세련되어 마음에 쏙 들었다. 너무 마음에 들어 정신이 혼미해질 정도였다. 행복한 마음으로 나는 우리가 함께 찍은 유일한 사진을 꺼내 조그마한 벽난로 선반에 올려놓았다.

우리는 서둘러 저녁을 만들었다. 손으로 만든 파스타 면, 위니가 제일 좋아하는 이탈리아 식료품점에서 산 신선한 페스토, 코너가 오늘을 기념하기 위해 가져온 샴페인 한 병. 우리가 처음으로 집에서 해먹는 저녁이었다. 84번 스트리트가 내려다보이는 조그마한 발코니에서 전 세입자가 놓고 간 철제 테이블에 저녁을 차렸다. 메트로폴리탄 미술관의 지붕이 보이는 완벽한 자리였다. 촛불을 두 개 켰지만 저녁 바람 때문에 곧 꺼져버렸다. 코너는 도마를 쟁반으로 삼아 음식이 담긴 접시를 올렸고 찬장 문은 머리로 닫았다. 8층 높이의 발코니에서는 거리를 다니는 택시와 한여름 밤의 뉴욕 석양이 한눈에 보였다. 우리는 샴페인이 담긴 잔으로 건배하며 새 아파트 입주를 축하했다.

"오늘 누가 전화했는지 알아요?" 나는 샴페인을 홀짝이며 아무 생각 없이 말했다. "가이라고, 나 대학 다닐 때 친구였는데 이번에 하버드 경영대학원에서 한 학기를 보냈다고 하더라고요. 사람들이 말하는 것처럼 수업이 그렇게 힘들지는 않다고 하던데. 그가 당신을 꼭 만나보고 싶대요. 당신이 내년에 지원서 넣을 때 도움이 될 이야기를 꼭 해주고 싶다고."

코너가 갑자기 고개를 번쩍 들더니 들고 있던 샴페인 잔을 내려놓았다.

쨍.

나는 고개를 돌려 발코니를 둘러봤다. 코너의 얼굴이 너무 굳어져서
처마 끝에 너구리가 매달려 있거나 건너편 집에서 불 켜놓고 섹스하는
커플을 발견한 줄 알았기 때문이다(둘 다 예전에 우리가 목격한 장면이다).
그러나 아무 것도 없었다.

"그는 네가 창녀 같이 쉬운 년이라고 생각하는 거야, 레슬리."

코너는 접시를 내려다보며 입술을 일그러뜨리고 말했다.

나는 마치 얻어맞은 것 같은 충격을 느끼고 고개를 들었다.

뭐라고?

"내가 봤을 때 그는 도시마다 여자를 하나씩 꽂아놓는 류의
인간이야."

코너는 낮은 목소리로 말을 이었다.

"그리고 나를 만나고 싶다고? 내가 다음에 지원할 때 도움을 준다고?
교활한 뱀 같은 새끼."

코너가 의자를 뒤로 거칠게 빼는 바람에 테이블이 흔들리고 의자가
시멘트 바닥에 긁힌 자국을 냈다. 뭔가 잘못된 게 분명했다. 내가
사랑하는 그의 손이 테이블을 발코니 밖으로 던져버리거나 의자를
유리문에 후려쳐 박살내고 싶은 것처럼 덜덜 떨렸다. 그는 안으로
들어가 발코니 문을 세게 닫아버렸다.

나는 한여름 밤에 갑자기 혼자가 되었다. 우리가 만든 음식이 테이블
위에 그대로 있었다. 잔에 담긴 샴페인의 기포가 터지는 소리가
희미하게 들렸다.

나는 꼼짝도 못하고 앉아 있었다. 가이와의 전화 통화를 떠올렸다.
오후 2시쯤이었고, 그는 보스턴에 있는 기숙사에서, 종종 그랬던

것처럼 몇 달 만에 전화를 걸어왔다. 가이는 학부 졸업 직후 하버드 경영대학원에 합격한 학생들 중 유일한 같은 과 친구였다. 가끔 서로를 짓궂게 놀리며 편하게 지낼 수 있었던 하나뿐인 친구였고, 이성으로 느껴지지 않는 정말 좋은 친구이기도 했다.

물론 코너를 만난 이후 가이를 만난 적은 없었다. 가이도 하버드 경영대학원에서 새로 만난 연상의 여자친구와 진지하게 미래를 생각하고 있었다. 나는 이 얘기를 코너에게 예전에 했었다. 그때 그는 분노나 질투는 손톱만큼도 보이지 않았었다. 맹세코.

우리의 새 발코니에 혼자 가만히 앉아있자니 갑자기 화가 났다. 코너가 저렇게 의아할 정도로 소유욕이 강한 것은 이해할 수 없었다. 그리고 오늘이 우리가 새 집으로 이사 와서 맞이하는 첫날 밤이라는 걸 설마 잊은 거야?

나는 무거운 유리문을 밀어서 열고 안으로 들어갔다. 코너는 거실에 있는 의자에 앉아 고개를 파묻고 「뉴욕 타임스」를 읽고 있었다.

"코너, 우리 얘기 좀 해요."

그는 고개를 들었지만 읽고 있던 신문은 덮지 않았다. 내가 얘기하자는 게 별일 아니라는 것처럼. 카푸치노 한 잔 하겠냐는 정도의 말을 기대한 것 같았다. 그는 눈썹을 위로 한 번 올리더니 다시 「뉴욕 타임스」를 보기 시작했다.

"코너, 나는 소유할 수 있는 물건이 아니에요. 난 그런 타입의 관계를 원하지도 않고요. 단지 내 친구들 중 한 명이 전화를 했다고 해서 이렇게까지 화를 내는 건 말도 안 돼요. 내가 가이 얘기를 해서 질투가 났는지, 아니면 그가 당신이 탈락한 하버드 경영대학원을 다녀서 화가 났는지 모르겠지만, 어찌됐든 이건 당신의 문제예요."

그는 나를 쳐다봤다.

"그래, 그렇게 생각하면 지금 당장 나가지 그래?"

그는 다시 시선을 내려 신문을 읽기 시작했다.

어찌 감히. 여기는 내 집이기도 하단 말이야. 나는 아직 풀지 못한 상자들을 바라봤다. 내 짐과 그의 짐이 섞여 있었다. 노출된 벽돌 벽과 우리의 사진이 놓여 있는 작고 귀여운 벽난로를 쳐다봤다. 도무지, 왜, 우리의 가장 로맨틱한 밤이 단 20분 만에 가장 끔찍한 밤으로 돌변했는지 이해할 수 없었다. 너무 화가 나서 눈물도 나지 않았다. 모든 일이 너무 빠르게 벌어졌다.

나는 '신발'이라고 쓰인 상자를 뜯어 열었다. 손에 잡히는 대로 맨 위에 있는 하얀 스니커즈를 꺼내 신었다. 내가 걸치고 있는 핑크색 꽃무늬 짧은 바지는 여성복이라기보다 남자들이 입는 사각팬티 같았고 위에는 코너의 러닝셔츠를 입고 있었다. 나는 아파트 열쇠를 집어 들고 집을 나가서 현관문을 세게 닫았다.

로비로 내려가는 동안 분노를 주체할 수 없었지만, 어두운 밤거리로 나가자 불이 꺼져 연기가 피어오르는 초의 심지처럼 화가 사그라들었다. 센트럴 파크로 걸어가며 생각했다.

저 사람, 왜 저러지? 우리가 함께 살게 되어 겁이 났나? 너무 무서워서 날 그렇게 몰아붙였나? 아니, 내가 왜 좀 더 침착하지 못했지? 그냥 웃어넘길 수도 있었을 텐데. 아니, 웃어 넘겼어야 했다. 내가 그를 세상 어떤 남자보다도 사랑한다고 말했어야 했다.

이제 어떡하지?

화가 가라앉으면서 새로운 동네의 모습이 눈에 들어오기 시작했다. 이곳은 렉싱턴과 공원 사이, 크고 무성한 나무와 번쩍이는 황동 문고리가 달린 커다란 대문들이 늘어선 거리였다. 길을 비추는 가로등이 살짝 깜빡였다. 건너편에는 배불뚝이 아저씨가 시가를 피우면서 덩치 큰 불독을 데리고 산책하고 있었다.

하지만 그래도 이곳은 뉴욕이었다. 나는 밤 열한 시 넘어 혼자 밖에 나온 여자였다. 일하던 사람들은 모두 집으로 돌아갔을 시간이었다. 경비원들도 이 시간에는 문을 잠그고 안에 들어가 있었다.

내가 코너의 흰 러닝셔츠에 사각팬티 같은 짧은 바지, 그리고 바보같은 하얀 스니커즈 차림인 걸 깨닫자 다른 사람들이 혹시라도 나를 잘 곳을 찾아 헤매는 노숙자나 마약중독자로 볼까봐 무서웠다. 나는 지갑도 없고, 돈도 없고, 아메리칸 익스프레스 카드도 없었다. 택시 몇 대가 지나갔다. 안에 타고 있는 사람들이 날 빤히 쳐다봤다. 코너의 입에서 나온 '쉬운 년'이라는 단어가 계속 귓가에 맴돌았다.

나는 한 시간 동안을 천천히, 정처 없이 걸었다. 이곳의 사람들은 늘 어딘가로 걸어간다. 뉴욕에서 목적지도 없이 계속 걷는다는 것은 불가능했다.

이제 어디로 가지?

나는 오드리와 함께 살던 첼시의 아파트를 생각했다. 생각해보니 그 안에는 아무것도 없었다. 그리고 난 여섯 시간 전 집주인에게 열쇠를 돌려줬다. 이 자정이 넘은 시각에 위니와 렉스의 작고 행복한 집의 초인종을 누를 수 있을까? 위니는 내가 술을 입에 대지 않은 지 몇 년이 지난 이제야 겨우 나를 다시 믿기 시작했다. 그녀에게 이 다툼에 대해 이야기하는 것은 너무 창피했다.

남자친구, 아니지 빌어먹을 '약혼자'가, 그것도 함께 살기로 한 첫날 밤, 내가 다른 남자와 통화를 했다는 이유만으로 내쫓았다는 사실을 도대체 누구한테 말하겠는가?

온몸이 떨렸다. 우물로 떨어지는 것 같이 속이 울렁거렸다.

나는 천천히 새 아파트로 발걸음을 옮겼다. 어디로 가야할지 몰랐다.

가는 길에 털이 비버처럼 매끈한 쥐 두 마리가 렉싱턴 애비뷰와 84번
스트리트의 모퉁이에 있는 하수구로 미끄러져 들어가는 것을 봤다.
한인 마트는 밖에 진열했던 꽃과 과일을 안에다 들여다 놓고 간판
불을 껐다. 우리 새 아파트의 앞길에는 아무도 없었다. 괴한이 어두운
곳에서 뛰어나와 칼을 들고 나를 위협하는 상상을 하며 두려움에 몸을
떨었다. 아무도 내 비명소리를 듣지 못하리라. 나는 좁은 골목길을
뛰듯이 걸어 아파트 로비로 재빨리 들어가 엘리베이터를 탔다. 문이 등
뒤에서 닫히자 안도감이 밀려왔다.

열쇠로 현관문을 살짝 열었다. 나는 코너가 거실에 앉아 화난 얼굴로
현관문을 바라보면서 나를 기다리리라고 예상했다. 하지만 부엌과
거실은 비어 있었다. 침실을 살짝 들여다봤다. 코너는 내 외할머니의
침대에서 잠들어 있었다.

말랐던 눈물이 솟아났다. 나는 검은색 펜과 아버지가 늘 곁에 두는
노란색 노트를 꺼냈다. 거실에 널브러져 있는 상자 위에 앉아 벌 받는
초등학생처럼 같은 문장을 계속 반복해서 썼다.

'나는 창녀가 아니야.'

나는 누구한테 이걸 쓰는 거지? 코너? 엄마? 하느님?

식탁 위에 놓인 머그잔 아래에다 이 메모를 유서처럼 끼워 넣고,
코너가 아침에 일어나 발견하는 상상을 했다. 그리고 나서 파우치에
넣어 둔 세면도구를 꺼내 욕실에서 세수를 했다. 욕실을 나와 조용히
침실로 들어가 침대 가장자리에 살짝 누웠다.

그러나 잠들 수 없었다. 나는 누워, 길가에서 들려오는 경적소리와
낯선 소음을 들었다. 나는 코너에게서 등을 돌리고 조용히 울기
시작했다. 코너가 내 고요한 울음소리를 듣고 잠에서 깨어 나를
안아주면서 내가 집에 안전하게 돌아온 게 너무 기쁘다고, 그리고 모든

것이 다 잘 될 거라고, 그리고 그가 아까 왜 그런 행동을 했는지 자신도 이해할 수 없다고 말해주길 바랐다. 미안하다고 말해주길 바랐다. 가슴이 저몄다.

나는 잠에 빠져들었다.

다음날 아침, 나는 코너보다 일찍 일어났다. 속이 안 좋았다. 부엌으로 가서 어젯밤에 내가 미쳐 있었다는 증거인 노란색 종이를 구겨서 내 가방의 가장 깊은 곳에 밀어 넣었다. 사실 그걸 쓴 덕분에 기분전환은 좀 됐다. 나는 기분이 더 나아지길 바라며 시원한 물로 오랫동안 샤워했다. 수건으로 몸의 물기를 닦아낼 때, 코너가 욕실 안으로 들어왔다.

"맙소사, 당신 때문에 간밤에 한숨도 못 잤잖아."

코너는 만들어진 미소와 유감스러운 표정을 띄고 말하며 고개를 절레절레 흔들었다. 그리고 하품을 하며 면도기를 찾아 욕실을 둘러봤다. 그는 나를 쳐다보지 않았다. 마치 내가 너무 하찮아서 눈을 마주치는 것도 아깝다는 듯이. 나는 그와 소통하기를 간절히 원했다.

"당신 여기서 나랑 같이 지내고 싶으면, 어젯밤처럼 침대에서 울고 그러지 마." 그가 말했다.

그는 깬 채로 누워서, 내가 울다가 잠들도록 **일부러** 내버려 뒀다는 건가? 내 뱃속은 높은 곳에서 다이빙하기 직전 밑을 내려다 볼 때처럼 울렁거렸다.

나는 재빨리 출근 준비를 하고 아침도 먹지 않고 집을 나섰다. 사무실 의자에 앉아 어떻게 해야 할지 고민했다. 어디로 가야 하지? 여긴 뉴욕이다. 내 연봉은 2만 달러도 안 된다. 나는 호텔에서 잘 수도 없고, 다른 집을 빨리 알아볼 수도 없다. 나에겐 이 모든 사정을 듣고 일주일, 아니면 한 달, 혹은 집을 구할 때까지 자기 집 소파에서 잠을 재워 줄

만한 친구가 없었다. 내 가족이 도와줄까? 아니. 그들이 뭘 해줄 수 있겠어? 엄마에게 도움을 청하기에 좋은 때가 아니었고 아버지는 아직 코너의 이름조차 외우지 못했다. 이건 내가 벌인 일이었다.

코너와 함께라면 모든 것이 완벽해야만 했다. 그는 내 새 가족이고, 그리고 내 진짜 가족이었나. 태어나서 지금껏 이렇게 행복해본 적이 없었다. 그런데 어떻게 24시간 만에 관계가 이렇게 엉망이 될 수 있을까? 지하철에서 여섯 살 먹은 애들처럼 낄낄댔던 게 바로 어제, 어제였다.

어젯밤 대화를 토씨 하나 빼먹지 않고 반복해서 떠올려봤다. 그동안 가이에 대해 이야기했던 걸 애써 기억해보며, 그때 코너가 기분 나쁠 만한 게 있었는지 곰곰이 뜯어봤다.

나는 부디 코너의 분노를 정당화할 이유를 찾고 싶었다. 그러면 내가 그에 대해 사과하고 모든 일은 해결되리라. 미친 생각이었다.

혹시 몰라서, 코너가 물어볼 때를 대비해 보스턴에 있는 가이에게 전화를 걸어 더 이상 내게 전화하지 말라고 했다.

"알겠어. 네가 원한다면 물론 그렇게 해야지. 하지만 왜 그러는지 혹시 말해줄 수 있을까? 내가 뭐 잘못한 게 있는 거야? 아니면… 그냥 바빠서?"

"아, 사실 코너가 너무 질투하는 것 같아. 우리가 막 함께 살기 시작해서 좀 민감한 시기거든. 좀 나아지면 내가 전화할게."

"좋아." 가이가 약간 슬픈 듯 말했다. "전화 안 할게. 하지만 네가 필요할 땐 언제라도 연락해. 전화하지 않더라도 늘 네 생각하고 있을게."

자잘한 업무를 처리하는 동안 문제를 잠시 잊고 그럭저럭 오후를 보냈다. 나는 패션 부서로 가서 예쁘장한 가을 캐시미어 스웨터들에

둘러싸여 두 시간을 보냈다. 그곳의 에디터들은 날 몰랐고, 무어가
잘못됐다는 걸 깨닫지 못했다. 위니와는 마주치지 않으려고 그쪽
부서 방향으로는 일부러 가지 않았다. 그녀는 내 얼굴을 보자마자
뭔가 잘못됐다는 걸 단번에 알아차릴 것이다. 신이여, 나는 정말이지
그녀로 하여금 내가 또 인생을 조졌다고 생각하게 되는 걸 원치 않았다.
그럼 나는 그녀 또한 잃게 될 테니까. 내가 술을 마시고 마약을 했던
시절에는 이런 정신 나간 일들이 생기곤 했었다. 이제는 모두 끊었는데,
이런 일이 대체 왜 생기는 것일까.

나는 퇴근하고 갈 곳이 없다는 생각에 가슴이 덜컥 내려앉았다.

주식 시장이 마감된 4시쯤 내 자리의 전화가 울렸다.

"안녕 자기."

코너였다. 그는 보통 이 시간에 전화를 하곤 하지만 오늘 전화를
걸 줄은 몰랐다. 그는 웃고 있었다. 나는 수화기 너머로 주식거래소
안에서 들리는 소리를 들을 수 있었다.

"오늘 무슨 일이 있었는지 알아? 아마 절대 못 믿을 걸. 이 미친
세이코 놈들이 잘못된 쪽에 베팅을 하는 바람에, 자그마치 80만 달러가
허공으로 날아가 버렸지 뭐야."

안도감이 밀려왔다. 나는 당장이라도 수화기 속으로 들어가 그의
손을 잡고 싶었다. 다시 원래의 코너로 돌아온 거였다.

"몇 시쯤 집에 도착할 예정이야, 베이비?"

그가 물었다. 베이비. 아버지가 어렸을 때 나를 부르던 이름이었다.
여동생은 말고, 오직 나만 이렇게 불렀다. 코너가 애칭으로 나를 부르는
것만으로도 내 눈은 눈물로 가득 찼다. 게다가 그는 "집"이라고 말했다.

"한 7시쯤이요."

싸움은 끝났다. 나는 더 이상 이유를 묻지 않기로 했다.

몇 주 후, 우리의 싸움은 차이나타운 노점에서 파는 건조 버섯처럼 쪼그라들었다. 나는 너무 지긋지긋해서—사실은 너무 무서워서—더 이상 그 사건을 입 밖에 꺼내지 않았다. 어쩌면 코너의 말대로 나는 친구인 가이와 너무 가까웠을지도 모른다. 어쩌면 가이가 정말로 교활했을지도 모른다.

코너는 이에 대해 한 마디도 하지 않았다. 정말 다행이었다. 몇 주 동안 나는 하버드 경영대학원, 내가 데이트했던 남자들, 대학 친구들로부터 오는 안부 전화들에 대한 이야기를 일부러 하지 않았다. 아파트에 짐을 풀어 정리했지만 이곳은 내 집이 아닌 것 같았다. 가끔 영화 「샤이닝」처럼 코너의 가혹한 말이 벽에 스며들어 있는 것 같은 느낌이 들었다. 나는 그 싸움을 잊기로 결심했다. 그리고 우리의 집을 좋아하려고 노력했다.

그런데 이번에는 내 샴고양이 크리세이드가 코너를 미치게 만들었다.

코너는 크리세이드를 좋아했었다. 그는 내 고양이를 파란 벨벳 목줄에 묶어 센트럴 파크를 산책하곤 했다. 그러나 이제 코너는 크리세이드가 악의 화신인 것처럼 장황하게 불만을 토로했다. 신경이 쓰인다며 크리세이드를 침대 위로 올라오지 못하게 했고, 그녀는 밤에 문 밖에서 죽어가는 당나귀처럼 울었다. 크리세이드는 손님이 소파에서 자고 있으면 얼굴을 핥기도 했다. 또 8층 높이의 발코니 난간 위에서 아슬아슬하게 걸어 다니는 것을 좋아해 발코니 문을 늘 닫아 놓아야 했다. 물론 고양이 배변 박스에서는 냄새가 났다.

결국 코너는 최후의 카드를 꺼내들었다. 자기가 고양이 알레르기가

있는 것 같다고 말한 것이다. 나로선 남자친구보다 고양이를 더 아낄
수는 없었다. 그녀를 입양할 만한 곳이 있는지 알아보기 시작했다.

결국 내 동생 실비아가 와서 데려가겠다고 말했다. 나는
크리세이드를 기숙학교에 '잠시' 보내는 것처럼, 그리고 자주 보러 갈
수 있는 것처럼 생각하려 애썼다. 내가 사랑하는 사람이 이런 선택을
하게끔 만든 것을 믿을 수 없었기 때문이다. 그리고 나는 원래 남자
때문에 고양이를 버리는 사람이 아니었기 때문이다.

8월. 노동절 연휴 전 목요일, 아버지와 실비아는 빨간색 머스탱을
타고 워싱턴에서 올라왔다. 그들은 내 새 집에서 자기로 했다. 그러고
나서 우리 모두 다 같이 버몬트에 있는 시골집에 함께 가서 연휴 주말을
보낼 예정이었다. 코너는 이번에 처음 엄마를 만나는 거였고, 아버지는
별거 후 처음으로 버몬트에 가는 거였다.

버몬트. 우리 가족의 매해 여름은 워싱턴에서 버몬트의 월로우
스트리트에 있는 허름한 시골집까지 차로 10시간을 운전해 가는
것으로 시작했다. 나무판을 덧댄 우리의 초록색 스테이션왜건은 수트
케이스들, 샴고양이, 샌디, 내 잉꼬새 두 마리, 뱀과 거북이 몇 마리,
실비아의 냄새나는 운동 도구들로 꽉 찼었다. 그 차는 에어컨이 되지
않았다. 그래서 뒷자리에 몇 시간 앉아 있다 보면 사과 주스와 땀이
뒤섞여 끈끈해진 과자 봉지와 쿠키 부스러기를 허벅지에서 떼어내야
했다. 어떤 해에는 주유소에 잠시 정차했을 때, 한 살짜리 샴고양이가
내 무릎에서 조용히 숨을 거두었다. 이를 지켜본 샌디는 창에 두 앞발을
대고 짖어댔다. 고양이는 야옹하는 소리를 내고는 눈을 감았다. 그녀가

내 팔 안에서 숨을 거둘 때 차 안에서는 역한 금속 냄새가 나고 있었다.

온 가족이 덥고 답답한 차에서 내려 시원하고 건조한 버몬트의 여름 공기를 마시면 지옥에 있다가 천국의 문을 연 듯한 느낌이 들었다. 우리는 그 순간부터 시골집에서 신나는 여름을 보냈다. 시원한 강에서 수영을 하고, 먼지 나는 길에서 게임을 하고, 근처 산에서 피크닉을 즐기고, 뒤뜰에 누워 은하수가 흐르는 까만 하늘을 바라보고 멀리서 들려오는 강물 소리를 자장가 삼아 뒤뜰에서 잠들곤 했다. 아버지는 보통 워싱턴에서 일하다 8월 한 주만 이곳에 머물렀다.

하루는 아버지가 짧은 휴가를 보내기 위해 이곳에 도착한 직후 들려오는 소리에 밤 중에 잠을 깼다.

"여기서 나가!" 엄마가 이웃에 다 들릴 정도로 크게 소리를 지르고 있었다. "이 집에 돈 댄 건 우리 식구들이야. 꺼져버리라고!"

아버지는 아직 잠옷 차림인 우리를 모아서 초록색 스테이션왜건에 태워 워싱턴까지 운전해 돌아왔다. 그리고는 엄마를 데리러 가기 위해 다시 10시간을 운전해 버몬트로 갔다. 우리는 아버지에게 엄마를 데리러 가지 말라고 애원했다.

"아빠, 엄마는 혼 좀 나봐야 해요!" 우리는 소리쳤다. "우리를 이런 식으로 대하지 못하게끔 해요!"

"안돼요, 얘들아. 내가 지금 가야지 상황이 나아진단다." 그렇게 말하고 아버지는 버몬트로 떠났다.

15년 후, 두 사람은 아직도 아슬아슬하게 다리를 함께 건너고 있었다. 엄마는 아직도 불행해 보였고 못되게 굴었지만, 예전처럼 심하지는 않았다. 아버지와 실비아는 교외에 있는 집에 함께 살고 있었다. 아버지는 엄마를 데리고 매주 토요일 밤마다 외식을 했다. 실비아가 묘사하는 이 둘의 만남은 별로 고무적이지 않았다.

"아빠는 엄마랑 둘이 만나면 엄마 눈치를 살살 보는 것 같애. 뒤뜰에
나와서 담배를 한 시간이나 핀다니까. 내 방 창문에서는 새까만 뜰에서
빛나는 오렌지색 불빛밖에 안 보여."

엄마는 늘 그렇듯 버몬트의 시골집에서 여름을 보내고 있었다.
하지만 이번에는 처음으로 혼자였다. 그녀는 별 것 아닌 것처럼,
그러니까 아버지가 엄마를 떠났을 때처럼 굴었다. 이는 마치
겨드랑이에 종기가 있는데도 없는 척하는 것 같았다. 그녀는 남자가
자신을 떠날 수 있다는 걸 인정하기에는 너무 자신만만했다.

코너, 나, 아버지와 실비아는 뉴욕의 푹푹 찌는 여름밤 거리를 걸어
엘 폴로*로 저녁을 먹으러 갔다. 다행히 에어컨이 있는 곳이었다. 식사
메뉴로는 샐러드, 페루식 치킨, 그리고 실비아의 길고 탱글탱글한
금발과 똑같이 생긴 페루식 컬리 프라이**를 주문했다. 코너는
저녁을 먹는 내내 멍청한 농담을 해댔다. 꼭 더블데이트를 하고 있는
느낌이었다.

우리는 밤 아홉 시쯤 레스토랑에서 나왔다. 밖은 아직도 더워서
물렁해진 아스팔트에 발이 푹푹 파묻힐 지경이었다. 우리의 아파트로
돌아오는 동안, 실비아는 86번 스트리트 길바닥에 뚜껑이 덮여있지
않은 맨홀 안에 대고 "안녕하세요!"라고 외쳤고 이 소리는 윙윙대는
메아리가 되어 그 안을 한참을 맴돌았다. 그러자 더위를 피해 맨홀 안에
들어가 있었을 한 노숙자가 깊고 거친, 취기가 묻어 있는 굵은 목소리로
인사했다. 우리 셋이 배를 잡고 미친 듯이 웃었고 실비아는 신이 나서
차가 달리는 도로로 뛰어들 뻔했다.

다음날 금요일, 우리는 오전 여덟 시가 되기 전 뉴욕을 떠났다.
대부분의 사람들이 아직 자고 있거나 에어컨을 빵빵하게 튼 집안에
있을 시간이었다. 거리는 벌써 뜨거웠고 건물 관리인들이 호스로 길에

* 미국의 유명
프랜차이즈
레스토랑

** 긴 스프링 모양의
감자 튀김

물을 뿌려놓는 바람에 바닥이 축축했다. 길은 막히지 않았다. 우리
차는 스트로베리 힐로 들어가는 출구를 지나 속도를 높여 달렸다.
스트로베리 힐의 방 72개짜리 집에는 이제 아무도 살지 않았다.
외할머니가 돌아가시고 6년이 지난 지금, 이 집을 구매한 사람이
이곳을 이렇게 쓸지 아직 정하지 못했는지 덩 비어 있었다. 뒷좌석에
앉은 실비아는 머리를 앞으로 대고, 운전하는 아버지 옆 조수석에 앉은
코너에게 들리도록 큰 소리로 말했다.

"코너한테 스트로베리 힐에 대해 얘기했어?"

나는 내 옆에 앉은 실비아에게 시선을 돌려 고개를 저으면서 눈알을
굴렸다. 그리고 손으로 그녀의 작고 마른 엉덩이를 꼬집었다.

"당연히 스트로베리 힐에 대해 얘기했지. 버몬트에 대해서도. 그리고
네가 얼마나 대단한 축구선수인지와 가족들에 대한 이야기도 전부."

차는 고속도로를 계속 달려 매스 파이크*로 나가는 출구를 지났다.
나는 하버드에 다니는 4년 내내 집에 갔다 학교로 돌아오면서, 그리고
「세븐틴」에 면접을 보러 가면서 이 매스 파이크 출구로 나갔다.
코너는 사우디에 있는 어머니 집에 갈 때 이 출구로 나갔다. 그리고
위니와 렉스가 며칠 후에 하버드 경영대학원 기숙사로 이사할 때
이용할 출구이기도 했다. 내가 마침내 렉스가 하버드 경영대학원에
합격했다는 소식을 코너에게 전했을 때, 그는 마치 내가 렉스를
안다는 사실이 그가 탈락하고 렉스를 합격하게 만든 데 일조한 것처럼
쳐다봤다. 아마 가까운 시일 내에 위니와 렉스를 보러 보스턴에 가기는
어려울 것 같았다.

아버지는 '버몬트'라고 쓰인 초록색 표지판을 따라 차 핸들을
왼쪽으로 돌렸다. 내 남동생 휴는 어제 미네소타에서 버몬트로
비행기를 타고 날아갔다. 그는 매칼레스터 대학교에서 마지막 학기를

* 메사추세츠주의
동서를 잇는
대표적인 고속도로

보내고 있었다. 그는 가족이 모두 한 자리에 모이는 게 엄마에게 어떤 의미인지 알기 때문에 노동절 연휴에 버몬트에 오기로 했다.

우리가 버몬트 주 경계를 지나자마자 기온이 5도가량 떨어졌다. 빌딩과 맥도날드가 우리 뒤로 빠르게 사라졌다. 고속도로가 점점 좁아져 2차선 도로가 되었다. 소나무와 참나무들이 도로 중간에 빽빽이 심어져 있다 보니 보스턴으로 가는 차들의 소리가 들리지 않을 정도였다. 우리는 말코손바닥사슴*이 길을 건널 수 있으니 조심하라는 다이아몬드 모양의 노란색 표지판을 지났다. 20분 후, 실비아가 멀리서 청록색 산의 끄트머리가 보이는 것을 발견했다. 톨게이트에서 아버지가 통행증을 받았다. 산에서 불어오는 바람에는 솔잎과 맑은 호수의 냄새가 실려 있었다.

머스탱의 바퀴가 자갈길에 도달한 것은 정오가 되기 직전이었다. 작고 풀이 우거진 언덕 맨 꼭대기, 허름한 노란색 집과 헛간이 열두 그루의 거대한 전나무 사이로 보였다. 엄마가 나무들을 너무 집 가까이 심어서, 15년이 지난 지금 나뭇가지는 지붕을 감았고 뿌리는 여름마다 조금씩 자라 집의 토대를 파고들 정도였다. 우리는 차에서 내려 구겨진 옷을 털어서 폈다. 나는 코너를 쳐다봤다. 그는 내가 이런 후진 집을 좋아한다고 미쳤다고 생각할까? 아니면 그도 나와 같이 이곳의 마법 같은 매력을 알아볼까?

미닫이문이 열리는 소리와 함께 곧 엄마가 현관문 앞에 늘어선 나무 뒤에서 나타났다. 엄마가 가장 좋아하는 꽃무늬 청반바지에 예전에 테니스 토너먼트 대회에서 상으로 받은 하얀 티셔츠 차림이었다. 얼굴에는 미소가 완연했고 손에는 의심스러운 갈색 액체가 든 유리잔이 들려 있었다. 나는 그녀를 껴안으며 콧속으로 SPF-45짜리 초강력 선크림 냄새와 그녀가 여름 내내 뿌리는 독한 벌레 퇴치약

* 북미산 큰 사슴으로 무스라고 불리며 유럽과 아시아에서는 엘크라고 함

냄새가 밀고 들어오는 것을 느꼈다. 나는 그녀의 숨에서 술 냄새를 맡지
않으려 애썼다. 엄마가 다시 술을 마신다는 사실을 알고 싶지 않았다.

코너는 엄마와 악수했다.

"만나서 반갑습니다. 레슬리에게서 이야기 많이 들었어요."

"아, 그랬군요. 와줘서 기뻐요."

엄마는 코너는 거의 쳐다보지 않고 그의 어깨 너머 아버지에게로
시선을 고정시켰다. 마치 전나무 중 하나로 착각하기를 바라는 양, 우리
뒤에서 어정쩡하게 서 있는 아버지는 엄마에게 선물 같은 존재였다.
아버지는 엄마를 포옹할지 아니면 그녀가 자신을 발견하기 전에 차로
돌아가 떠나야 할지 판단이 서지 않는 눈치였다. 그녀는 과도하게
밝은 목소리로 "안녕, 스탠!" 하고 외쳤다. 아버지가 떨떠름하게
고개를 끄덕이는 모습이 마치 거미줄에 걸린 파리가 '음, 아직까지는
괜찮군'이라고 여기는 것 같았다. 가족 간의 다툼이라는 탄광에서
카나리아 같이 잘도 빠져나가는 실비아는 강을 보러 조용히 사라졌다.

코너는 머스탱의 비좁은 트렁크에서 짐을 꺼냈다. 나는 나무가
우거진 작은 오솔길을 지나 우리가 슬리핑 포치*라고 불렀던
마구간으로 그를 데려갔다. 아버지는 이 마구간을 개조해서 큰 침실로
만들었다. 말들의 이름이 침대 머리맡 판자에 새겨져 있었고 문에는
겨우내 지루했던 말들이 갉아먹은 자국이 아직도 남아 있었다. 몇 년
전, 아버지는 벽마다 구멍을 뚫어 창문을 만들어 놓았다. 제일 큰 창문
밖으로 실비아의 모습이 보였다. 그녀는 수변식물에 둘러싸여 고요한
강변에 서 있었다.

몇 분 후, 그녀가 슬리핑 포치의 문을 비집고 들어오며 외쳤다.
"안녕!" 그녀는 침대에 털썩 앉으며 말했다. "아, 걱정할 필요 없어요,
뜨거운 연인들. 난 여기 말고 저 위 다락방에서 잘 거니까! 이리 와요,

* 바깥 공기를
접하며 잘 수 있는
베란다

코너. 보여줄 게 있어요."

그녀는 우리를 데리고 굽은 통로를 지나 다락방에 걸쳐놓은 사다리로 갔다. 다락방은 여름 부엌을 굽어보는 뾰족한 지붕 바로 밑에 동굴처럼 자리하고 있었다. 그녀는 휘청휘청 사다리를 오르더니 아버지가 예전에 만들어 놓은 토끼 굴 입구를 통과해 다락방으로 쑥 들어갔다. 나는 코너에게 부엌에 있는 오크나무와 주철로 만든 싱크대를 보여주고 좁고 가파른 계단을 올라가 작은 침실을 보여주었다. 그리고 가파른 계단을 조심스레 내려와 L자 모양의 내부 욕실과 야외에 설치된 샤워실로 통하는 작은 문을 보여주었다. 아버지의 수트케이스가 욕실 밖 선반에 놓여 있었다. 아버지는 밤에 어디에서 자야 하는지 갈피를 잡을 수 없었던 게 분명했다. 부모님 침실은 보지 않고 지나쳤다. 창밖의 거대한 나무가 햇볕을 가려 어두웠고, "침대를 정리하는 것보다 훨씬 중요한 일이 쌓여 있다"며 침실을 정리하지 않는 엄마의 논리 덕분에 오늘도 지저분할 게 분명했기 때문이다.

점심을 먹은 후, 코너와 나는 차가운 강물에서 수영을 한 후 신발을 양어깨에 걸치고 돌아왔다. 우리는 근처에 있는 자연 모래 언덕인 샌드파일로 긴 하이킹을 다녀왔다. 우리 형제자매들은 어렸을 때 그곳에서 몇 시간이고 놀았다. 우리가 숨바꼭질을 하기에 너무 커버렸을 때부터는 길을 따라 조랑말이나 자전거를 타고 놀았다. 코너와 나는 줄곧 손을 잡고 모래길에서부터 이웃 농가의 잔디 활주로까지 걸었다. 이곳에서는 아직도 매주 프로펠러 비행기가 착륙하는 소리가 들렸다. 우리는 활주로에 늘어선 옥수수대에서 옥수수를 스무 개 넘게 땄다. 뜨거운 태양 아래서 옥수수 하나의 껍질을 까서 날것으로 먹었다.

그날 밤, 우리는 부엌에서 테이블에 촛불을 밝혀놓고 저녁식사를
했다. 맛있는 옥수수, 근처 베이커리에서 사온 신선한 빵, 엄마의
정원에서 자란 채소로 만든 샐러드, 뒷마당에 있는 작은 바비큐
그릴에서 구운 스테이크.

나는 실비아의 다락방으로 이어지는 지붕 서까래를 가리키며
말했다.

"코너, 저것들 보여요? 예전에 우리 집 늙은 고양이 파우더가 저기서
4미터 아래 나무 바닥으로 떨어졌었어요. 잠깐 기절해 있었는데 우리
개 샌디가 이 고양이가 죽은 줄 알고 코를 박고 킁킁대고 있었어요.
이때 파우더가 깨어나서 앞발톱을 샌디의 콧구멍에 넣고 쑤시는
바람에 방이 온통 피바다가 됐었어요."

우리 식구는 벌써 열두 번은 들었을 이 이야기를 듣고 숨도 못 쉴
정도로 웃어댔고 코너는 포크를 쥔 채로 부드럽게 미소 지으며 고개를
끄덕였다.

"남동생 휴는 열 살 때, 지붕 위 서까래들을 하나하나 밟으면서
돌아다녔어요. 그치 휴?"

휴가 입에 옥수수를 가득 넣은 채 고개를 끄덕였다.

"실비아는 그때 일곱 살이었는데 그걸 목격했죠."

코너는 마담 투소 박물관*에 온 것처럼 집안을 이리저리 둘러봤다.
그는 아마 이 집에 들어찬 서로 어울리지 않는 고가구들, 벽에 걸린
36개의 테니스 라켓, 못에 꽂혀 있는 1920년대 식료품 영수증이 휴가철
별장의 평범한 장식인지 정신병자 병동의 기괴한 꾸밈인지에 대해
깊게 생각해보지 않았을 것이다.

"음식이 맛이 좋네요." 그는 엄마를 바라보며 긴장된 목소리로
말했다.

* 세계 유명
인사들을 밀랍
인형으로 재현해
전시하는 박물관

"음." 엄마가 저녁식사 때 딱 한 잔만 마시기로 한 와인을 홀짝이며
말했다.

"좋다니 다행이네, 코너." 아버지가 끼어들었다.

그날 밤, 우리는 두꺼운 퀼트 시트 아래서 서로 팔짱을 낀 채 잠이
들었다. 그러다 코너가 한밤중에 나를 흔들어 깨웠다.

"레슬리, 레슬리— 일어나 봐! 보여줄 게 있어!"

나는 비몽사몽으로 코너를 따라 뒤뜰로 나갔다. 대체 뭘 본 거지?
사슴? 스컹크? 곰? 발바닥에 차가운 나무 바닥이 느껴졌다.

"으, 차가워." 나는 팔로 몸을 감싸며 말했다.

"나 소변보려고 나왔다가 우연히 하늘을 올려다봤어." 그가 내 손을
잡더니 하늘을 쳐다봤다.

"살면서 이런 걸 본 적 있어? 하늘에 무슨 일이 생긴 거지 대체? 이것
때문에 자기를 깨운 거야. 다른 사람들도 깨울까?"

은하수가 너무 가까이에서 보여서 손을 뻗으면 잡을 수 있을 것
같았다. 그는 시선을 돌리면 이 멋진 게 사라져버릴지도 모른다는 듯,
고개를 젖혀 하늘에서 눈을 떼지 않고 말했다.

"코너, 있잖아요," 나는 그에게 기대며 말했다. "여기는 밤마다
하늘이 이래요. 우리는 도시의 불빛에서 수백 킬로미터 떨어진 산 속에
있잖아요. 겨울에는 가끔 이것보다 훨씬 더 밝을 때도 있어요."

"말도 안 돼." 그는 나를 놀란 얼굴로 쳐다봤다. "나는 한 번도…
밤하늘이 이렇게 넓고 빛날 수 있다는 생각을 해 본 적이 없어."

나는 그의 곁에서 십 분 정도 함께 하늘을 쳐다봤다. 달과 별이
너무도 밝게 빛나서 강가에 늘어선 오렌지색 타이거 릴리가 몇 개인지
셀 수 있을 정도였다. 내가 방에 들어갈 때까지도 그는 밖에 서 있었다.
그가 마침내 돌아와 침대로 올라왔을 때 그의 차가운 발이 내 따뜻한

발을 찾아 더듬었다. 우리는 졸린 상태로 침대 시트가 체온으로
뜨거워질 때까지 사랑을 나눴다.

　　다음날 아침, 우리는 엄마가 만들어준 블루베리 팬케이크를
먹고 작은 언덕인 리틀 슈가로프에 함께 올랐다. 정상에 올라 거의
덤프트럭만 한 화강암 바위에 앉아 저 아래 깨끗한 빙하호에서 수영을
하며 노는 사람들의 말이 메아리가 되어 올라오는 것을 들었다. 우리
남매는 어렸을 때 아버지에게 슈가로프의 꼭대기에서 밤새 자자고
조르곤 했다. 하지만 어둠이 깔려오면서 꼭 누군가는, 그리고 결국에는
모두가 무서워서 꽁무니를 빼버리는 바람에 실패하고 말았다. 그러면
아버지는 초저녁 때 우리를 데리고 산에서 내려왔다.
　　오후에 우리는 집으로 내려왔다. 코너는 부엌에 있었고 나는
방으로 들어와 짧은 바지와 탱크톱으로 갈아입은 후, 낡은 검은색
고무 부츠를 신고 정원 일을 하는 엄마를 도우러 나갔다. 머리카락은
한데 모아 포니테일로 묶고, 옷으로 가려지지 않는 부분은 엄마의
전매특허인 선크림과 벌레 퇴치 스프레이로 떡칠을 했다. 일하는 게
몸이 힘들기는 해도, 정원은 엄마와 대화할 수 있는 세상에서 가장
좋은 장소였다. 이곳은 보이지 않는 3미터의 벽을 두른 듯한 묘한 사적
공간이었으니까.
　　우리는 입으로 들어오는 날파리를 뱉으며 땅을 깊이 파 잡초 뿌리를
캐냈다. 엄마는 자기가 아버지한테 화가 엄청나게 났다는 사실에 대해
이야기하다가 (어젯밤 아버지는 거실에 있는 소파에서 잤다) 알코올의존증
치료 모임에서 만난 게이 친구들에 대해 말하기 시작했다. 나는 엄마가

나에 대한 화를 겨우 푼 것 같아 다행이라고 생각하며 엄마의 이야기가 무척 흥미롭다는 듯 열심히 듣는 척했다. 나는 그녀가 아버지의 배신에 대해 말할 때 반대 의견을 말하지 않았고 자신이 알코올의존증이 아니라고 주장할 때는 잠자코 있었다.

뜨거운 태양 아래에서 두 시간쯤 잡초 제거를 한 후, 나는 항복을 외쳤다. 고무 부츠를 벗고 강가에 앉아 더러운 발을 시원한 강물에 담그고 손에 묻은 먼지를 씻어냈다. 손톱 밑에 낀 흙먼지는 아무리 해도 잘 빠지지 않았다. 나는 땀에 절은 고무 부츠를 들고 집으로 돌아와 뒷문을 열었다. 창문 밖으로 코너가 어정쩡한 자세로 나 대신 엄마를 도와 잡초를 뽑는 것이 보였다.

30분쯤 있다가 코너가 방으로 들어오며 말했다.

"당신 엄마라는 사람, 진짜 대단한 위인이시던데."

대단한 위인이라. 그게 무슨 뜻인지 불안해지기 시작했다.

"내게 당신이 고등학교 때 얼마나 약에 절은 창녀 같았는지에 대해 말해주더군. 자세한 얘기를 다 들려주려 하길래 내가 못하게 했어. 어떤 부모가 자기 딸에 대해 그렇게 말할 수 있지? 듣지도 않고 들어와 버렸다니까."

엄마가 그런 짓을 했다는 것에 충격을 받았지만, 내게 '워싱턴 창녀'라는 별명을 붙여준 여자가 하지 못하리라고 생각했던 일은 아니었다. 어쩌면 그녀는 그를 쫓아버리려고 그랬을지도 모른다. 아니면 내게 질투가 났거나. 그렇지만 둘 다 말이 되지 않았다. 나는 코너와 얼마간 함께 앉아 있다가, 무언가 알아낼 수 있을까 해서 본채로 갔다.

엄마도 정원 일을 마치고 들어와 있었다. 부엌으로 들어가는 복도에 서서 온몸에 묻은 흙먼지를 터는 동안 그녀의 초록색 눈동자는 분노로

활활 타고 있었다. 어느새 손에는 콜라를 섞은 럼주가 한 잔 들려
있었다.

"훌륭한 남자친구더구나."

거실 저쪽으로 아버지의 등이 보였다. 그는 먼지 쌓인 책장에서
오래된 책을 보는 척하고 있었다. 마치 숲에서 사냥꾼 떼를 피하려
나무인 척 위장하고 있는 사슴처럼.

"뭐라고요?" 할 말이 없었다.

"하긴." 엄마는 부엌에서 나를 쳐다보며 말했다. "너는 예전부터
부랑아 같은 애들을 데려오곤 했으니까."

나는 돌아서서 본채를 나왔다.

한 시간 후, 아버지가 우리 방으로 왔다.

"코너, 음… 내가 듣기론 자네와 앤 사이에 약간의… 트러블이
있었다고 하더군."

아버지는 한 손을 자신의 깡마른 엉덩이에 얹고 부드럽게 말했다.
나는 고개를 돌렸다. 코너는 가슴 앞으로 팔짱을 끼고 있었다.

"레슬리에 대해 무례하고 모욕적인 말을 했어요. 왜 그녀가 그런
말을 내게 했는지 모르겠어요. 그 얘기를 듣자마자 정원을 나왔습니다.
어쩌면 예의에 어긋난 행동이었을 수도 있지만 자기 친딸에 대해
그렇게 말하는 것은 옳지 않아요."

아버지는 고개를 가로저었다. 그는 이 일이 쉬이 해결되지 않을
걸 알았다는 듯 두 손을 허공에 저으며 말했다. "좋다, 내가 뭘 할 수
있는지 알아보마."

아버지는 다시 본채로 돌아갔고 코너와 나는 침대 위에 앉아서
배심원의 판결을 기다리는 피고들처럼 앉아 있었다. 아버지는 10분
후에 다시 돌아왔다.

"앤은 자네가 사과를 했으면 좋겠다고 하네. 첫 만남을 성공적으로
마무리하려면 아무래도 이번에는 자네가 양보하는 게 좋을 것 같아."

양보라. 당신이 언제나 했던 것처럼 말이죠, 아버지. 그래서 아버지는
어떻게 됐죠? 우리들은 어땠고요?

"그녀는 정신이 나갔어." 아버지가 나가자 코너는 고개를 저으며
말했다. "당신 어머니는 당신을 괴롭히고, 또 날 괴롭히려는 거야.
자기가 여기 주인이래. 그녀는 우리에게 모욕을 주려 해, 당신에게
늘 그래왔던 것처럼. 그리고 당신 아버지… 들었어? 레슬리, 더
이상 누구도 날 모욕하게 만들지 않을 거야. 다시는. 그들이 당신을
폄하하게 내버려 둘 수도 없어. 나는 예전 우리 가족에게 당했던 걸로
족해. 지금 가서 사과하면 앞으로 늘 이런 식이 될 거야."

제길. 그 말이 맞아. 이번 방문이 조용히, 평화롭게 흘러가면 안 됐던
건가? 내 정신 나간 가족. 나는 그들을 사랑한다. 하지만 이번에는
코너를 위해 맞서야만 한다. 그리고 나를 위해서도.

우리는 조용히 짐을 챙겼다. 우리가 이곳에 있던 흔적을 지우기라도
하듯 방을 말끔히 치웠다. 30분 후, 우리 둘은 내가 사랑했던 시골집
앞에, 도착한 지 24시간이 막 지난 후 정문 앞에 서 있었다. 엄마,
휴, 그리고 아버지는 큰 전나무 두 그루 앞에 서 있었다. 실비아는
다락방에 들어가 있었다. 나는 가슴 앞으로 팔짱을 끼고 엄마를 똑바로
쳐다봤다. 그리고 아버지와 휴에게 시선을 돌렸다.

"여러분, 코너와 나는 이 일에 대해 사과하지 않을 거예요."

나는 세 명의 얼굴을 번갈아 쳐다보며 말했다.

"우리는 여기에 와 있는 동안 여러분과 시간을 보낼 거예요. 그렇지만
이 집이 아닌 파스콰니 여관에서 지낼 거니 그렇게 아세요."

나는 이 말을 마치고 뒤돌았다. 셋은 멍해져서 그 자리에 가만히

서 있었다. 어떤 눈에는 너무나 만족스러운 빛이, 어떤 눈에는
당혹스러움이 담겨 있었다.

"아빠, 저희 좀 태워다주실래요?"

그는 고개를 끄덕이더니 주머니에 손을 넣어 자동차 키를 찾았다.

우리는 아버지의 머스탱을 타고 내가 어렸을 때 잎사귀를 따곤 했던
나무가 드리운 그림자 아래를 달렸다. 화가 나지 않았다. 슬프지도
않았다. 난 이제 성인이다. 코너 덕분에 나는 세상에서 누구보다도
사랑하고, 또 두려워했던 존재에 맞설 수 있게 되었다.

2부

버몬트

몇 주 후, 센트럴 파크의 나뭇잎들이
울긋불긋하게 물들기 시작한 9월의 어느 건조한 금요일이었다. 나는
퇴근해서 우리의 작은 아파트로 돌아왔다. 열쇠로 현관문을 열고,
어두운 현관으로 들어와 지갑과 식료품이 든 가방 두 개를 부엌 바닥에
내려놓았다. 테이블 위에 열쇠를 놓고 그 옆에 쌓여 있는 우편물 봉투를
열어 읽기 시작했다.

"자기, 안녕."

놀라 기절할 뻔했다. 코너가 발코니에 앉아 있었다. 청바지와 하늘색
폴로 셔츠로 갈아입었고, 오른손에 들려 있는 시가 끄트머리에서는
재가 바닥으로 떨어지기 직전이었다. 보통 그는 오후 6시 이전에는
집에 오지 않는다. 금요일에도. 그리고 나는 그가 시가를 피우는 걸 한
번도 본 적이 없었다.

그는 철제 테이블에 시가를 눌러 불을 끄고 내게 다가와 키스했다.
그의 숨결에서 시가 냄새가 났다. 마치 할아버지와 키스하는
느낌이었다.

"안녕 코너…." 나는 혼란스러워하며 물었다. "집에 왜 이렇게 일찍
왔어요?"

"아, 오늘 좀 일찍 나왔어…. 왜냐하면 나, 그만뒀거든."

그는 일그러진 미소를 지으며 윙크했다.

"뭐? 그만뒀다고요? 왜?"

나는 웃지 않았다. 그의 모습은 여전히 귀여웠지만, 언뜻 취한 것 같이 지치고 혼란스러워 보였다.

"더 이상은 못하겠어. 이 직업에서 오는 스트레스에서 좀 피해 있고 싶어. 이 일은 뭐랄까… 너무 치열해. 마치 뉴욕처럼." 그는 누구든 이 논리를 이미 다 이해하고 있다는 듯 시선을 무심히 옮겼다. "지금까지 혼자서 힘들게 싸워왔어. 자기야, 그런데 이제 너를 찾았잖아. 잠깐만이라도 총알 세례를 피하며 지내고 싶어."

아. 나는 부엌 테이블 옆 나무 의자에 앉았다. 손에는 아직도 우편물을 쥐고 있었다. 코너의 따뜻하고 신뢰가 실린 목소리는 날 나른하게 만들었다. 그와 동시에, '당신 미쳤어? 그만두기 전에 나랑 얘기를 하면 안 됐었던 거야?' 하고 고함치지 않기 위해 안간힘을 다했다. 코너를 위해 최대한 평정심을 유지하려 애쓰며.

"내 상사가 몇 군데 지점에 전화를 돌려봤는데, 그중 한 군데에 자리가 있다더군. 거기가 어딘지 알아? 버몬트야. 믿겨져?"

나는 어이가 없어서 아무 말도 못하고 그를 쳐다봤다.

내 머릿속에서 목소리가 들려왔다.

'우리는 뉴욕을 사랑해. 나는 미국 여자애들 중 절반이 나를 브루클린 다리에서 떠밀어서라도 뺏어가고 싶어 하는 일을 하고 있다고.'

그의 수입을 넉넉하게 올려주던 월스트리트에서의 주식매매 업무, 세상물정에 밝은 그의 감각이 자연스럽게 높은 성과를 올리게 한 그 직업은 그가 지난 10년 동안의 꿈과 희망을 이루었다는 상징이었다. 망할, 사우디 출신 남자들의 절반은 코너를 브루클린 다리에서 떠밀고 그 자리를 얻고 싶어 할 거란 말이야.

분명 완전히 다른 장소의 새로운 회사에서 시작하면 새로운 기회들이 생기고 다른 풍경들을 만나게 될 거란 이야기도 됐다. 그러나 그의 어두운 면은 그가 어디를 가든 계속 그를 괴롭히리라. 또한 나는 엄마의 시골집에서 보내는 여름날을 너무나 좋아했지만 뉴욕에서의 생활을 버몬트의 그것으로 바꾸는 것은 상상도 할 수 없었다. 거기서 뭘 할 수 있지?

"알았어요, 코너. 알았어. 생각을 좀 할 수 있도록 시간을 줘요."

나는 식료품을 정리하고 코너의 손을 잡고 체육관에 갔다가 엘 폴로에서 저녁을 먹는 동안에도, 이에 대해 생각을 하지 않으려 애썼다. 하지만 내 안에서 이런 목소리가 들려왔다.

'그는 내가 필요해. 그는 그 어떤 도시보다, 어떤 직업보다도 소중해. 그의 애인이자, 가장 친한 친구이자, 소울메이트로서 나는 그에게 필요한 일을 해야만 해. 이게 사랑이란 거잖아. 맞지?'

일요일. 보통 때처럼 코너와 나는 우리가 가장 좋아하는 메디슨 애비뉴에 있는 음식점에서 늦은 아침을 먹었다. 빨간색 인조가죽 소파와 블랙 앤 화이트 타일 바닥으로 꾸민 내부의 한쪽 테이블에 앉아, 코너에게 대놓고 추근대는 웨이트리스의 서빙을 받았다. 코너와 나 사이에는 어색한 침묵이 흘렀다. 선택의 순간. 뉴욕이냐, 코너냐. 나는 뉴욕과 「세븐틴」을 떠나는 것을 상상할 수 없었다. 그러나 하루라도 코너가 없는 삶 또한 상상할 수 없었다.

이 모든 것이 예측할 수 없을 만큼 빨리 진행됐다.

모든 여성지들은 남자를 위해 모든 것을 포기하고 아무것도 받지 못하는 신중하지 못한 여성들에게 경고를 보낸다. 나는 코너가 결혼하자고 몇 달 전에 얘기하고서는 왜 아직도 반지를 주지 않았는지에 대해 생각하고 있었다. 이제 이 생각을 입 밖으로 꺼내야 했다. 우선 코너의 주의를 끌기 위해 숨을 크게 들이마셨다.

"코너, 내가 당신을 얼마나 사랑하는지 알죠." 나는 테이블 위에 놓인 코너의 손을 내 손으로 감쌌다. "당신이 내게 함께 버몬트로 가자고 하면, 갈게요. 하지만 우리가 공식적으로 약혼하지 않는 한은 어려울 것 같아요. 당신이 내게 결혼하자고 말한 지 벌써 4개월이나 지났어요. 물론 당신이 내게 느끼는 감정에 대해 증명을 하라는 건 아니에요. 하지만… 우리가 이사 가기 전 약혼을 했으면 좋겠어요. 나는 반지를 받고 싶고, 회사를 그만두고 뉴욕을 떠나기 전에 결혼 날짜를 정해서 친구들과 가족들에게 알렸으면 좋겠어요."

코너는 약간 물러나는 것 같았다. 그는 미간을 약간 찌푸리더니 한동안 컵을 내려다보았다. 그러다가 내 손에서 자신의 손을 빼 컵을 감싸 쥐었다. 그의 그을린 투박한 손은 10대 소년의 것 같았다. 나는 그의 왼손 네 번째 손가락에 황금색 결혼반지가 끼워져 있는 것을 상상했다. 웨이트리스가 급히 다가와서, 마치 그녀의 일평생 임무가 코너의 컵이 비지 않게 하는 것인 양 커피를 가득 담아 주었다.

"좋아."

웨이트리스가 떠나자 그가 결심한 듯 환한 미소를 지으며 말했다. 바로 그 순간, 내가 무엇보다도 원하던 표정과 미소였다. 그의 눈이 '예스'라고, 이제 모두에게 우리가 하나가 된다는 것을 알릴 때가 왔다고 말하고 있었다. 내 뱃속이 뜨거운 토스트에 입힌 버터처럼 녹기 시작했다.

"코너, 이해해줘서 너무 기뻐요."

그와 함께라면 버몬트든 뉴욕이든 팀북투*든, 어디든 문제될 게

* 서아프리카 말리 공화국 내 니제르 강가에 있는 사막 민족 투아레그족의 도시

없었다.

그런데 코너는 갑자기 시선을 피하더니, 겁이 난다는 듯 숨을 들이마셨다.

이해한 거… 맞나?

"응, 근데 문제가 있어. 내가 회사를 그만둬서 근사한 반지를 사줄 돈이 없어." 그는 이렇게 말하며 컵을 내려다보더니 고개를 슬며시 들고 내 눈치를 살폈다.

돈이 없어서 그동안 나한테 반지를 못 사줬다고?

"지금 저렴한 반지를 하나 사주고, 나중에 돈이 생기면 기념일에 근사한 걸로 업그레이드 하는 건 어때?"

내 얼굴이 석고상처럼 굳어지는 게 느껴졌다. 나는 실망감을 감추려 애썼다.

솔직히, 문손잡이만한 커다란 다이아몬드를 원한 건 아니었다. 그저 나는… 내 약혼반지에 대해 부끄럽지는 않았으면 했다. 우리 서로에 대한 헌신을 보여주는 정도면 됐다.

만약 그가 동네 문구점 같은 곳에서 모조 다이아몬드가 붙은 싸구려 금반지를 사오면 어떡하지? 나는 내가 그에게 느끼는 감정을 우스워 보이게 하거나 내 가족들이 몰래 나를 비웃지 않게 할, 그리고 꼈을 때 창피하지 않을 정도의 반지이길 원했다.

"생각해봐요, 코너. 이건 내게 정말 중요해요."

우리는 그쯤에서 대화를 끝냈다.

일주일 후, 나는 내 상사의 사무실로 들어가 문을 닫았다.

"캐시, 코너가 버몬트에 있는 회사로 이직하게 됐어요."

"잘됐네요." 그녀가 서류를 뒤적이며 고개도 들지 않고 말했다.

"나도 함께 가요."

그녀가 손을 멈추고 날 올려다봤다. 그녀의 갈색 눈이 커졌다.

"뭐?" 그녀는 믿을 수 없다는 듯이 날 쳐다봤다. 이윽고 진정하려는 듯 담배에 불을 붙였다.

"레슬리, 자기 이 일 좋아하잖아. 그리고 당신은 정말, 정말, 정말 이 일에 제격이야." 캐시가 담배 연기를 뿜으며 말했다. "버몬트에서 대체 뭘 할 수 있지?"

"음, 아마 프리랜서 작가로 일해야 할 것 같아요."

"당신은 정말 재능 있어, 레슬리. 그리고 젊고. 당신은 「세븐틴」에서 가장 미래가 기대되는 에디터야. 독자들에게 해줄 얘기도 많고…. 여기 들어오기 위해 얼마나 노력했는지 생각해봐. 왜 이걸 포기하려는 거지?"

"코너가 정말로 쉬어야 해요. 그는 뉴욕을 떠나고 싶어 하고, 나는 그와 함께 가야 해요. 우리는 올해 결혼할 거예요." 나는 말했다.

"물론 당신이 그를 사랑하는 건 잘 알지, 레슬리. 하지만 남자 하나 때문에 그동안 노력한 모든 걸 버릴 순 없는 거야. 이건 페미니즘의 기본 중 기본이라고. 알잖아?"

나는 미소 지었다. 코너는 그저 그런 '남자 하나'가 아니었다. 그는 나를 필요로 했다. 캐시는 그걸 이해 못 했다.

"저는 그를 정말로 사랑해요. 그를 위해서라면 뭐든지 할 수 있어요. 캐시, 그동안 잘해줘서 너무 고마웠어요. 「세븐틴」에서 일하는 것도 즐거웠고요. 하지만 전 이렇게 해야만 해요."

"알았어, 알았어." 그녀는 담배 연기를 훅 뿜으며 고개를 저었다.

"그럼 기사 외주 일을 많이 주도록 할게."

"코너, 이러면 어때요?"

며칠 후, 나는 부엌에 서서 코너에게 말했다. 중국집에서 음식을 배달시키려고 전화번호를 찾고 있던 중이었다.

"내 신탁자금에서 반지 살 돈을 좀 찾을게요. 우리 아버지는 언제나 이 돈이 무언가… 영원한 것을 위해 쓰여야 한다고 말하곤 했어요. 당신 스티치 알죠? 우리 사무실 관리인. 그의 어릴 적부터 친구가 다이아몬드 도매상이래요. 아마 거기서 좀 저렴하게 살 수 있을 거예요."

코너는 하얀 머그컵을 감싸 쥐고 건너편에 앉아 있었다. 그는 어깨를 으쓱하더니 애매하게 미소를 지으며 말했다.

"좋아, 그래도 되겠다."

화요일 점심시간, 나는 미드타운을 가로질러 열 블록 떨어진 마티 아이스라는 다이아몬드 판매상을 찾아갔다. 2층에 자리한 자그마한 사무실에서 스티치의 오랜 친구가 다이아몬드 칩이 가지런히 놓인 검은색 벨벳 상자를 열어 보여주었다. 나는 하나를 골랐다. 스티치의 친구가 그 작고 반짝이는 보석을 굳은살이 박힌 손가락으로 집어 불빛에 비춰보더니 그것을 심플한 금반지 위에 올려 세팅해주겠다고 말했다. 며칠 후, 나는 완성된 반지를 받아들고 잘 살펴본 후 코너에게 주며, 다음 주 주말에 내게 달라고 말했다.

이 과정이 이상하다고 생각되지 않았다. 꼭 에밀리 포스트*가 조언하는 대로 약혼해야 할 필요가 있나? 나는 엄마와 달랐다. 나는

* 예의범절에 관한 지침서로 유명한 작가

럭셔리한 카리브해 해변에서 청혼 받은 위니와 달랐다. 사랑은 페르시아 러그 같은 거였다. 앞면에는 아름다운 문양이 있지만 뒷면에는 실이 복잡하게 얽혀 뒤죽박죽 보이게 마련이다. 그건 사랑의 이면이다. 중요한 것은 앞면의 모양이 얼마나 아름다운가, 그리고 천의 질이 얼마나 좋은가다. 그런 점에서 우리의 사랑은 진짜였다. 코너가 4개월 전 내게 했던 청혼은 믿을 수 없을 만큼 로맨틱했다. 그래서 내 돈으로 내 약혼반지를 산 건 아무 상관없었다. 그가 약혼반지를 사기 위해 노력한 게 아무것도 없다고 해도 상관없었다. 나는 현실적이었고, 내 나이에 맞지 않게 성숙했다. 실로 그랬다.

그날 밤, 식구들에게 전화를 돌렸다. 나는 다이얼을 손가락으로 돌리며 뉴욕 닉스의 경기를 보는 코너의 뒷머리를 쳐다봤다.

가장 먼저 엄마에게 전화를 걸었다.

"엄마, 저예요, 레슬리. 할 말 있어요. 코너와 저는 약혼했어요. 그리고 우리는 버몬트로 이사 갈 거예요."

"오." 엄마가 말했다. 그녀는 부엌 벽에 붙어 있는 오래된 신문지로 싸인 전화로 나와 통화하고 있는 게 분명했다.

"뭐… 아, 축하한다."

그녀의 목소리에는 약간 날이 서 있었다. 마치 근친상간이 아닌 이상 자기 딸이 어떤 사람과 약혼한다 해도 신경 쓰지 않겠다는 투였다. 자기가 취한 상태로 막말을 하는 데 코너가 호락호락 넘어가지 않는 용기를 지녀서 마음에 들지 않는 건가? 아니면 내가 이제 자기한테 맞설 수 있는 힘을 갖게 되어서 마음에 들지 않는 건가? '아, 엄마 안됐네요. 이제 인정하시죠.' 그렇게 말하고 싶었다.

잠시 어색한 정적이 흐른 후 나는 전화를 끊고 아버지에게 전화를 걸었다. 그의 반응은 조금 더 이상했다.

"아 그래, 레슬리. 잘됐다." 그러면서 덧붙였다. "그 사람 건실한 젊은이 같더구나. 만약에 잘 안 된다고 해도, 재혼은 언제나 할 수 있다는 걸 알아둬라."

뭐라구요?

아버지는 껄껄 웃었다.

내 생각에 그는 요즘 이혼과 재혼에 대해 많은 고민을 하는 게 분명했다. 이렇듯 내 부모는 모두 엉망이었고 자기 자신들의 문제로 정신이 없었다. 내가 이 집안에서 유일하게 정신이 멀쩡한 사람처럼 느껴졌다.

다행히도, 아버지 집 2층 방에 살고 있는 실비아에게 전화를 걸었을 때, 그녀의 반응은 나를 만족시켰다. 그녀는 내가 농구 경기에서 슬램덩크를 넣어 팀을 승리로 이끈 것 같이 "좋았어!" 하고 외쳤다. 그녀가 수화기를 놓고 방바닥을 뛰어다니는 소리가 들려왔다.

어린 시절 맨발로 뛰놀았던 버몬트에서의 새 출발. 내가 그렇게 코너에게 주고 싶어 하던 행복한 어린 시절을 나눠줄 수 있을 것 같아 기뻤다. 어떻게 그리 처절한 삶을 살아온 남자에게 내가 거절의 말을 할 수 있겠는가? 그리고 누가 또 이걸 이해할 수 있겠는가? 그가 내게서 얻을 수 있는 모든 것을 누리길 바랐다. 그는 나를 떠날 리 없었다. 절대로, 영원히. 나는 나 자신이 없어지는 듯한 굉장한 기분을 느꼈다. 이런 기분은 생전 처음이었다. 내 안에서 너무나 거대한 사랑을 느낀 나머지, 사랑 때문에 다른 곳으로 이사를 하고 그 때문에 버린 것들을 영원히 다시 찾을 수 없다는 것이 어떤 의미인지 깊이 생각할 수 없었다.

코너의 새 회사 건물은 보스턴에서 한 시간 반 거리의 버몬트 시내에 자리하고 있었다. 그곳에서 엄마의 시골집까지는 백 킬로미터 거리였다. 내가 뉴욕에서 떠나기 전 준비를 하는 동안 코너는 버몬트의 모텔에서 혼자 지냈다. 나는 「세븐틴」에 그만두기 한 달 전에 퇴사 의사를 알렸다. 나는 진행하고 있던 각각의 프로젝트에 대해 12쪽에 달하는 업무인계서를 세심히 작성했다. 집에 있던 가구는 버몬트에서 새 집을 찾을 때까지 창고에 맡겼다. 코너 없이 뉴욕에서 혼자 지내는 것은 급작스러운 헤로인 복용 중단과도 같았다. 우리 아파트는 맥빠질 정도로 우울했고, 뉴욕은 빛을 잃었다.

콜럼버스 기념일 주말, 코너는 차를 빌려서 나를 데리러 왔다. 토요일 아침 우리는 들뜬 마음으로 뉴욕을 출발해 북쪽을 향해 달렸다. 버몬트 부근에 이르자 도로 옆으로 잎이 다 져버린 적갈색 나무들이 보였다. 이윽고 차는 버몬트 경계를 지났고, 우리는 환호했다.

"잠깐 좀 멈출래요? 화장실에 가고 싶어요." 나는 차가 메사추세츠주를 벗어나자마자 말했다. 휴게소 주차장은 꽉 차 있었다. 코너는 주차할 곳을 찾기 위해 뱅글뱅글 돌았다.

"나도 들어가서 콜라 한잔 마시고 잠깐 다리 좀 펴고 있어야겠어." 그가 말했다.

나는 휴게소 카페테리아에서 코너가 콜라를 마시는 동안 잠시 함께 앉아 있었다. 시계는 오후 두 시를 가리키고 있었고, 우리가 이곳에 들어오자마자 안에 있던 사람들은 일어나 나가기 시작했다. 버몬트로 나무를 보러가는 이 관광객들과 우리 둘은 타이밍이 약간 어긋나는 것 같았다. 어둑한 전등 불 아래 싸구려 플라스틱 테이블 위에는 직원들이 쉬는 시간에 이 위에서 축구라도 하는지 군데군데 회색 흠집이 나 있었다.

"화장실 다녀오는 동안 내 가방 좀 봐줄래요?" 나는 의자에서 일어나 화장실로 가면서 코너에게 말했다.

"음… 물론이지." 그는 콜라를 홀짝이며 대답했다.

몇 분 후, 내가 아직 물이 덜 마른 손을 비비며 돌아왔을 때, 그는 테이블 위에 늘어놓은 구겨진 색색의 종이들을 노려보고 있었다.

"뭐해요? 그거 내 가방에 있던 쓰레기 같은데…."

그는 충혈된 눈으로 나를 올려다봤다. 나는 그에게 다가가다 말고 멈칫했다.

"당신 가방에서 립밤을 찾고 있었어…. 그런데 이런 것들이 가방에 있더라고. 당신 이런 쓰레기 같은 걸 대체 왜 간직하고 있는 거야? 이거 또 죄다 남자들이잖아. 너 남자들 어디에다 감춰놓고 필요할 때마다 만나는 거 아냐?"

"코너, 무슨 말을 하는 거예요?"

나는 테이블에 놓인 종이 쪼가리들을 내려다 봤다. 믿을 수가 없었다. 왜 내 가방을 뒤진 거지? 대체 무엇이 그를 저렇게 화나게 만든 거지?

나는 웃었다. "코너, 난 감추는 거 없어요. 내 가방은 언제든지 봐도 좋아요."

"그럼 이건 뭐야?"

그는 내 눈앞에서 빨간색 종이를 마구 흔들어 보였다. 그의 넓은 가슴과 팔 근육이 불끈 솟아 「내셔널지오그래픽」 표지를 뚫고 나올 듯 포즈를 취한 사자처럼 보였다. 그때 내 머릿속에는 섬광처럼 우리가 뉴욕 아파트 발코니에서 싸운 날이 떠올랐다. 그날 코너는 화가 나서 발코니 유리문을 거의 박살이 날 정도로 세게 닫았었지.

"아, 그거," 나는 그 종이의 정체를 알아차리고는 웃으며 말했다. "내가 얘기한 적 없어요? 작년 크리스마스 때 베닝턴 공항에서 일하던 남자애가 준 거예요. 아마 한 열네 살이나 됐을 텐데 내 스키가 든 수하물 보관표에 쪽지를 썼지 뭐…."

코너는 분노에 찬 눈으로 나를 응시했다. 나는 고장난 카세트 플레이어처럼 빠르게 설명을 이어갔다.

"작년 크리스마스에는 눈 대신 비가 왔죠. 그래서 그때 스키를 타지 않아서 세 달 후에 베일에 스키 타러 갔을 때에야 이 메모를 발견했어요. 너무 귀엽지 않아요? 자기가 태어나서 본 여자 중 내가 제일 예쁘대요. 그리고 아직 운전면허증이 없기는 하지만 다음에 또 놀러오면 꼭 연락을 하래요. 그 아이는 아직 수염도 나지 않았었다니까요. 코너, 난 그냥 귀여워서 가지고 있었던 것뿐이에요…. 게다가 어린애라고요…."

그는 아직도 웃지 않았다. 갑자기 숨 쉬기가 어려웠다.

"나랑 함께하고 싶다면 이런 똥 같은 건 간직하지 마." 그는 나를 보지도 않고 차갑게 말했다.

"무슨 말이에요, 함께하고 싶으면이라니? 난 당신과 함께예요. 우린 버몬트로 함께 가는 거구요. 우리 약혼했잖아요. 코너, 왜 그래요. 난 당신을 사랑해요."

나는 그의 눈앞에서 결혼반지를 흔들어 보이며 그가 웃기를 바랐다. 그는 빨간색 수화물 보관표를 쥐어 내게 건넸다.

"나랑 같이 차 타고 가고 싶으면 이거 버리고 와." 그가 명령했다.

"뭐라구요? 이건 그냥 귀여운 쪽지일 뿐이에요. 전 그 애 이름도 몰라요."

"선택해."

나는 코너의 손에서 보관표를 빼앗아 들고 몇 걸음 떨어져 있는 쓰레기통에 처박아 버렸다.

"됐죠?"

나는 화가 나서 말했다. 그런 종이쪼가리에 누가 이렇게 신경을 써. 어쨌든 난 그 메모가 없어도 그 아이를 기억할 거였다.

"그리고 이건 뭐야?" 그가 완전히 구겨진 노란색 종이를 펴며 말했다.

"아, 그건 아마⋯."

제기랄. 저건 이사한 첫 날 싸운 다음에 내가 '나는 창녀가 아니야'라고 갈겨쓴 종이였다. 부엌 쓰레기통에 버렸다고 생각했는데⋯. 저 종이를 그 끔찍한 밤 이후로 매일 가방에 넣고 다녔던 거였다.

"너 완전 미친 것 아냐?"

그가 일어서서 내 얼굴 앞에서 그 종이를 마구 흔들었다.

"누구한테 쓴 거야? 대체 문제가 뭐야? 넌 완전 돌았어."

그는 종이를 접어 자기 청바지 뒷주머니에 넣었다.

"이리 줘요, 코너. 그거 내 거예요." 나는 저쪽으로 걸어가는 코너의 뒷모습에 대고 이를 악물고 말했다.

자기 딸을 데리고 화장실로 가던 뚱뚱한 여자가 우리를 쳐다보더니 서둘러 딸의 손을 잡고 화장실로 들어갔다. 나는 코너가 그 종이를 가지고 있다는 사실을 참을 수 없었다. 내 영혼의 가장 어두운 면이 그의 주머니 속에 있어, 그가 원할 때면 언제든지 꺼내볼 수 있다는 것이 날 미치게 만들었다.

"그래 당연히 네 거지."

그가 주머니에서 종이를 꺼내 공처럼 말아서 내게 던졌다. 나는 그걸 받아서 화장실로 뛰어갔다. 문을 열고 너무 급히 들어가는 바람에 벽이 흔들릴 정도로 문이 쾅 닫혔다. 아까 봤던 모녀가 손을 씻고 있었다. 그 엄마는 내가 무슨 마약중독자에 어린이 납치범인 것처럼 곁눈질로 계속 쳐다보다가 딸에게 말했다. "이제 그만 씻자. 얼른 손 말리고 아빠한테 가자."

나는 장애인용 칸으로 들어가 종이를 다 찢어 변기에 흘려보냈다. 무엇이 그를 자극한 거지? 그는 가끔씩, 너무 불안정하고 질투심이 강했다. 만약 그 소년이 쓴 쪽지를 다른 날 보여줬다면, 그는 내가 아이들을 꼬시는 도둑년 같다고 놀렸을 게 분명했다. 만약 내가 예전에 그 노란 종이에 쓰인 메모에 대해 말했으면 그는 팔로 장난스럽게 내 머리를 감고 헤드락을 걸었을 게 분명했다. 어떻게 서로 사랑하는 사이에서 이렇게 잔인해질 수 있을까? 그것도 이렇게 갑작스럽게?

나는 손을 씻고 얼굴을 휴지로 닦았다. 놀랍게도 내 얼굴은 평소와 다를 바 없어 보였다. 나는 화장실에서 나와 정문으로 걸어가면서 코너가 아직도 거기 있을지 확신하지 못했다.

그는 렌터카의 시동을 켜놓은 상태로 안에서 나를 기다리고 있었다. 나는 아무 말도 하지 않고 차에 탔다. 차가 출발했고 우리는 한동안 침묵을 지켰다.

20분 후, 코너가 북쪽 지역에는 상록수—그는 크리스마스트리라고 불렀다—이 얼마나 많은지에 대해 말하기 시작했다. 그리고 아무 일도 없었다는 듯 미소 지으며 나를 "자기야"라고 불렀다.

우리는 버몬트에서 집을 구하기 전, 두 마을 사이를 잇는 고속도로 한편에 자리한 모텔에서 지냈다. 바닥의 카펫에는 담뱃불 자국이 나

있고 침대에는 우중충한 회색 시트가 깔려 있었다.

　며칠 집을 보러 다니는 동안 부동산 중개업자와 친해졌다. 계획은 이랬다. 코너가 다음 해 하버드 경영대학원에 입학할 때까지 버몬트에 살다가—당연히 그는 1년 안에 다시 지원해서 합격할 거니까—살던 집은 비싸게 되팔아 캠브리지로 이사를 가는 것이다. 코너의 회사가 있는 지역은 엄마의 시골집이 있는 곳에 비해 더 촌구석이었지만, 아이러니하게도 집값은 훨씬 비쌌다. 보스턴과 비교적 가까운 동네였기 때문이다.

　나는 그동안 버몬트에서의 생활이 엄마의 시골집처럼 언덕에 있는 평화로운 작은 집에서 펼쳐지리라고 상상했다. 그러나 손끝이 까매질 정도로 신문을 뒤져봐도, 우리가 감당할 수 있는 수준에서는 낡고 시시한 주택밖에는 선택의 여지가 없었다. 그러다 드디어 1950년대에 지은 목장이 딸린 집을 찾아냈다. 동네에는 피자헛, 전화국, 우체국이 들어서 있었고, 조용했다. 유료 고속도로에서 약 1킬로미터 정도 떨어져 있는 기막힌 위치까지, 우리 수중에 있는 돈으로 얻을 수 있는 가장 좋은 집이었다. 집의 소유권은 우리 둘의 공동명의로 했지만 계약금은 내 신탁자금에서 지불했다. 뉴욕에서부터 이삿짐을 옮기는 비용은 코너의 새 회사에서 부담했다.

　솔직히 아버지가 열심히 번 돈을 이렇게 시시하고 암울한 집을 위해 쓰게 될 줄은 상상도 못했다. 하지만 기뻤다. 코너는 이제 매일 세 들어 사는 생활을 마감하고 진짜 집을 갖게 된 거니까. 그리고 나와 함께 하게 된 거니까.

집은 넓고 공기가 잘 통했다. 보기보다 꽤 튼튼하기도 했다. 그러나 수리해야 할 부분이 산더미였다. 집을 둘러본 후, 오래된 벽지를 뜯어내고 일부는 새로 페인트칠을 하고 부엌과 욕실의 리놀륨 바닥을 교체하는 작업만큼은 꼭 필요하겠다고 결론 내렸다. 나는 태어나서 망치를 잡아본 적이 딱 세 번 있었다. 그러니 이런 대대적인 수리를 하는 데 얼마나 오래 걸리겠는가? 하지만 일단 집을 말끔하게 꾸미고 나면 일 년 후 이익을 남기고 팔아 코너의 대학원 학비를 감당할 수 있을 터였다. 이방 저방을 샅샅이 뜯어보며 이렇게 쉽게 돈 벌 수 있는 아이디어를 생각해낸 자신을 기특해했다.

당시 뉴욕에서는 집에 최소한의 가구만 갖추는 게 정상적이고 최신 트렌드이기도 했다. 그러나 이 집에서는 가구가 없으니 마치 트레일러 주차장에 사는 것처럼 느껴졌다. 우리는 500달러를 들여 동네 중고시장에서 필요한 가구 몇 개를 샀다. 거실에는 커다란 소파를, 부엌에는 단풍나무 목재로 만든 만질만질한 식탁 세트를 놓았다. 작은 방에는 하얀색 책상과 싸구려 책장을 놓아 내 새 사무실로 꾸몄다.

집안의 벽이란 벽은 온통 칙칙한 녹색이었다. 1950년대에 집을 지은 이후 한 번도 바꾸지 않은 게 분명했다. 담배 연기가 찌들어 있었고 손가락으로 그으면 그대로 자국이 날 만큼 먼지가 두텁게 붙어 있었다. 전에 이 집에 살던 부부 모두 폐암으로 죽었다는 사실을 이웃으로부터 전해 들었다.

시내로 나가 스팀 청소기를 빌렸다. 오래된 청바지와 긴팔 티셔츠를 입고 암세포 조각이 묻어있는 듯한 벽을 청소하기 시작했다. 부엌, 복도, 욕실을 돌아다니면서 스팀 청소기 노즐을 코끼리 코처럼 부여잡고 몇 시간을 묵은 때를 닦아냈다. 벽에서 흘러내리는 물에는 담배 잔여물이 섞여 있었다. 나는 아침마다 벽지가 끈적하게 녹아든 더러운 갈색 담뱃물을 온몸에 뒤집어쓰면서 벽을 청소했다. 그런데 일주일 넘게 청소했는데도 벽에는 미처 떼어 내지 못한 벽지가 딱지처럼 더덕더덕 붙어 있었다.

집은 청소를 시작하기 전보다도 더 더러워 보였다.

어느 날 아침에는 장갑을 잠시 벗고 신문을 읽기 위해 부엌으로 왔다. 문득 바닥을 보니 벽 청소보다는 쉬워 보였고, 청소한 티가 더 날 것 같았다. 걸레를 가져와 닦기 시작했다. 2시간을 엎드려 바닥을 닦으면서 손가락은 물에 불어 쪼글쪼글해졌고 온몸은 땀으로 범벅이 됐다. 걸레질을 몇 번씩 해도 걸레에는 새로운 때가 묻어 나왔다. 결국 포기했다.

늦은 점심으로 크래프트 마카로니 앤 치즈*를 덥혀 먹고 지하실로 내려갔다. 입주 전, 부동산 업자가 지하실은 반 정도 치워져 있다고 했다. 실제로는 오래된 가구들과 나무 박스 수십 개, 깨진 병들이 어지럽게 널려 있었다. 어떤 박스들은 너무 무거워서 밖으로 꺼내기 위해 코너의 웨이트 리프팅 벨트를 써야 했다. 그렇게 두 시간에 걸쳐 청소하다 문득 고개를 드니, 창문으로 따스한 저녁 햇살이 들어와 지하실을 포근한 주황색으로 물들이고 있었다.

공기가 답답해 창문을 열어 환기를 시키려 했다. 바닥에 있는 정유탱크를 밟고 올라서서 창문을 여는 순간, 밟고 있던 파이프가 죽은 나뭇가지처럼 툭 부러졌다.

검은색 기름이 솟구쳐 올라 벽에 튀고 전기 플러그 쪽으로 순식간에 흘러갔다. 맙소사. 기름이 플러그에 닿으면 폭발하는 것 아냐? 바닥은 순식간에 기름으로 덮여 미끄러워졌고 내 발은 끈적끈적한 검은색

* 1937년에 출시되어 꾸준히 판매되는 간편 조리 식품계의 스테디셀러

양말을 신은 것처럼 보였다. 급히 지하실 계단을 뛰어 올라갔다. 코너에게 전화할 시간이 없었다. 부엌으로 달려가 냉장고에 붙어 있는 자석에서 정유회사 전화번호를 발견했다. 하느님, 감사합니다. 곧바로 전화를 걸었다.

전화를 받은 친절한 여직원에게 고함을 쳤다. "기름이 솟구치고 있어요! 지금 당장 와주세요!"

"부인, 당장 밖으로 나가세요," 여직원은 이런 일이 매일 일어난다는 듯 침착하게 대답했다. "바로 트럭을 보내줄게요."

10분이 채 되지 않아 정유회사 트럭이 길 저편에서 나타났다. 엄청난 속도로 달려와 집 앞에 급정차한 트럭에서 작업복을 입은 남자들이 튀어나왔다.

"저쪽이요!" 지하실 문을 손가락으로 가리켰다. 그들은 문을 열고 뛰어 들어갔다. 나는 웃어야 할지 울어야 할지 소리를 질러야 할지 몰랐다.

다행히 폭발은 없었다. 다만 까만 기름이 채 지워지지 않은 손으로 600달러에 달하는 청구서에 사인을 해야 했다. 기름을 닦고 정유탱크를 고친 비용이었다. 이로써 내 통장에는 한 푼도 남아있지 않게 되었다.

다섯 시, 기름때가 묻은 옷을 그대로 입고 얼굴에는 검댕을 묻힌 채 회사로 코너를 데리러 갔다. 신발에 기름이 묻어 있어 클러치가 미끌미끌했다. 나는 코너에게 집이 하마터면 폭발할 뻔했다고 말해주고, 지하실을 청소하는 데 든 비용을 알려줬다.

코너는 내 이런 멍청한 짓이 전혀 웃기지 않은 듯했다.

"너한테서 기름 냄새 나." 그는 기름에 전 내 몸을 바라보며 역겹다는 듯 말했다. "그거 알아? 내 의붓아버지한테서 나던 냄새가 딱 이랬어."

뉴욕이 일 억 광년 정도 멀리 떨어져 있는 것 같았다.

11월. 울긋불긋했던 단풍은 다 떨어졌다. 고속도로를 꽉 채우던 관광객 차량도 사라졌다. 아침에 내린 서리가 집 앞 잔디를 하얗게 덮었다.

"안녕하세요, 레슬리 모건이라고 합니다. 프리랜서 작가인데요, 저 혹시 그 잡지에 기고를…."

낯선 사람에게 "전 「세븐틴」의 에디터랍니다"라고 덧붙일 수 있을 때는 내 소개가 훨씬 수월했다. 이제는 아무것도 덧붙일 게 없다.

「버몬트 선데이」의 에디터가 말을 중간에 끊었다.

"아, 물론 관심 있습니다." 그녀는 내가 뉴욕에서 에디터 생활을 했고 하버드 학위가 있다는 말을 하기도 전에 이렇게 말해 날 놀라게 했다. 그녀가 말했다. "글 쓰신 것 샘플을 보내주시면 일주일 내로 답변을 드릴게요."

나는 전화를 끊고 볕이 잘 드는 방 의자에 기대앉았다. 창밖으로 라일락 나무가 보였다. 봄이면 라일락이 풍성하게 피어나 집안과 길가를 온통 향긋하게 채운다고 이웃집 사람이 말해줬다. 코너는 이 방에 거의 들어오지 않았다.

프리랜서 작가 생활을 시작한 지 처음 몇 주 동안, 베닝턴에 있는 한 잡지사에서 일주일에 두 번 정도 교정 일을 해주었고, 「뉴잉글랜드 먼슬리」에 간헐적으로 레스토랑 리뷰를 썼다. 지역 신문사에는 버몬트에 사는 싱글 남녀가 크리스마스를 보내는 방법과 10대들의 성생활에 대한 글을 기고했다. 아이러니하게도, 뉴욕에 있는 잡지사들은 내가 미국 중산층의 관점을 대변한다고 생각하는 것 같았다. 「세븐틴」 뿐 아니라 「마드무아젤」을 포함해 많은 여성지들이 내게 기사를 의뢰했다. 나는 이제 「세븐틴」에서 받던 만큼 돈을 벌기 시작했다. 나와 같이 하버드를 졸업해 컨설팅 회사나 투자은행에서 일하는 사람들에 비하면 반도 안 되는 금액이기는 했지만, 자랑스러웠다.

　물론 글을 보냈다고 해서 바로 원고료가 들어오지는 않으리라는 것을 알았다. 「세븐틴」에서 일할 때 프리랜서 작가들에게 원고료가 얼마나 늦게 지급되는지 익히 봐왔던 터였다.

　코너와 나는 버몬트 지역 은행에 공동 명의로 통장을 만들었다. 우리 둘의 이름과 집 주소가 적힌 통장을 보며 짜릿한 기분을 느꼈다. 그때 코너는 공과금을 내야 하는 책임인란에 아무 말 없이 내 이름을 써 넣었다. 그는 2주마다 급료를 받아왔고, 세금과 공과금과 대출금을 갚고 나면 남는 게 거의 없었다. 내가 받는 원고료는 식료품비만 겨우 감당할 수 있을 정도였다. 전국적으로 팔리는 잡지에 실리는 큰 기사의 원고료는 아주 늦게 지급됐다.

　나는 의자에서 일어나 라일락 나무를 한 번 더 쳐다봤다. 하늘은 흐렸다. 올 겨울 첫눈이 올 거라는 예보가 있었다. 문득 뉴욕의 사무실에서 보던 풍경이 떠올랐다. 캐시의 사무실 창밖에 보이던 맨해튼의 고층 건물들. 캐시와 다른 에디터들도 떠올랐다. 만약 내가 캐시에게 전화해서 다시 받아줄 수 있느냐고 물었는데 거절당하면, 다시는 그곳에서 일할 수 없게 되는 걸까?

　코너는 직장 동료의 차를 얻어 타고 5시 30분쯤 집에 돌아왔다. 그는 내가 저녁을 하는 동안 거실에 앉아 신문을 봤다. 우리는 칙칙한 녹색 벽으로 둘러싸인 부엌에서 저녁을 먹었다. 식탁에는 식탁보가 깔려 있지 않아 팔꿈치가 계속 딱딱한 나무 표면에 찍혔다.

　"내가 말 안했다고? 아냐, 했다니까!"

코너가 히죽거리며 말했다. 그의 얼굴은 상기되어 있었고 기분이 좋아 보였다. 그는 오스카 와일드의 소설 『도리언 그레이의 초상』에 나오는 근심 걱정 없는 청년 같아 보였다. 그의 얼굴에서는 더 이상 의붓아버지에게서 얻어맞고 어머니에게서 마음의 상처를 받은 어두운 과거를 찾아볼 수 없었다.

"10월에 나 여기 처음 출근해서 지점장 그렉이랑 인사했을 때, 나 양쪽 발에 왼발 구두를 신고 있었잖아."

코너가 미친 듯이 웃어댔다. 나도 그의 첫 출근 날이 기억나 웃음이 터졌다. 그날 아침 코너가 모텔에서 옷가방을 열었을 때 구두가 왼쪽 발만 두 짝이 있는 걸 발견했다. 그는 그 짝이 안 맞는 구두를 신고 출근해, 전직 월스트리트 투자은행원의 모습을 인상적으로 보여주려 하루 종일 절뚝거리며 사무실을 누비고 다녔다.

"그때가 이삿짐센터에 전화하기 전이었어. 당신도 직장을 그만두지 않았던 때였고. 당신은 「세븐틴」에 몽골에 관한 기사를 마무리 하고 있던 때였지. 그래서 나는 그날 밤 당신에게 전화해서 그만두지 말라고, 내가 다시 뉴욕으로 돌아가야겠다고, 전부 실수였다고 말하려 했어. 우리가 이런 촌구석에서 어떻게 행복할 수 있겠어? 여기서는 저녁 8시 이후에 문을 연 식당을 찾을 수가 없어. 게다가 내 상사는 완전히 멍청이라니까. 그런데 내가 당신한테 전화했을 때 통화중이더라고. 그리고 어떻게 됐는 줄 알아? 내가 잠들어 버렸어!"

코너는 고개를 뒤로 젖히고 웃었다. 빈 벽을 타고 그의 웃음이 메아리쳤다.

'망할. 내가 고작 이것 때문에 「세븐틴」과 뉴욕에서의 삶을 포기한 건줄 알아?' 반쯤 남은 스파게티를 바라보며 생각했다. 나는 요리를 정말 못한다. 고개를 들어 반쯤 꾸민 빈 집을 둘러봤다. 문밖에서는 도로에서 차가 쌩쌩 달리는 소리가 시끄럽게 들렸다. 아마 원고료는 세 달이나 후에나 들어올 것이다. 그때까지 우리에게는 대출금과 내 의료보험료를 겨우 낼 수 있을 정도의 돈밖에 없다. 창밖으로 함박눈이 내리기 시작했다. 내일 코너가 차를 타고 나가려면 눈을 치워놔야 힌다.

자기한테는 이 모든 게 웃기겠지.

"엄청 웃기네요, 코너. 진짜 웃기네."

나는 일어나서 설거지를 하기 시작했다. 접시 하나를 들어 코너의 머리에 던져버리고 싶었다. 코너는 다시 웃음을 터뜨리더니 신문을 읽기 시작했다.

12월. 차가 필요했다. 코너의 회사 인사부서에서는 더 이상 렌터카를 지원해주지 못한다고 통보했다. 10주 이상 렌터카 비용을 지불하게 한 직원은 자기네 역사에 없다고 덧붙이며. 코너는 대학 시절 몰고 다녔던 수동식 폭스바겐을 사고 싶다고 말했다. 버몬트에는 폭스바겐 판매처가 딱 한 군데 있었다. 우리는 폭스바겐 제타 모델을 두고 딜러와 흥정했고, 결국 계약금을 지불했다. 내 생애 첫 번째 차였다.

물론, 우리는 차를 살 돈이 없었다. 코너는 일을 시작한 지 3개월도 채 되지 않았고 내 원고료는 불규칙하게 들어왔다. 우리는 대출을 받을 처지도 안 됐다.

나는 아침 여덟 시에 아버지 사무실로 전화를 걸었다.

"아빠, 저예요 레슬리."

보통 때와 같이, 우리는 가장 안전하게 대화할 수 있는 주제인

날씨에 대한 이야기를 나눴다. 아버지가 창가로 걸어가 펜실베이니아
에비뉴와 백악관을 내려다보는 모습을 그려볼 수 있었다.

"여긴 꽤 습하단다. 오늘 아침에는 테니스를 쳤어. 날씨가 계속
이렇다면 아마 크리스마스에도 밖에서 테니스를 칠 수 있을 것 같구나!"
그는 마치 좋은 날씨가 오직 자기에게만 주어진 선물인 듯 밝은
목소리로 느릿느릿 말했다.

"여긴 또 눈이 와요. 아빠가 와서 우리 앞뜰에 쌓인 눈을 봐야 할
텐데. 저… 사실 차를 살 돈을 좀 빌릴 수 있을까 해서 전화를 걸었어요.
그렇게 비싼 건 아니고 그냥 폭스바겐이에요. 혹시나 해서 말하는데,
이건 빌리는 척하고 그냥 받는 게 아니라 정말로 빌리는 거예요.
아셨죠?"

아버지가 웃었다.

"좋다. 그렇게 하자. 나 이자도 받을 거야. 그리고 너희 둘 다
약속어음을 써줘야 한다."

누가 변호사 아니랄까 봐. 뭐, 어쨌든 이렇게 확실하게 하는 편이
마음 편했다.

"좋아요, 아빠. 고마워요. 우리 둘 다 감사히 생각해요."

"아, 그리고 오일 체크 잊지 마라, 베이비. 내가 투자한 물건을 좀
지켜줬으면 좋겠구나."

"하-하-하, 재밌네요. 나중에 또 통화해요."

내가 마지막으로 운전했던 차는 고등학교 시절 우리 남매가 함께
탔던 하얀색 중고 쉐보레였다. 아버지는 하버드에 입학한 내게 차를
가져가게 했다. 아버지는 당시 내게 엔진오일 가는 법을 알려주지
않았다. 내 생각에 그는 지능이 있는 사람이면 자동차 엔진오일을 언제
갈아야 하는지 당연히 알고 있다고 생각했던 것 같다. 하루는 쉐보레를

몰고 매스 애비뉴를 지나고 있는데 갑자기 '펑' 소리와 함께 엔진이
터져버렸다. 백미러로 뒤를 보니 지나온 길에 초록색 액체가 줄줄 흘러
있었다.

나는 견인차 회사에 25달러를 받고 차를 팔았다. 그때 이후로
아버지는 자동차 얘기가 나올 때마다 매번 이 이야기를 즐거이
반복했다.

"자기야, 카 매트 좀 사는 거 어때?" 며칠 후, 코너가 출근하면서
말했다. "나 이 차 깨끗하게 쓰고 싶어."

나는 바로 고개를 끄덕였다. 카 매트면 그 고무로 된 거 맞지?
버몬트에는 눈이 많이 와서 도로에 염화칼슘을 뿌려 놓기 때문에,
차가 부식되지 않도록 일주일에 한 번씩 세차를 하라고 코너가 내게
말한 상태였다. 나는 기꺼이 할 의향이 있었다. 어찌됐건 그가 '쉐보레
엔진을 터뜨린 레슬리'보다는 많이 알 테니까. 이해가 됐다.

그리고 그 레슬리는 역시 카 매트를 잘못 샀다.

"싸구려잖아." 퇴근 시간에 맞춰 코너의 회사로 찾아가서 카 매트를
보여줬을 때, 그는 가죽 로퍼를 신은 발로 툭툭 차며 말했다. "너무 얇고
너무 짤막해."

그래서 다음날 마트에 가서 하나밖에 안 남은 아주 두껍고, 아주 긴
카 매트를 샀다. 전날 하나에 40달러씩 주고 산 '너무 얇고 너무 짤막한'
4개의 카 매트는 환불이 안 돼서 그냥 트렁크에 넣어버렸다.

"어떻게 갈색을 살 수 있어? 차 내부 인테리어가 회색이랑
검은색이잖아." 그는 내가 아무것도 모른다는 듯 한숨을 푹 쉬며
말했다. "봐봐, 살면서 돈을 들여서라도 제대로 해야만 하는 게 있는
법이야."

나는 황당한 얼굴로 그를 쳐다봤다. 머릿속에 여러 가지가 스쳐

지나갔다. 내 약혼반지, 우리 집. 전부 돈을 들여야 '마땅한' 것들이었다.

"나쁜 놈." 나는 온몸을 타고 흐르는 순도 백퍼센트의 분노를 느끼며 말했다. "난 이 망할 카 매트를 사려고 이틀 동안 계속 돌아다녔단 말야! 이게 뭐 그리 대수라고. 나는 당신한테 완벽한 카 매트를 사다 바치는 것보다 중요한 일이 쌓여 있다고! 그렇게 맘에 안 들면 직접 가서 사면 되잖아!"

나는 안전벨트를 풀고 차문을 열었다. 자동차 키를 그에게 던져 줬다. 아, 정확히 말해 자동차 키를 그를 향해 힘껏 던졌다.

그때 코너는 그가 할 수 있는 한 가장 훌륭히 처신했다. 웃기 시작한 것이다. 내가 자동차 키를 던지자 그는 쉽게 받아서 공중으로 몇 번 던졌다 받으며 나를 쳐다봤다.

그의 파란 눈이 빛나고 입에는 일그러진 미소가 걸려 있었다.

"야 이 멍청아, 그래 여기서 협상하자. 우리 카 매트에 대해서는 절대, 절대, 절대, 영원히 한 마디도 하지 말자. 우리가 살아 있는 한. 사랑해, 레슬리."

그는 고개를 젓더니 소리 내어 웃었다. 내 어깨에 들어갔던 힘이 스르륵 빠졌다.

"카 매트는 집어 치우자고. 이 멍청아."

그는 팔을 들어 내 어깨를 감쌌다. 그가 웃으며 내 머리에 입을 맞췄다.

토요일 아침이면 차를 타고 고속도로를 달려, 새로운 주말 아지트인 제이크 레스토랑에 가서 아침식사를 했다. 하루는 레스토랑 문 앞에

도베르만이 묶여 있었다. 코너는 멈춰서 개를 쓰다듬기 시작했다. 개는 기쁜 눈으로 그를 쳐다봤다.

"아, 나이트 생각난다. 당신도 봤었어야 했는데." 코너는 식당 안으로 들어가며 말했다.

나는 나이트에 대해 수십 번도 더 들었다. 나이트는 갈색 털을 가진 큰 도베르만으로, 코너의 20대를 함께 보냈다. "언젠가 내가 열두 시간 넘게 나이트를 혼자 둬야 했어. 내가 집에 와서 현관문을 열었을 때 문이 안 열리는 거야. 내가 겨우 문을 여니까 나이트가 문을 막아서고 있더라고. 집에 들어갔을 때 거실에 싼 엄청나게 많은 양의 개똥 위에 욕실에서 끌고 온 수건이 덮여 있었어."

그의 높은 웃음소리가 시끌벅적한 식당에 즐겁게 울려 퍼졌다. 코너는 옅은 핑크색 스트라이프 셔츠와 깔끔하게 다림질된 청바지, 그리고 비싼 이탈리아제 로퍼를 신고 있었다. 식당에 있는 다른 남자들은 모두 작업용 부츠를 신고 있었다. 나는 이 안에 있는 남자들 중-심지어 버몬트 전역에서도-옷장에 핑크색 스트라이프 셔츠를 가진 사람은 그 외에는 한 명도 없을 거라 확신했다.

"한번은 주유소에서 의붓아버지 일을 도와준 날이었는데, 한밤중에 집에 돌아왔는데 집에 열쇠를 두고 나왔는지 주머니에 없더라고. 그래서 창문을 넘었는데, 믿기지 않겠지만 나이트가 소리도 없이 슬며시 와서 내 정강이를 꽉 깨무는 거야. 내가 소리를 질러서 나라는 걸 안 후에야 놓더군. 기름 냄새에 절어 있어서 나인 줄 몰랐던 것 같아."

코너는 다시 웃었다. 그의 온 얼굴에 기쁨이 번졌고 눈가에는 눈물이 살짝 맺혔다. 웨이트리스가 저쪽에서 코너를 보고 미소 짓고 있었다.

나는 그 멋진 개의 끔찍한 결말을 이미 알고 있었다.

예전에 내가 참지 못하고 물었다. "그래서 나이트한테 무슨 일이 생겼는데요?"

"아, 나이트가 다섯 살이 되었을 때 내가 대학에 들어갔어. 걔를 데리고 갈 순 없었지. 그래서 우리 체육관에 운동하러 오던 전직 경찰관에게 줬어. 그 사람이 매사추세츠주 서쪽에 큰 농장을 가지고 있었거든. 그 사람의 아들이 나이트를 되게 좋아했다나봐. 게다가 나이트는 30만 평에 달하는 뛰어놀 공간이 생긴 거고. 1년 있다가 봄방학 때 거길 들렀는데, 나이트가 없더라고. 크리스마스 직후에 사슴 사냥꾼들 총에 맞아 죽었대."

그로부터 5년 후, 코너는 한숨을 쉬고 내게 기대 앉아 있었다. 그는 내 왼손을 잡아서 들더니 내 약혼반지를 들여다봤다. 그리고 나를 쳐다봤다.

"당신도 도베르만을 좋아할 거야, 레슬리." 그가 부드럽게 말했다. "걔네들은 정말 충성스러워. 당신에겐 낮 시간에 혼자 일할 때 곁에 둘 무언가가 필요하고."

나는 집에서 일할 때 외롭지 않았다. 우리는 버몬트에 살고 있었고, 이곳은 강도 사건 발생 건수가 맨해튼의 100분의 1밖에 되지 않았다. 곁에 둘 무언가로는 내 고양이 크리세이드가 이상적이었다. 그리고 그녀는 아마 이 목장에서 즐거이 뛰어 놀고 지하실에 있는 쥐를 용맹하게 사냥할 게 분명했다. 하지만 이야기를 꺼내는 것조차 부질없다는 생각이 들었다. 말해봤자 코너는 아직도 고양이 알레르기가 있다고 말할 거니까. 그렇겠지?

"나 강아지 좋아해요. 하지만 블랙 래브라도나 골든 리트리버를 생각했었어요. 도베르만은 좀 무서워요. 아마 모두가 그럴 걸요. 내 친구들이랑 가족들, 그리고 이웃들이 뭐라고 생각하겠어요? 모두가 무서워하는 개는 키우기 싫어요."

며칠 후, 코너는 나를 데리고 지역 사육사가 키우는 강아지들을
보러 갔다. 아빠 개는 크고 평화로운 눈을 가졌고 움직임에는 기품이
흘렀다. 엄마 개는 조금 더 작고 어두운 갈색이었고, 우리를 보고
꼬리를 숨 가쁘게 흔들어댔다.

차를 타고 그곳을 떠날 때 손에는 강아지 냄새가 묻어 있었고, 오는
길에는 옥수수밭 너머로 쌍무지개가 떠있는 게 보였다. 어두운 하늘과
대조되는 화사한 색깔이었다. 좋은 일이 일어날 것 같았다.

"레슬리, 봤지? 난 당신이 도베르만을 좋아할 줄 알았어. 날
믿으라니까."

코너는 오는 내내 졸랐다. 이건 그를 믿고 안 믿고의 문제가
아니었다. 나는 이렇게 단호하게 고집을 피우는 사람에게 어떻게
반대해야 하는지 전혀 알 수 없었다.

강아지들 중 수컷은 하나였다. 코너는 수컷이 나와 더 친하게 지낼
거라고 우겼다. 그 강아지는 침착해 보이는 커다란 갈색 눈에, 털에
윤기가 너무 흘러 거의 블루블랙 빛깔을 띠었다. 결국 우리가 처음
함께 보내는 크리스마스이브에, 도베르만 새끼를 집으로 데려오게
됐다. 우리는 블루라는 이름을 붙여주었다. 우리 셋은 마트에서
구입한 싸구려 조명이 비추는 빈 거실 한가운데에 놓인 빈약한
크리스마스트리 곁에 모여 앉았다. 우리는 서로에게보다 더 많은
선물을 블루에게 주었지만, 코너는 내게 고급스러운 울 코트를 선물로
주어 날 놀라게 했다. 코트는 내가 직접 산 어떤 옷보다도 비쌌다. 나는
그 선물이 몹시 마음에 들었다. 그러면서도 1월에 나올 카드 대금이
걱정됐다.

블루는 내 작은 그림자가 되었다. 그는 내가 일할 때 발밑에서 담요를

입에 물고 우물거리며 잠을 잤다. 나는 뒤뜰에서 블루에게 앉기, 눕기, 부르면 달려오기를 훈련시켰다. 그리고 목줄을 채워 눈을 뚫고 우리의 작고 볼품없는 동네를 산책시켰다. 차를 타고 베닝턴에 있는 잡지사 사무실에 가면, 블루는 조수석에서 얌전히 나를 기다리고 있었다. 가끔은 에디터를 만나러 뉴욕에 갈 때도 데리고 갔다. 잠깐이라도 내가 보이지 않으면 블루는 그 윤기 나는 몸을 바쁘게 흔들며 나를 찾아다녔다. 마치 그의 짧은 인생 동안 내내 기다려온 구원자인 것처럼.

1월. 코너와 나는 뒤뜰에 나가서 손을 서로의 허리에 얹고 1미터쯤 쌓인 눈을 바라보고 있었다. 이 눈을 어떻게 치워야 하나 고민스러웠다. 바로 그때, 걸걸한 목소리가 담장 너머로 들려왔다.

"혹시 뒤뜰에서 엽총 소리가 나도 너무 놀라지 말아요. 나는 지금 마멋을 사냥하고 있다오."

몇 초 후, 산타 할아버지 같이 흰 수염이 수북한 70대 노인의 얼굴이 담장 너머로 보였다. 그는 옆집에 사는 사람이라고 자신을 소개했다. 길고 무거운 총이 눈이 쌓인 바닥을 향하고 있었다. 벨트 위로 빨간색 속옷이 삐져나와 있었다. 그는 바지를 추켜올렸다.

"엽총이요?" 나는 우리 소개를 한 후 물었다. "뒤뜰에서요?"

"아, 당연하죠." 산타가 나를 아무것도 모르는 여자애 보듯 쳐다봤다. "여기 사는 사람들은 거의 다 총을 가지고 있다오. 저기 저 아래쪽에 사는 은퇴한 경찰서장 두 명은 총이 몇 자루나 있다구."

그는 총을 들어 저 아래쪽을 가리키며 말했다.

"흠흠, 암튼 만나서 반가웠소. 총소리가 들려도 놀라지 말아요. 이번 겨울에는 마멋 한 마리를 꼭 잡을 수 있었으면 좋겠군." 그러고는 몸을 돌려 사라졌다.

나는 눈썹을 치켜 올리고 코너를 바라봤다. "으엑." 나는 총을 가진 이웃 산타가 듣지 않게 목소리를 낮췄다. "믿어져요? 엽총이라니! 여기 사는 사람들이 정말 다 총을 가지고 있으려나?"

"글쎄, 여기선 그래야만 하겠지 레슬리." 지금까지 이 주제로 이야기하고 싶었다는 듯, 코너는 단호하고 거의 흥분한 상태로 말했다.

"얼어 죽을 것 같으니 일단 안으로 들어가자."

그가 집안으로 들어갔다. 나는 새로운 사실에 충격을 받아 멍한 얼굴로 코너를 따라 들어갔다. 이웃이 총을 갖고 있다니.

"자신을 보호하기 위해서는 모두가 총을 가져야만 해." 그가 어깨 너머로 말했다. "그게 이 나라의 규칙이야. 버몬트에서는 총을 사기가 쉬워. 너무 좋지 않아? 우리 회사에는 직원용 사격장도 있다구."

"뭐라고요?"

나는 그를 미친 사람처럼 쳐다봤다. 뉴욕에 있는 회사들은 사격장 대신 직원용 피트니스 클럽을 갖추고 여덟 시가 넘어 퇴근하는 직원들을 위해 택시 대절 서비스를 제공했다.

"사실 나도 하나 사려고 하고 있었어. 총 쏠 줄 알거든."

총을 쏠 줄 안다고?

"예전부터 사격을 정기적으로 연습하고 싶다고 생각했었어. 자기한테도 좋을 거야. 내가 집에 없을 때도 당신이 스스로를 보호할 수 있으니까."

"코너, 우리가 여기로 이사 온 건 당신이 '총알을 잠시 좀 피해 있고 싶어서'라고 알고 있는데요. 왜 총을 우리 인생에 들여놓으려고 하는 거죠?"

이번에는 코너가 나를 미친 사람처럼 쳐다봤다.

"멍청아, 나는 범죄자가 우리 집에 들어와서 물건을 훔쳐가고 우리를 모욕하는 걸 원치 않는다고. 집에 혼자 있을 때는 보호할 수 있는 도구가 있어야 해. 일단 있어봐. 내 말이 맞다는 걸 알게 될 걸."

나는 너무 놀라 아무 말도 할 수 없었다. 맙소사, 설마 진심은 아니겠지.

진심이었다. 토요일, 집에서 「세븐틴」에 실을 기사를 쓰고 있는 동안 코너는 브래틀보로*에 가서 총을 한 개도 아니고 두 개나 사왔다. 내게 아무 말도 없이. 그는 콜트 45구경 권총과 글록이라고 부르는 총을 식탁에 올려놓았다. 옆에는 총알이 든 네 개의 상자와 열 개는 되어 보이는 청소용 솔과 병에 든 세척액과 기름, 그리고 부드러운 샤모아 천이 있었다. 미국총기협회 가입지원서도 있었다.

그날 밤 집에서 저녁식사를 했다. 부엌 식탁에서는 윤활유 냄새가 났고 코너의 손톱 밑에는 까만 기름때가 껴 있었다.

"이 총알들 말야." 코너가 입에 시금치를 잔뜩 넣고 말했다. "할로우 포인트**가 있어서 맞으면 훨씬 타격이 크대. 그리고 다음에 총기상에 가면 엽총도 살 거야."

할로우 뭐시기 총알? 그리고 엽총?

"이 총들 얼마 주고 샀어요?"

그는 총을 살 돈이 없었다.

"우리 안전에 비하면 정말 적은 돈이지, 자기야."

그는 이 상황이 내게 얼마나 불편한지 모르는 것 같았다. 아니, 정말 모를까?

"만약 총이 범죄자를 만든다면, 오직 범죄자들만이 총을 갖게 될

* 버몬트주 남동부에 있는 도시

** 탄자 앞부분을 파내서 살상력을 높인 탄

거야."

그는 자기가 스스로 생각해낸 말처럼 말했다. 설마 내가 문맹이라고
생각한 건 아니겠지? 그 표어는 그가 가져온 노란색 미국총기협회
가입지원서에 쓰여 있었다. 그는 가족 할인을 받기 위해 내게 그
가입지원서에 사인을 하라고 했다.

나는 더 이상 할 말이 없어서 자리에서 일어섰다. 내 인생에서 이런
대화를 하게 될 날이 올 줄이야.

다행히 코너는 엽총을 사지 않았다. 하지만 그는 콜트 45구경 권총을
그의 베개 밑에 두고 글록 권총은 차 조수석 대시보드에 넣어 뒀다.
그는 우리가 주말에 아침식사를 하러 갈 때, 밤에 동네를 산책할 때
주머니에 총을 넣고 나갔다. 아침에 침대를 정리할 때 침대 위에 놓인
콜트 권총이 전갈처럼 보였다.

내가 사랑하는 이 남자는 대체 누구지?

3월. 춥고 쓸쓸한 일요일 아침. 우리는 가끔 그러듯, 버몬트의
조용하고 무기력한 분위기를 벗어나기 위해 보스턴으로 갔다. 나는
크리스마스 선물로 받은 울 코트를 입고 운전했고, 코너는 조수석에
앉아 커피를 홀짝였다. 라디오에서는 아니타 베이커*와 샤데이**의
감미로운 목소리가 흘러나오고 있었다.

캠브리지에 도착하여 하버드 캠퍼스 구석진 곳에 차를 세웠다.
하버드에 4년 동안 다니면서 찾아낸 나만의 주차 공간이었다. 우리는
차에서 내려 자갈길을 걸어 메모리얼 교회로 갔다. 우리는 이곳에서
6월에 결혼식을 올릴 예정이었다.

* 미국의 R&B
싱어송라이터

** 소울 음악으로
유명한 나이지리아
출신 영국
싱어송라이터

코너와 나는 네 개의 고풍스러운 하얀 기둥 사이의 넓은 계단을 걸어 안으로 들어갔다. 새빨간 카펫이 마호가니 원목으로 만든 제단에까지 깔려 있었다. 세 달 후, 내가 아버지와 팔짱을 끼고 양 옆에 앉아 있는 축하객들을 지나쳐 걸을 길이었다.

마지막으로 이곳 의자에 앉아본 건 2년 전 졸업식 때였다. 모든 영문학과 학생들이 무거운 학사모와 가운을 어색하게 걸치고 이곳에 모였다. 우리 가족을 포함한 이들의 가족들은 안개가 짙게 낀 뜰을 지나 이곳으로 걸어 들어와 행사를 지켜봤다. 그로부터 몇 주 후, 나는 뉴욕으로 이사해 「세븐틴」에서 일하기 시작했다.

2년 동안 많은 일이 일어났다.

제단 아래서 코너는 내 어깨 위에 손을 얹고 내 입술에 입을 맞췄다. "사랑해, 레슬리." 그가 속삭였다. "날 이렇게 사랑해줘서 고마워."

그는 고개를 기울여 그의 이마를 살며시 내 이마에 갖다 댔다. 이제 세계는 작게 축소되어 우리가 서 있는 제단만 남았다. 그 한가운데에 코너가 있었다.

우리는 팔짱을 끼고 눈보라 치는 교정을 걸었다. 내 울 코트 깃에 달린 라쿤 털이 바람에 날려 뺨을 간질였다. 코너는 블루의 목줄을 잡고 있었다. 우리는 포그 미술관으로 향했다. 결혼식 피로연이 바로 이곳의 안뜰에서 열릴 예정이었다. 나는 코너를 이끌고 소장품 중 내가 가장 좋아하는 반 고흐의 자화상, 그리고 드가와 티치아노의 작품을 감상했다. 그리고 코너에게 결혼식 당일 플로리스트가 웨딩 부케를 놓을 곳과 사진기사가 우리 사진을 찍을 곳, 우리가 결혼식 복장으로 갈아입을 공간을 보여주었다.

"모든 게 정말 멋질 것 같아." 그가 경이에 찬 표정으로 실내를 돌아보며 말했다. "당신이 우리 결혼식을 정말 근사하게 준비하고 있구나."

지금은 몹시 춥고 온통 칙칙한 회색빛이지만, 우리가 결혼식을
올리는 6월 초의 날씨는 화창할 것이다. 나는 야외에서 일어나는 모든
행사를 완벽하게 만드는 운을 지녔으니까. 고등학교 졸업식은 구름 한
점 없는 화창한 날이었고, 대학 때도 그랬다. 매년 생일 또한 그랬다.
날씨는 늘 완벽했다. 그리고 어떤 사람도 비가 오는 결혼식이 좋은
징조라고 말하지 않는다.

포그 미술관을 나와 사람들이 북적이는 길을 걸었다. 블루는
우리 뒤에서 따라왔다. 나는 혹시 위니를 볼 수 있을까 해서 주변을
힐끔거렸다. 위니 커플이 사는 기숙사는 찰스 강 바로 맞은편에
있었다. 사실 위니에게 전화할 때마다 코너가 너무 화를 내서 근래에는
거의 통화를 못하고 있었다. 코너는 자기 대신 하버드 경영대학원에
들어간 멍청이들에 대한 불평을 거의 한 시간 동안 쏟아내곤 했다.
더 안 좋은 점은, 위니가 바로 그 하버드 경영대학원 입학처에서
파트타임으로 일하고 있다는 사실이었다. 하지만 나는 당장이라도
위니에게 달려가 그녀의 웃음 가득한 얼굴을 보고 싶었다. 아마 하버드
경영대학원에 다니는 남편을 둔 게 어떤 의미인지에 대해 구성진
욕설을 곁들이며 떠들 게 분명했다.

코너와 블루와 나는 하버드 스퀘어로 이어지는 브래틀 스트리트를
걸어 길가의 상점들과 브래틀 극장을 지났다. 캠브리지의 독특하고
활기찬 에너지는 녹색 암세포 벽으로 둘러싸인 썰렁한 목장 집에
비하면 마약과도 같았다.

우리는 마운트 오번 스트리트가 보이는 커피숍으로 갔다. 이곳에서
블랙커피를 마시면서 두 시간 동안 서로 무릎을 마주대고 앉아 조용히
잡지를 읽었다. 블루는 우리 발치에 엎드려 잠이 들었다. 우리는 있는

현금을 다 털어 커피콩을 한 봉지 샀다. 드물게 하는 사치.

코너는 「보스턴 글로브」를 내려놓으며 말했다.

"우리 저녁은 어디 가서 먹을까? 노스 엔드*?"

캠브리지는 사우디에서 몇 마일밖에 떨어져 있지 않았지만 그곳에 사는 코너의 가족을 보러 가는 건 선택지에 없었다. 우리는 그동안 그곳에 딱 한 번 갔었다. 아주 짧고도 유쾌하지 않은 방문이었다. 코너의 가족은 고속도로 근처의 낡은 아파트에 살았다. 나는 가구도 몇 개 없는 텅 빈 방 안을 보지 않으려 애썼다. 한 가족이 사는 집이라기보다 싸구려 모텔 같았다. 벽에는 아무것도 걸려 있지 않았고 작은 장식품이나 가족사진이 들어 있는 액자도 없었다. 다만 TV 한 대가 구매 당시 담겨 있었을 박스 위에 덩그러니 놓여 있었다. 코너의 의붓아버지와 어머니는 우리가 그곳에 앉아 있는 내내 TV를 틀어놓았다. 코너는 언제 한 번 나를 그의 외할머니의 옛 아파트와 그가 일했던 체육관에 데려가 주겠다고 했다.

"코너, 그런데 이제 집으로 가야만 해요." 내가 말했다.

나는 지난 달 열어본 신용카드 명세서를 떠올리며 말했다. 거의 모든 카드가 한도에 다다라 있었다.

코너는 나를 차갑게 응시했다.

"우리는 오늘 저녁에 외식을 할 돈이 정말로 없어요, 자기야."

나는 다시 한 번 말했다. 나도 여기에 더 있고 싶었다. 가끔씩은 버몬트의 집과 우리 삶으로 다시는 돌아가기 싫었다.

"좋아. 그럼 돌아가."

그는 뚱하게 말하며 빈 커피 컵을 쓰레기통에 신경질적으로 던져 넣었다. 신용카드 한도에 넘치게 지출한 게 다 나 때문인 것처럼. 블루가 몸을 부르르 떨며 일어나 코너와 나를 번갈아 쳐다봤다.

* 코너의 고향인
사우디는 노스 엔드
남쪽에 위치해 있음

코너가 운전대를 잡았다. 초저녁, 북쪽으로 가는 도로는 한산했다. 남쪽으로 가는 도로에는 차가 꽉 들어차 있었다. 모두가 저녁을 먹으러, 영화를 보러, 하키 게임을 보러 보스턴으로 가고 있었다. 코너는 양 손으로 핸들을 잡고 앞만 바라보고 있었다. 그의 분노에 찬 침묵이 그 어떤 말보다 나를 더 갉아먹고 있었다.

"코너, 이건 내 잘못이 아니에요."

그는 아무 말도 하지 않았다. 내게 눈길도 주지 않았다.

"우리는 그냥 돈이 없는 거예요."

다시, 아무 말도 없었다.

"나는 단지 책임감 있게 행동하려는 것뿐이에요. 대출금이랑 자동차 보험, 내 의료보험에 들어가는 돈으로도 이미 빠듯해요. 카드 대금을 한 번만 더 연체하면 더 이상 아메리칸 익스프레스 카드를 못 쓰게 될 거예요."

코너는 여전히 아무 말이 없었다. 그저 텅 빈 도로를 응시하고 있었다.

나는 오른쪽으로 기대 창밖을 바라보았다. 오래된 농장들이 길가에 늘어서 있었다. 해가 뉘엿뉘엿 지고 있었고 반짝이는 별이 하나둘씩 뜨기 시작했다. 코너가 정신없이 날아오는 총알들을 피하기에 완벽한 환경이었다. 그리고 나에게도.

"음, 이번 주 목요일에는 누가 차를 가져가기로 할까요?"

나는 주제를 바꾸기 위해 말을 꺼냈다.

"목요일에 재무 수업 있죠? 나는 그날 블루랑 강아지 훈련 강좌를 들으러 가고요."

코너는 내게 눈길도 주지 않았다. 얼굴에는 표정이 없었다. 버려진 목장을 지나 완만한 언덕을 달리면서 코너가 입을 열었다.

"나 당신과 결혼 안 해."

나는 놀란 얼굴로 그를 바라봤다.

그의 방어적인 목소리. 겁에 질린 듯한 목소리. 최악의 경우, 솔직한 생각을 담은 목소리.

나는 숨을 멈췄다. 결혼을 안 한다고?

코너는 계속 운전했다. 그의 두 손은 줄곧 운전대를 잡고 있었고 금빛 머리카락은 때때로 비추는 불빛에 반짝거렸다. 나는 고개를 돌려 창밖으로 끝없이 이어지는 목장의 울타리를 바라보고 있었다. 그는 아무 말도 없었다.

나는 뒷좌석으로 기어가서 그에게서 최대한 멀어졌다. 코트를 머리에 덮고 블루의 따뜻한 몸을 안았다. 내 가족, 「세븐틴」의 직원들, 그리고 친구들은 뭐라고 할까? 내가 그에게 이렇게까지 해줬는데 그가 나를 떠나버렸다는 사실을 알면? 나는 조용히 울기 시작했다. 블루가 내 눈물을 핥았다. 그러나 내가 울음을 그치지 않자 블루는 이내 포기하고 내 팔 안에서 잠들었다. 점점 더 절망적인 기분이 들었다. 눈물이 멈추지 않았다.

얼마 후 우리는 집에 도착했고, 내 목은 꽉 막히고 얼굴은 퉁퉁 부어 있었다. 코너는 조심스럽게 주차를 하고 나와서 뒷문을 열었다. 그가 머리를 들이밀었다.

"자기야, 그만 울어. 괜찮아. 사랑해."

나는 안도의 한숨을 크게 내쉬었다. 다 괜찮았다. 나는 안전하다. 용서를 받았구나….

하지만 무엇에 대해? 나도 몰랐다. 나는 그를 보며 미소 지었다. 나는 그를 따라 집안으로 들어갔다. 중요한 건 내가 그와 함께 있다는 사실이었다. 나는 그가 했던 말이 무슨 뜻인지 묻지 않을 작정이었다.

코너도 더 이상 아무 말이 없었다.

메모리얼 데이 연휴가 끝난 화요일. 결혼식까지 닷새가 남아 있었다. 침대에 걸터앉아 앞에 곱게 접혀 있는 엄마의 30년 전 웨딩드레스를 내려다봤다. 원래 구매했던 삭스 피프스 애비뉴 백화점의 포장지로 덮여 있었다. 나는 얼마 전 독일인 재봉사를 찾아 드레스의 목 부분과 치마 끝자락에 꽃무늬 레이스를 손바느질로 덧댔다. 창문으로 들어온 이른 오전의 한줄기 햇살이 카펫에 누워 있는 블루의 등에 비쳤다. 내 싸구려 나무 책상 위에는 얇고 현대적인 노트북이 놓여 있었다. 우리가 감당하기에는 벅찬 고급 컴퓨터였다. 바로 전날 UPS를 통해 집에 배송됐다.

"나 노트북이 필요해." 코너가 6주 전에 말했다. "재무관리 수업 들을 때 가져갈 거야. 좋은 노트북을 가져가면 사람들이 내가 그 수업에 진지하게 임한다고 생각하겠지."

"코너, 그건 너무 비싸요. 우리는 아직 식기세척기도 못 샀잖아요. 주유소에서 기름도 한 번에 3달러어치밖에 넣지 못하고요."

"레슬리, 나 그거 정말 필요해. 당신 아메리칸 익스프레스 카드로 계산하면 안 될까?"

코너에게 차마 안 된다고 말할 수 없었다. 그 결과, 나는 잠옷을 입은 채 전날 배송된 노트북을 작동시키려 애쓰고 있었다. 결혼식 전에 글 하나를 마무리해야 했다. 「버몬트 선데이」는 이번 딱 한 번만, 글을 보내는 즉시 원고료를 지불해 주기로 했다. 신혼여행을 가려면 돈이 필요했다. 욕실에서 코너가 샤워하는 소리가 들려왔다.

이 작고 얇은 기계는 믿을 수 없을 정도로 복잡했다. 만약 이 노트북을 제대로 작동시키지 못하면 어떡하지? 그래서 마감을 지키지 못하면 어떡하지? 그럼 우리 신혼여행은 어떻게 되는 걸까?

머릿속이 너무 복잡해져서 손으로 책상을 쾅 치면서 일어났다.

"망할! 이 멍청한 기계 따위!"

나는 욕실에서 물소리가 멈춘 직후 고함을 질렀다.

갑자기 집이 조용해졌다. 코너는 허리에 수건을 감고 물이 뚝뚝 떨어지는 채로 방안으로 쿵쿵 걸어 들어왔다. 그러고는 가만히 컴퓨터를 노려봤다. 나는 순간 얼어붙었다.

그는 내 어깨를 움켜잡더니 내 몸을 그를 향하게 돌렸다. 그의 가슴이 근육으로 팽팽해져 있었다.

내 심장은 뒤뜰에서 뱀을 맞닥뜨렸을 때 같이 죄어들었다. 그의 손이 내 뺨을 후려쳤다. 입 안의 살이 어금니에 찢겨 피가 났다. 머리가 뒤로 젖혀졌다. 코너가 내 목을 감싸고 벽으로 민 다음 조르기 시작했다. 목을 쥔 채로 나를 앞뒤로 흔들었다.

"다시는. 그렇게. 소리 지르지. 마."

그는 악다문 이 사이로 말을 내뱉었다. 그가 단어 하나를 말할 때마다 내 목도 똑같이 앞뒤로 꺾였다.

그의 얼굴에서 눈을 뗄 수 없었다. 면도 크림 냄새가 코를 스쳤지만 숨을 쉴 수가 없었다.

"우리 어머니가 예전에 그렇게 소리 질렀어. 다시는 그러지 마."

그는 애원하듯 말했다. 그러고는 나를 땅바닥에 내동댕이치고 방 밖으로 나갔다. 잠옷이 그의 몸에서 묻은 물로 젖어 있었다.

코너가 밖으로 나가 차고로 내려가는 소리가 들릴 때까지 차가운 나무 바닥에 그대로 앉아 있었다. 차 엔진 소리가 들렸다. 차고의 문이

열리는 소리가 들렸다. 그가 폭스바겐을 몰고 차고를 나가는 소리가
들렸다.

　나는 그가 가버린 후 책장의 전화번호부를 꺼내 가정폭력 신고상담
전화번호를 찾았다. 「세븐틴」에서 가정폭력 기사를 쓸 때 조언을
해주던 곳이었다. 이게 남편한테 맞으면 해야 하는 일 맞지? 혹은
결혼을 닷새 남긴 약혼자가 때리면 해야 하는 일 맞지?

　전화번호를 누르는 손끝부터 뱃속 깊은 곳까지 덜덜 떨렸다. 토할 것
같았다. 신고상담 전화번호를 눌렀다. 수화기를 들고 의자에 앉으니
창밖으로 사랑스럽고 진한 향기를 내뿜고 있는 라일락이 보였다.
뜨거운 눈물이 솟구쳤다.

　상담사가 전화를 받으면 뭐라고 말해야 하지? 오전 7시 30분이면
이런 일이 일어나기에 너무 이른 시간 아니냐고? 내가 태어나서
처음으로 깊이 사랑한 사람에게 맞았다고? 그가 하나밖에 없는 차를
타고 나가버렸다고? 그와 나 둘 중 누구를 선택해야 하느냐고? 내
결혼식 날 목이 졸린 자국이 보이면 어떡하느냐고? 그가 미안해하고
있는 게 분명하지 않겠냐고?

　무섭기는 했지만 그리 놀라지는 않았다고?

　전화는 연결되지 않았다.

　한숨을 크게 내쉬었다. 방 밖으로 나가 코너가 정말로 갔는지
확인했다. 집안은 조용했다. 나는 진정하기 위해 샤워를 한 후 다시
전화를 걸려고 했다.

　커피를 마셨다. 옷을 갈아입고 지역 도서관으로 가서 공공 컴퓨터를
이용해 기사를 마무리했다. 그리고 신고상담 전화는 다시 걸지 않았다.

　나는 코너에게 전화를 걸지 않았고, 오후에 전화벨이 울릴 때도 받지
않았다. 그에게 내리는 벌이었다. 그리고 퇴근했을 때를 대비해 불을

켜지 않고 집안을 온통 어둡게 하고 있었다. 그는 내가 아버지 집으로 가버렸다고 생각해 무척 겁을 먹을 것이다. 누가 감히 날 때려?

대신 책상 위에 작은 램프를 밝히고 앉아 내가 쓴 기사를 교정보고 있었다. 오른손에는 펜을 꼭 쥐고 있었다.

이윽고 차고로 들어오는 차 소리가 들리고, 나는 듣지 못한 척했다. 그는 자동차 키를 쥔 채 고개를 숙이고 내 사무실로 들어왔다. 두려워하고 있었다. 그는 내가 그가 오전에 한 짓에 대해 비난하고 결혼을 취소하자고 할까 봐 초조해하고 있었다.

코너의 얼굴에는 실낱같은 희망이 떠올라 있었다. 그가 만약 이렇게 무서워한다면, 그는 다시는 나를 때리지 않을 것이다. 맞지? 나는 언제든지 떠날 수 있었다. 그리고 사실, 그는 내 목을 그냥 감싸 쥔 것에 불과했다. 그는 나를 때리려고 했던 게 아니었다. 우리는 결혼을 할 것이다.

사흘 후, 가족과 하객들이 도착하기 시작했다. 내 목에 그어진 열 개의 기다란 멍은 희미해져서 아무도 못 알아볼 정도가 되었다.

결혼식 날이 빠르게 다가왔고, 덕분에 그날의 일을 생각할 만한 여유가 없었다. 흠 한 점 없는 웨딩드레스를 꺼내서 준비하고 백 명이 넘는 하객에게 결혼식장의 위치를 설명하느라 정신이 없었다. 이에 더해, 결혼식 직전에 문의를 해오는 출장 뷔페업자, 사진기사, 그리고 멀리서 운전해서 오는 사람들의 불평 섞인 전화와 교회 관리자와 호텔의 안내원으로부터 오는 문의전화에 영혼이 탈출할 지경이었다.

메모를 적은 노란색 포스트잇이 부엌을 가득 채웠다.

위니에게: 행사 때 부케를 들고 있을 것.

실비아에게: 성경책을 들고 있을 것.

사진기사에게: 엄마와 아버지가 함께 있는 사진은 찍지 말 것.

넬리 이모에게: 전해준 행운의 동전을 잘 받아 오른쪽 구두에 잘
넣었다고 말할 것.

프레스턴 목사님에게: 결혼 서약 시 '(남편에게) 순종할 것'이라는 구절을
빼달라고 할 것.

내가 결혼하리라는 걸 믿는 내 친구들, 가족, 지인, 그리고 나 자신의
굳건한 믿음은 결혼이 무를 수 있는 것이라는 사실을 잊도록 만들었다.
내가 사랑하는 코너 ─ 내 목을 조르고 머리를 벽에 박아버려 함께 사는 것이
순탄치 않으리라는 걸 어렴풋이 알게 된 ─ 와 결혼하는 것은 위험해 보였다.

모든 것이 이를 예고하는 듯했다. 너무나 아름다운 결혼식은 험한
결혼생활을 미리 달래는 전초전처럼 보였다. 하지만 후회와 재고가
끼어들 틈이 없었다. 모든 일이 너무 빠르게 일어났다.

코너는 사과하지 않았다. 자기가 한 일을 인정하는 말 또한 한
마디 없었다. 나는 그가 내 목 주위를 주의 깊게 보는 걸 한 번도 보지
못했다. 그는 이후에는 한 번도 내게 손 댄 적 없다는 듯 행동했다. 한
번도 내 목을 조르거나 내 몸을 땅바닥에 내동댕이친 적 없다는 듯.

식구들이 속속 찰스 강 건너편에 있는 엠바시 호텔에 도착하기
시작했다. 코너의 가족은 결혼식장과 가까운 곳에 살아 다행히 호텔을
잡을 필요가 없었다. 결혼식 전날 리허설 저녁은 유니온 오이스터
하우스*에서 열렸다. 리허설이 끝난 후 아버지와 나는 택시를 불러
손님들을 돌려보냈다. 코너의 엄마, 의붓아버지, 의붓형제들을 택시에
태우며 잘 가라는 말을 어색하게 건넸다.

* 1826년에 문을
연 미국에서 가장
오래된 레스토랑

"아빠, 혹시 저랑 내일 아침 식사 같이 하실래요? 한 여덟 시쯤?"

나는 충동적으로 물었다. 목이 죄어오고 뱃속이 울렁거렸다. 어쩌면 나는 아버지에게 코너가 내게 한 짓을 말해야 하는지도 몰랐다. 내게 그럴 만한 용기가 있다면 말이지만.

"그러자꾸나." 아버지는 내 어깨를 팔로 감싸며 말했다. 입에서는 터키 버번주 냄새가 희미하게 났다. "정말 멋진 생각이로구나."

갑자기 울고 싶어졌다.

코너와 나는 '신부는 결혼식 직전까지 신랑의 얼굴을 보지 않는다(적어도 웨딩 사진을 찍기 전까지는)'는 전통의례를 따르기로 했다. 따라서 나는 그날 밤 코너를 보지 않았다. 호텔로 돌아와 실비아의 방으로 갔다. 그녀는 하버드 티셔츠에 야구 유니폼 반바지를 입고 벌써 잠이 들어 있었다. 코너는 친한 친구 제드와 그의 여자친구와 함께 호텔 스위트룸에 머물렀다.

결혼식 날 아침이 밝아왔다. 하늘은 푸르고 날씨는 화창했다. 시원한 6월 아침이었다. 나는 호텔 침대에서 나와 찰스 강변을 가볍게 뛰었다. 대학 시절 내가 가장 좋아했던 코스였다. 이른 아침 하늘은 옅은 푸른색이었고 햇볕은 시원한 대기를 내리쬐고 있었다. 달리면서 아버지에게 뭐라고 말할지 생각했다. 아버지에게 '코너와 결혼할 수 없다'고 말하는 장면과 그가 교회에 모여든 하객들에게 결혼식이 취소됐다고 알리는 장면, 그리고 실비아의 호텔 방에 숨어 이 결혼은 하지 않는 게 최선이라고 생각하지만 침대에 앉아 주체할 수 없는 눈물을 흘리고 있는 나 자신을 상상했다.

몸이 떨려왔다. 방에 돌아가 샤워를 하고 옷을 갈아입었다. 여덟 시가 되기 직전 내려가니 로비와 레스토랑은 거의 비어 있었다. 나는 호텔 레스토랑 창문 옆 테이블에 앉아 거의 40분을 기다렸다. 아버지가 약속을 잊어버렸거나 그냥 오지 않았다는 사실을 인정할 수가 없었다. 몇 번이나 시계를 쳐다봤다. 눈물이 흘렀다. 아버지에게 말해야만 했다. 하지만 그럴 만한 시간과 장소, 그리고 용기가 있을까?

로비로 나가면서 혹시 아버지가 다른 레스토랑에 앉아 있는 건 아닐까 해서 여기저기 기웃거렸다. 그때 나는 그가 몇 명의 친척들과 테이블에 둘러앉아 아침식사를 하고 있는 걸 발견했다. 아버지의 머리카락은 아직 젖어 있었다. 그가 고개를 들어 날 쳐다봤다. 회색 눈동자가 작은 맨홀처럼 보였다. 그는 "오 레슬리, 널 계속 찾아다녔었단다"라고 말하지 않았다. 그는 나를 간신히 알아보았다. 나는 뭘 어떻게 해야 할지 몰랐다.

갑자기 나는 그에게 코너가 내게 한 짓을 말할 수 없다는 걸 깨달았다. 그리고 나조차도 코너가 나를 때린 게 꿈처럼 아득해졌다. 나는 그 자리에 앉아 함께 아침을 먹고 아무 일도 없는 듯 행동했다.

코너와 나는 결혼식 두 시간 전 메모리얼 교회에서 만나 웨딩 사진을 찍었다. 하버드 캠퍼스의 뜰은 평화롭고 조용했다. 교회 밖 잔디는 햇볕을 받아 따뜻했다. 잔디가 이어진 저쪽 길 한 편으로 와이드너 도서관이 보였다. 대학 때 저 안에서 며칠 밤을 새우며 20세기 대표 작가인 이디스 워튼, 버지니아 울프, 마거릿 드래블에 관한 논문을 썼었다.

웨딩 사진기사는 마치 조지아 오키프*처럼 키가 크고 마른 여인이었다. 웃을 때 보이는 하얀 치아가 예뻤다. 그녀는 아무리 노력해도 진부하고 그렇고 그런 웨딩 사진을 찍을 수 없는 예술가 기질이 있는 사람이었다. 그녀는 내 드레스와 머리를 매만지고 코너와 내가 사진에 잘 나오도록 포즈를 주문했다.

"좋아요! 충분히 찍었어요. 정말 아름답게 나왔어요." 결혼식 30분 전

* 꽃과 사막을 주제로 한 추상환상주의 그림으로 유명한 미국 화가

웨딩 사진 촬영이 모두 끝났다.

나는 교회 안으로 들어가 파우더 룸에서 화장을 고쳤다. 10분쯤 후, 위니와 실비아가 와서 코너가 없어졌다고 말했다. 실비아의 얼굴에 떠오른 당혹감을 보니, 우리가 어렸을 때, 엄마가 오후 다섯 시쯤 술 냄새를 풍기면서 나타나 차를 몰고 축구 훈련 장소로 데려다 줄 때 보였던 표정이 떠올랐다.

"원래 신랑들은 늦어. 결혼식 직전에는 겁이 나니까. 그렇지?"

나는 농담했다. 우리 셋은 파우더 룸의 거울로 서로의 얼굴을 보며, 결혼식 날 신랑이 안 나타나는 것 정도는 대수롭지 않은 일이라는 표정을 지어보였다.

머릿속에서 작은 목소리가 들려왔다. 어쩌면 이게 벗어나는 길일지도 몰라. 코너 또한 나처럼 이 결혼에서 미치도록 빠져나오고 싶은 건지도 모른다. 내가 이 안에 숨어 있으면 이 결혼식이 한여름 오후에 뜬 옅은 구름처럼 그냥 사라져 버릴 수도 있다. 파우더 룸의 작은 창밖으로 멋지게 차려 입은 하객들이 계단을 올라오는 것이 보였다. 몸이 떨렸다. 나는 그들이 내 결혼식이 아닌 다른 사람의 행사에 가는 것이라고 애써 생각했다.

엄마가 우리에게 와서 아버지도 사라졌다고 말했다. 결혼식 예정 시간에서 15분이 지나 있었다. 그때 창밖으로 아버지가 고개를 숙이고 계단을 올라오는 게 보였다. 내 쪽에서는 그의 굽은 등과 우리 조상이 체로키 인디언이라는 것을 상기시키게 하는 살짝 살짝 오그라든 발끝이 보였다. 그 뒤로 머리를 잘 빗어 넘기고 턱시도를 갖춰 입은 코너와 제드가 따라오고 있었다. 코너는 나만큼 멍해보였고, 창밖을 바라보고 있는 내 얼굴을 보지 못하고 지나쳤다.

엄마는 내게로 돌아와 코너가 제단 앞에서 기다리고 있다고 말했다.

"고개 들어봐라."

엄마는 내 얼굴을 마지막으로 확인하고 머리를 매만지고 립스틱을 덧발라주었다. 신부 어머니 복장을 한 그녀는 정말로 예뻤다. 누구나 이렇게 예쁜 엄마를 자랑스러워하겠지.

"엄마?"

나는 엄마를 쳐다보며 그녀가 내 마음을 알아주기를 바랐다. 마치 내가 대학교 3학년 때 식중독에 심하게 걸린 날 밤 몇 백 킬로미터 떨어진 집에서 내게 전화했을 때처럼. 그녀는 내 논문이 남자 위원으로만 이루어진 논문심사위원회에서 탈락됐다는 사실을 안 그날 오후에도 뭔가 잘못됐다는 걸 알고 전화를 걸었었다. 오직 엄마만이 감지할 수 있는 기운. 엄마와 단둘이 있는 지금 외에는 더 이상 말할 기회가 없을 것이다. 하지만 나는 말을 꺼낼 수 없었다.

대신 나는 "혹시 마지막으로 해줄 조언이 있어요?" 하고 물었다. 내 목소리가 애처롭게 들렸다.

"들어가면서 너무 많이 웃지 말아라."

엄마는 그렇게 말하고 고개를 돌렸다.

우리는 결혼했다. 식 자체는 25분밖에 걸리지 않았다. 그것도 25초로 느껴졌다.

공주의 대관식이 거행되는 듯 부드러운 하프 선율이 피로연 장소를 가득 채웠다. 테이블보는 화사했고 뜰은 핑크색, 하얀색, 파란색, 보라색 꽃으로 장식되어 있었다. 테이블 위에는 아스파라거스와 연어, 바삭한 패스트리가 넉넉히 있었고 샴페인은 마셔도 마셔도 끝이 없었다. 우리의 초콜릿 웨딩 케이크는 디저트 잡지 표지에 나올 정도로 먹음직스러웠다. 내 뱃속은 아직도 울렁거렸다. 나는 거의 먹지 못했고 화장실도 가지 않았다. 코너와도 대화를 거의 나누지 않았다. 피로연은 비디오의 빨리 감기처럼 순식간에 지나갔다.

그러다가 시간이 멈춘 듯한 순간이 한 번 있었다. 사진기사는 내게 2층 발코니에 올라가서 뜰을 내려다보고 포즈를 취하라고 했다. 나는 줄리엣이 된 기분으로 발코니에 기대앉았다. 3미터는 족히 될 긴 웨딩드레스 자락을 뜰 아래로 드리웠다. 사진기사가 사진을 찍기 위해 이것저것 손을 대는 동안 하객들은 나를 보러 모여들었다. 모두 말없이 각자 손에 든 음료를 홀짝거렸다. 나를 바라보는 눈동자들이 작은 동전처럼 빛났다. 코너는 그들 사이에 없었다. 사진기사는 내게 웃지 말고 모나리자가 저 먼 곳, 미래를 보는 듯한 느낌으로 시선을 처리하라고 주문했다. 살짝 웃는 것이 내가 할 수 있는 최선이었다. 사진기사는 열 번 넘게 카메라 셔터를 누른 후 내게 내려오라고 했다. "이 사진, 최고일 거예요." 그녀는 카메라를 만지며 말했다. "완벽해요."

사진을 찍고 건배를 하고 어울려 춤을 추고 케이크를 잘랐다. 발이 아파왔다. 화장실이 급해졌다. 화장실에 다녀오면서 뜰이 반 정도 비어있는 것을 발견했다. 많은 하객들이 간다는 인사도 없이 그냥 떠나버렸다. 왜 사람들이 이렇게 아름다운 피로연을 일찍 떠나는 거지?

엄마는 나를 따라 위층으로 올라와 내가 초록색 실크 원피스로 갈아입는 것을 도와주었다. 그녀는 민첩하게 내 웨딩드레스를 벗겼다. 손이 그토록 빠르게 움직이는 걸 보니 엄마는 긴장해서 술을 입에 대지도 않은 게 분명했다. 그녀가 술에 취하지 않은 채로 나와 함께 저녁을 맞는 것은 거의 10년 만이었다. 이 결혼식에 참가한 사람들, 나와 코너와 엄마를 비롯해 모든 사람들이 이 결혼이 엄청나게 끔찍한 실수인 것을 애써 모른 척하고 있는 건가?

"드레스 이리 줘. 내가 둘게."

엄마는 소파 밑에서 삭스 피프스 애비뉴 박스를 꺼냈다. 그녀는 내가 웨딩드레스를 입기도 전에 드레스를 돌려받을 박스를 미리 준비해둔 게 분명했다. 그녀는 웨딩드레스를 조심스레 넣어 상자를 꼭 닫았다.

실비아와 나는 피로연에 쓴 꽃을 한아름 들고 택시를 타고 호텔로 향했다. 꽃이 너무 많아서 코너는 택시에 함께 타지 못했다. 그는 제드와 함께 택시를 타고 떠났다. 호텔에 도착해 실비아를 한 번 안아준 후 큰 꽃병에 꽃을 꽂아 우리의 스위트룸으로 향했다. 문을 여니 아무도 없었다. 나는 꽃을 테이블 위에 올려놓고 열쇠카드를 문에 꽂았다. 손이 미세하게 떨리기 시작했다.

방 안으로 들어가니 코너와 제드가 킹사이즈 침대에 앉아 나를 기다리고 있었다. 그들은 서로 팔짱을 끼고 얼굴에 큼지막한 미소를 짓고 있었다. 제드는 위스키를 한 모금 마셨다. 그는 핑크색 장미가 달려 있는 내 브래지어를 털이 수북한 맨 가슴에 두르고, 겉에 핑크색 플란넬 나이트가운을 입고 있었다. 머리에는 내 면사포를 쓰고 있었다.

코너는 제드 옆에 앉아 시가를 피우고 있었다. 셔츠가 가슴에 붙어 팽팽한 주름을 만들고 있었다. 내가 그 광경을 보고 멍하게 있자 그들은 10대 남자애들처럼 낄낄대며 웃기 시작했다. 너무 웃어서 침대가 흔들렸다. 코너는 왜 그가 결혼식에 늦었는지 이야기해줬다.

"이 자식이…." 그는 제드를 한번 노려보더니 다시 소리 내어 웃었다. "교회 맞은편에 있는 바에 가자고 하잖아. 우리는 그때가 몇 시인지도 몰랐어. 당신 아버지가 우리를 어떻게 찾아냈나 몰라."

코너는 우리 아버지에 대해 말할 때면 언제나 그렇듯 경외에 찬 목소리로 말했다.

"그가 우리를 찾아냈다니까. 그가 바에 함께 앉아서 우리와 잠깐 이야기를 했어. 그리고 우리에게 결혼식이 곧 시작될 거라 말했지. 그래서 그를 따라 식장으로 갔어."

"아, 레슬리, 당신 마치 저어기 하늘 위에 있는 그 뭐냐, 그… 천사 같애." 제드는 내가 자기 여동생인 것처럼 미소 지으며 말했다.

"맞아, 레슬리, 당신이 최고야. 이리 와봐." 코너가 맞장구쳤다. 긴장이 풀렸다. 그는 내 허리를 팔로 감고 키스하며 말했다. "우리 드디어 결혼했어." 그의 목소리에 감격이 서려있었다.

그와 제드는 서로를 쳐다보더니 또 웃기 시작했다. 나는 복숭아색 실크 파자마로 갈아입었다. 우리는 침대 위에서 면사포를 번갈아 가며 쓰고 서로의 사진을 찍어주었다. 제드는 미니바에 있는 미니어처 위스키를 싹 다 마시고 TV 콘솔 위에 병들을 진열해 놓았다. 그들은 사우디에서 있었던 일들을 얘기해줬고 나는 너무 웃는 바람에 얼굴이 온통 눈물과 마스카라로 얼룩졌다.

자정쯤 되자 나와 코너는 제드를 쫓아내고 침대에 누웠다. 우리는 사랑을 나누지 않았다. 크고 푹신한 호텔 침대 위에서 코너의 가슴에 안겨 잠이 들었다. 그 부드럽고 따뜻한 품에서 그동안 힘들었던 기억들이 전부 희미해졌다.

사람들은 결혼식과 관련된 스트레스, 어마어마한 비용, 가족에 대한 불만을 무척 열정적으로 쏟아낸다. 하지만 '신혼여행'이 끔찍했다고 말하는 커플은 얼마나 될까? 아마 남편 때문에 스트레스로 대상포진이 생겼다고 월마트에서 방송을 하는 아내들을 찾는 게 더 쉬울 것이다.

무엇보다도 코너와 나는 신혼여행에서 돈을 아껴야 했다. 4월, 책상에 앉아 열어본 금융회사로부터의 비호의적인 안내문에는 우리가 몇 달 동안이나 연체한 원금과 이자 금액이 적혀 있었다. 아메리칸 익스프레스 카드로부터는 5월에 신용카드가 취소될 예정이니 카드를 잘라서 자기들한테 보낼 것을 요구하는 안내문을 받았다. 그렇지만 나는 지갑에 이 초록색 직사각형 카드를 고이 넣어두었다. 내 뉴욕 생활의 기념품처럼. 물론 쓸모없는 짓이라는 걸 알고 있었다. 어쨌든 우리는 하루에 20~40달러까지만 현금을 인출할 수 있었기 때문에, 이탈리아로 떠나는 낭만적인 신혼여행은 꿈도 꾸지 못했다. 나는 머리를 굴려 우리가 감당할 수 있는 곳 중 최고로 낭만적인 장소를 생각해봤다.

결혼식 몇 주 전, 퇴근하는 코너를 차에 태우고 오는 동안 '마사의 포도농장'을 기억해냈다. 매사추세츠 해변에 위치한 외딴 섬 안에 있는 곳이었다. 거기까지 차를 몰고 가면 페리에 차를 싣고 섬으로 들어갈 수 있었다. 그러면 현금인출기에서 한꺼번에 돈을 많이 찾을 필요 없이 하루에 20달러만 인출해서도 신혼여행을 충분히 즐기는 게 가능했다. 그리고 비싼 호텔 대신 작은 오두막을 빌렸다. 그곳에서 분명 낭만적인 신혼여행을 보낼 수 있을 것이었다.

예전에 위니의 가족과 함께 마사의 포도농장에 놀러간 적이 있었다. 열두 살 때, 시끄럽고 어수선한 버몬트 농장 집을 떠나 난생처음으로 혼자 비행기를 타고 위니의 가족 별장으로 놀러 갔다. 테니스 코트와 작은 섬이 있는 호수, 개인 소유 해변을 완벽하게 갖춘 거대한 별장이었다. 위니와 나, 그리고 그녀의 유모는 우리만의 게스트하우스에 머무르며 유모의 라디오에서 흘러나오는 「Hot Child In The City」*를 들으며 서로의 머리를 땋아주고, 좋아하는 남자애 얘기를 하며 잠들었다. 위니의 가족은 우리가 열세 살 때 그 부지를 팔았다. 그녀는 다시는 그곳에 가지 않았다. 하지만 나는 대학 시절 보스턴에서 버스와 페리를 타고 그 포도농장에 가서 외딴 섬에도

* 글램록 가수 닉 길더가 1978년에 발표한 히트곡

가보고, 별장 옆에 있던 개인 소유 해변에도 가보고, 길가에 서서 나무 위로 솟아 있는 별장 지붕도 올려다봤다.

코너는 여기에서 차로 약 세 시간 거리에 살았었지만 마사의 포도농장에 한 번도 가보지 못했다. 아마 사우디의 삭막한 회색 콘크리트 길바닥은 빅토리아 양식의 오두막집과는 몇 백 킬로미터 떨어진 것과도 같았으리라. 우리의 신혼여행이나 여행경비에 대해 단 한마디도 하지 않은 코너는 마사의 포도농장을 신혼여행지로 정하는 데 동의했다.

결혼식 다음날 아침, 우리는 폭스바겐에 짐을 싣고 스트로 드라이브에 있는 호텔에 가서 가족들에게 작별인사를 한 다음 남쪽으로 운전해 93번 국도를 탔다. 도로 한 쪽에 줄지어 있는 과일 가판대에서 코너가 옥수수와 토마토를 사려고 몇 번씩이나 서는 바람에 페리를 놓칠 뻔했다.

"가만히 좀 있을 수 없어? 나도 나만의 신혼여행을 즐겨야겠다고!"

코너는 조수석에서 내게 소리를 질렀다. 그의 두 눈은 어두운 선글라스 뒤에 가려져 있었다. "대체 네 문제가 뭐야? 이렇게 안절부절 못하는 거 정말 짜증나. 나 숨 막혀 죽겠다고. 그리고 나 그럴 듯한 레스토랑에서 점심 먹고 싶어. 잠깐, 우리 저 근사한 과일 가판을 다 지나고 있잖아. 좀 진정해, 레슬리!"

"코너." 나는 한 손을 핸들에서 떼어 손가락을 코너의 얼굴 앞에서 흔들며 단호하게 말했다. "이 페리 예약을 5주 전에 겨우 했어요. 일이 어떻게 돌아가는지 모르는 모양인데, 지금 성수기라 페리를 놓치면 마사의 포도농장에는 갈 수가 없게 돼요. 신혼여행을 길바닥에서 보내게 된다는 말이에요."

"훙." 코너는 열 살 먹은 반항적인 어린이처럼 라디오 볼륨을 높였다.

나는 그의 손을 세게 쥐었다.

"야, 코너, 너 혼날래? 말 좀 들어! 나 1분 단위로 신혼여행을 다 계획했다고. 당신이 이 계획을 망쳐버리도록 두지 않을 테니 알아서 해."

나를 바라보는 그의 두 눈은 여전히 선글라스에 가려 있었다. 그는 몸을 홱 돌리더니 창밖만 계속 바라봤다.

페리 선착장에는 출발 3분 전에야 겨우 도착할 수 있었다. 우리는 화가 난 상태로 페리에 올라탔다. 하지만 페리가 출발해서 바다로 나아가자, 캐이프 곶과 우리의 싸움 역시 멀어져갔다. 페리의 맨 앞에 나란히 서자 코너가 내 손을 잡았다. 소금기가 섞인 따뜻한 바람이 머리카락과 옷깃을 스쳐 지나갔다. 저 멀리 포도농장이 보이기 시작하자 나는 배에서 당장이라도 뛰어내리고 싶었다.

섬의 땅은 다른 곳보다 조금 더 단단했고, 태양은 강렬하게 내리쬐었다. 페리에서 벗어나 코너가 오두막으로 운전해가는 동안 내가 좋아했던 장소가 나오면 환호하며 손가락으로 가리켜 코너에게 알려줬다. 오두막은 게이헤드에서 인가가 드문드문 있는 언덕 꼭대기에 자리하고 있었다. 오두막 안에는 가구가 거의 없는 네 개의 방과 바다가 내려다보이는 앞뜰이 있었다. 자세히 들여다보지 않는 이상 오두막의 토대가 조금씩 썩어 있고 앞뜰의 그네가 약간 녹슬었다는 것을 전혀 모를 정도였다.

코너는 침대에 누워 낮잠을 청했다. 나는 짐을 풀기 시작했다. 그런데 그의 수트케이스를 차와 집안 어디에서도 찾을 수 없었다. 나는 노란색 침실로 발끝을 들고 살짝 들어갔다. 창문으로 들어오는 따뜻한 오후의 바다 바람에 하얀색 커튼이 팔랑대고 있었다.

"코너, 자요?

"응… 거의."

"당신 수트케이스가 없어요. 차에서 꺼내왔어요?"

"무슨 수트케이스, 멍청아." 그가 지친 목소리로 말했다. "난 네가 챙긴 줄 알았는데."

황당해서 그 자리에 서 있었다. 이 사람은 자기 짐을 싸오지 않았다. 나는 그제야 그가 뭘 입고 있는지 알아차렸다. 우리가 버몬트에서 나올 때 입었던 옷 그대로였다. 같은 셔츠에 카고 바지. 그것 말고 다른 옷은 결혼식 때 입었던 턱시도뿐이었다.

"무슨 소리에요? 난 내가 대신 짐 싸준다고 말한 적 없는데."

"난 당연히 네가 내 옷까지 챙기는 줄 알았지. 그게 착한 아내들이 하는 일 아냐?"

"오, 코너." 나는 돌아섰다. 그게 착한 아내들이 하는 일이라고? 수중에 있지도 않은 200달러가 손가락 사이로 빠져나가는 게 보였다. 여행 기간 동안 그가 입을 수영복, 반바지와 티셔츠 몇 벌. 하지만 하도 어이없고 한심한 일이라 애써 웃어버렸다. 그리고 조심스레 방문을 닫고 그가 자게 내버려 두었다.

코너가 잠에서 깬 후, 우리는 에드거타운에 가서 필요한 것을 몇 가지 샀다. 그리고 낡은 자전거를 빌려 타고 좁고 긴 시골길을 달려 위니의 옛날 별장을 찾아 나섰다. 그날 밤 나는 테라스에 앉아 코너에게 스콧 피츠제럴드의 소설집 『다시 찾은 바빌론』을 읽어주었다. 그는 그중 「리츠칼튼 호텔만 한 다이아몬드」를 너무 좋아해 두 번이나 읽어주었다. 해가 지면서 하늘이 빨간색과 핑크색, 오렌지색이 뒤섞이다가 점차 보라색과 검은색에 묻혀 사라졌다. 수평선도 어둠이 내리면서 검은 하늘 속에서 지워졌다.

시간은 천천히 흘렀다. 우리는 낮잠을 늘어지게 자고 뒤뜰에 있는 해먹에서 사랑을 나누고 테라스에서 커피를 마셨다. 예쁜 카드를 써서 내 가족과 코너의 가족, 위니, 결혼식 주례를 본 목사님에게 보냈다. 어느 저녁에는 코너의 팔뚝에 붙어 있던 진드기를 잡아 오븐에다 구웠다. 우리는 다시 어린애들로 돌아갔다. 그리고 신혼여행 기간 동안 우리가 감당할 수 있는 횟수인 딱 두 번의 의식을 했다.

어느 날 오후, 해변을 산책하고 돌아와 오두막 문에 끼어 있는 메모지를 발견했다. 우리가 전날 아침 근처 커피숍에서 만났던 나이 든 여자가 쓴 것이었다. 그녀는 우리가 너무나 예쁘다는 듯 흐뭇한 눈으로 쳐다보았다. 서로 대화를 나누다가 그녀가 지금의 자기 별장을 사기 몇 년 전, 지금 우리가 묵고 있는 오두막에서 여름을 보냈다는 사실을 알게 되었다. 메모지는 그녀의 초대장이었다. 자기 별장에 놀러와 해변에서 승마를 하자는 제안이었다.

"코너, 우리 가요. 너무 재밌을 것 같아요!" 나는 코너를 졸랐다.

그녀가 그려준 약도를 따라 좁고 먼지가 날리는 길을 운전했다. 그런데 아무리 가도 별장이 나오지 않았다. 그리고 나는 길을 잃는 걸 정말로 싫어했다.

"쌍!" 소리를 질렀다.

팔이 올라가는 걸 미처 보기도 전에 코너의 주먹이 내 오른쪽 볼로 날아왔다. 내 얼굴은 핀볼처럼 왼쪽 창에 부딪혔고 뼈에서 '뻑' 하는 소리가 났다. 눈물이 쏟아졌지만 차를 세우지 않았다. 계속 운전했다. 망할 놈. 때리지 말라고. 적어도 신혼여행에서는!

최악은, 이제는 별로 놀랍지도 않다는 점이었다.

몇 분 후 별장을 찾았고 그녀가 회색빛 마구간 옆에 서 있는 것을 발견했다. 조랑말 두 마리가 울타리에 묶여 있었다. 눈 밑을 닦고 경직된 얼굴을 풀기 위해 몇 번 미소를 지어봤다. 덕분에 억지웃음을 지으며 차에서 내릴 수 있었다.

"초대해주셔서 정말 고마워요! 늦어서 미안해요. 길을 찾느라 애를 먹었거든요."

그녀는 내 눈이 부어있고 오른쪽 볼에 주먹만 한 붉은 자국이 있는 걸 알아보지 못한 듯했다. 사실 나는 차에서 내리자마자 "도와주세요! 남편이 나를 때렸어요! 제발 911을 불러요!"라고 외쳐야 했다. 엄마에게 언어폭력을 당할 때 나는 내 자신이 잘못해서 그랬다고 생각했다. 그러나 이번에는 코너가 잘못했다는 걸 확실히 알고 있었다.

코너는 아무 말도 하지 않았다.

우리는 예쁜 갈색 조랑말에 올라탄 후, 그녀에게 손을 흔들어 보이고 해안 길로 말을 몰았다. 오후의 따뜻한 햇볕을 받으며, 조랑말들은 경치가 아름다운 해안 길을 달그락달그락 걸었다. 하늘이 점점 주황색과 금빛으로 물들었다. 우리가 말을 타고 다시 별장으로 돌아왔을 때 하늘은 보랏빛으로 변해 있었다.

그로부터 사흘이 지나갔고 신혼여행은 끝났다. 내가 운전해서 버몬트로 오는 동안 코너는 옆자리에서 잠들어 있었다.

모두가 결혼은 힘든 일이라고 말한다. 아마 코너는 그래서 나를 때렸을 것이다. 이 결혼이 그가 어렸을 때 의붓아버지에게 얻어맞던 시절을 상기시켰을 지도 모른다. 그는 지금 어린애처럼 굴고 있는 것이다. 우리에게 돈이 없는 것, 갑자기 여가 시간이 너무 많이 늘어난 것, 낯선 환경 등 그 모든 게 이유가 될 수 있었다. 나는 그를 사랑했다. 그도 나를 사랑했다. 그는 내게 상처를 주려고 그런 게 아니다. 그거면 됐다.

그렇지 않은가?

버몬트 주 경계에 닿기 30분 전, 작은 차 한 대가 우리 차 뒤를

쏜살같이 따라왔다. 처음엔 작은 점처럼 보이던 차가 우리 차를 금세
따라잡더니 바싹 붙어서 경적을 울리기 시작했다. 놀라서 백미러를
다시 봤다. 뒤차에는 꾀죄죄한 행색의 두 남자가 앉아있었다. 속도를
줄였다. 차가 우리 차 옆으로 와 바싹 붙었다. 운전자는 계속해서
경적을 크게 울렸다. 차는 심하게 흔들리며 도로를 달렸다.

나는 오른쪽으로 핸들을 돌려 차선을 바꾸고 속도를 조금 줄였다.
그리고 앞만 보고 계속 달렸다. 코너가 그새 잠이 깼다. 옆 차는 몇 초간
더 위협하더니 속도를 높여 사라져버렸다.

"너 대체 무슨 헛짓거리를 해서 쟤네들이 저렇게 화가 난 거야?"

코너는 눈을 반쯤 뜨고 소리를 질렀다. 내가 대답하지 않자 그는
상체를 숙여 바닥에서 무언가를 잡았다. 갑자기 빨갛고 노랗고
하얀 것이 머리로 날아왔다. 머리에 충격이 느껴졌다. 그가 점심
때 먹고 남긴 빅맥이었다. 작은 양파 조각과 소스가 머리카락과 귀,
핸들, 그리고 차 변속기에 묻었다. 잔해들은 시간이 지나면서 점점
딱딱해졌다. 나는 닦아내지 않았다.

신혼여행이 즐거웠냐고 묻는 가족과 친구들에게는 이 사실을 말하지
않았다.

6월, 7월, 8월. 여름이 지나갔다.

어느 여름날, 우리는 버몬트의 시골집 근처 호수로 갔다. 엄마는 같은
테니스 팀 사람들과 함께 여행을 가 있었다. 공공장소에서는 블루를
풀어놓을 수 없어서 개인 소유 호숫가에 몰래 들어가 블루의 목줄을
풀어주었다.

푸른 호수는 빛을 받아 반짝반짝 빛났다. 물길은 호숫가와 숨겨진 만 곳곳으로 갈라져 있었다. 푸른 산들이 호숫가를 둘러싸고 있었다. 내 가족 외에는 이 호숫가를 아는 사람이 거의 없었다. 내가 이제껏 봤던 그 어떤 호수들―이탈리아의 코모 호, 스위스의 알프스 호―도 이렇게 숨 막힐 정도로 아름답지는 않았다. 나는 그동안 열여덟 번의 여름을 이곳에서 보냈다.

코너는 집에 빨리 가서 재무관리 수업을 예습해야 한다고 짜증스레 말했다.

그는 우리가―그러니까 '내가'―선크림을 가져오는 것을 잊어서 살갗이 새까맣게 탈 지경이라고 불평했다.

벌레가 그의 다리를 물었다.

근처에는 그가 뉴욕에서 즐겨 먹던 샌드위치, 즉 잘 구워진 소고기 델리 샌드위치를 파는 곳이 없었다.

우리는 호수에 도착한 지 한 시간 반 만에 떠났다.

집에 오는 길에 고속도로 근처 샘에 들러 물을 받았다. 우리 집 수돗물은 쇠맛이 났다. 코너는 신선한 물을 마시기를 원했고―블루에게 주는 물도 물론―심지어 저녁에 이를 닦을 때 쓰는 물도 마찬가지였다.

우리는 물을 살 돈이 없었다. 그래서 나는 3.8리터짜리 우유병 12개를 씻어 물을 가득 채웠다. 나는 알뜰하고, 착한 아내였다.

어느 날 밤, 언제인지 정확히 기억은 안 나지만 어느 여름 밤, 코너는 게스트룸에 있는 핑크색 소파 위에서 나를 짓누르며 관자놀이에 콜트 45구경 권총을 갖다 댔다. 그리고 방아쇠를 당기겠다고 위협했다.

무서웠던 것 같지는 않다. 그가 진짜로 쏠 것이라 믿지 않았으니까.
그 안에 총알이 장전되어 있는 걸 알았음에도.

내 얼굴 측면에 난 총구 모양의 둥근 멍은 이틀 동안 가시지 않았다.

9월의 한 화창한 화요일이었다. 나는 「베닝턴 매거진」에서 큰 외주
일을 하나 따냈고, 덕분에 연소득이 두 배로 늘었다. 코너는 축하의
의미로 저녁을 차렸다. 집에 있었는지도 몰랐던 초와 냅킨을 꺼내
식탁에 놓고 이전 주인이 놓고 간 그릴 판을 창고에서 꺼내 스테이크를
구웠다.

나는 청반바지에 버몬트 대학교 후드티 차림으로, 그가 한 시간 전에
오븐에 넣고 구웠던 감자를 찾는 모습을 지켜보고 있었다. 감자는 열을
가해놓은 낡은 오븐 안에 없었다. 그는 식료품 장을 열어보고 심지어
쓰레기통을 뒤지기도 했다. 그 와중에도 계속 콧노래를 불렀다.

"야 멍청아, 감자 어디에 숨겼어?" 코너는 그렇게 말하며 날 보고 슬쩍
웃었다.

마침내 그가 냉장고 안에서 감자를 찾아냈다. 감자 두 개는 오븐
내부의 판과 똑같은 높이의 냉동실 칸 얼음 트레이 옆에 놓여 있었다.

결국 감자가 없는 저녁상 위에 촛불을 밝히고 저녁식사를 했다.
코너는 그날 아침 사내 카페테리아에서 상사에게 커피를 사주려다가
무안당한 이야기를 들려줬다.

"그렉이 나를 미친놈처럼 쳐다보더라고. 시어스에서 산 99달러짜리
양복을 입고서 말이지. 이런 촌구석에서는 상사에게 35센트를 쓰는 게
무슨 하극상으로 여겨지는 모양이야."

블루는 살코기에서 떼어낸 뼈를 정신없이 씹고 있었다. 그러다
우리와 눈이 마주치자 갑자기 씹던 걸 멈추고 의심스러운 눈으로
쳐다보더니, 얼른 일어나서 뼈를 물고 거실로 쏜살같이 뛰어갔다.
코너와 나는 숨이 멎을 듯 웃어댔다.

아홉 시쯤, 집 앞 길가는 어둡고 조용해졌다. 코너가 부엌을 정리하는
동안 나는 욕실에서 샤워를 했다. 욕실 창문은 몇 년 동안 한 번도 열지
않은 모양새였고 바닥에는 핑크색 타일이 깔려 있었다.

가운을 입고 침대로 기어들어가 책을 들었다. 침실은 1층에 있었고
커다란 창문이 세 개가 나 있어 길이 훤히 보였다. 맞은편 3층 집에는
부부와 10대 딸 세 명, 활기찬 개 두 마리, 그리고 관절염에 걸린 늙은
샴고양이가 살고 있었다. 그 집 남편은 「뉴 잉글랜드 먼슬리」를
구독하고 있었는데, 내가 뉴햄프셔에 있는 프랭크 로이드 라이트*의
유소니언 주택**에 대해 쓴 기사와 레스토랑 리뷰를 좋아한다고
말했다. 수다스럽고 건장한 아내는 아침 일곱 시부터 새빨간 립스틱을
칠하고 개를 산책시키곤 했다.

우리는 하루 종일 창문에 블라인드를 내리고 있었다. 그렇지 않으면
우리 침대에서 이웃의 텔레비전 화면이 보였다. 가끔 불을 다 껐을 때
이 텔레비전 불빛이 들어와 편리하기도 했다.

코너는 옷을 다 벗고 침실로 들어와, 거리와 가장 가까이 있는 창에
달린 블라인드를 가지런히 폈다. 코너는 아침에 블라인드 사이로
햇빛이 들어오는 걸 무척 싫어했다. 그는 창 밑까지 블라인드를 늘리기
위해 밑으로 세게 한번 당겼고, 이 탓에 블라인드는 탄력을 받아
천장으로 휙 말려 올라갔다.

길 건너편, 움직이는 텔레비전 화면을 배경으로, 소녀 세 명의 얼굴과
이들 아버지의 얼굴, 그리고 샴고양이의 붉은 두 눈이 모두 코너를

응시하고 있었다. 코너는 버몬트에 있는 동안 살이 좀 쪘다. 그는
뱃살을 두드리며 "행복한 결혼생활의 증거라고!"라며 농담을 던지곤
했다. 밖에도 별로 나가지 않은 탓에 피부는 칙칙하고 파리하게 변해
있었다. 불빛에 비친 그는 마치 발가벗은 호머 심슨처럼 보였다. "코너!"
내가 소리쳤다. 그는 너무 놀라 막대사탕처럼 가만히 서 있었다.

　나는 「루니툰」*에 나오는 로드러너**처럼 잽싸게 램프의 스위치를
눌러 불을 껐다. 그리고 블라인드를 내렸다. 우리는 어둠 속에서
침대에 쓰러진 후 서로를 붙잡고 큰 소리로 웃기 시작했다. 양 볼과
배가 아파올 때까지.

　10월. 위니가 방문했다. 나는 결혼식 이후 그녀를 한 번도 보지
못해서, 보고 싶어 안달이 나 있었다. 그러나 한편으로는 보고 싶지
않았다. 아니, 그 누구도 보고 싶지 않았다. 결혼생활이 행복하다는
거짓말을 하고 싶지 않았다. 물론 가끔은 그게 진실이기는 했어도.

　"아니, 그 여자는 할 일이 그렇게 없대? 캠브리지에서 여기까지
운전해서 올 정도로 그렇게 한가해?"

　전날, 아침에 블루를 데리고 동네를 산책하는 동안 코너가 말했다.
"그러지 말고 나랑 같이 점심 먹자. 나는 네 남편이야. 걔는 그냥
친구고."

　"결혼식 이후 위니를 한 번도 보지 못했어요. 그녀는 이 근방에 사는
유일한 친구라구요."

　나는 몇 번이나 했던 말을 다시 반복했다. 위니는 코너가 출근한 후
늦은 오전에 오기로 했다. 그리고는 오후 늦게 뉴햄프셔에 있는 대학

친구들을 만나러 떠날 예정이었다. 그녀가 코너를 보지 않게 돼서 무척 다행이었다. 예전에 코너는 위니 앞에서 렉스를 은근히 모욕하는 말을 집요하게 했고, 나는 그 자리에서 사라져버리고 싶었다. 나는 그가 왜 그랬는지 정확히 몰랐다. 아마 (1)샘이 났거나, (2)내게서 위니를 떨어뜨리고 싶었거나, 또는 (3)나를 열받게 하려고 그랬을 것이다. 셋 다일 수도 있고.

코너와 블루, 그리고 나는 마지막 모퉁이를 돌아 집으로 돌아왔다. 집 외벽은 내가 하얀색 페인트를 그렇게 겹겹이 발랐는데도 불구하고 아직도 칙칙한 녹색으로 보였다. 우리는 먼지가 쌓인 차고로 들어갔다. 낡은 처마에는 거미줄이 매달려 있었다. 목줄을 풀어주자 블루는 나무 계단을 잽싸게 뛰어 부엌으로 올라갔다. 흡사 그 누구보다 빨리 계단 끝까지 올라가는 게 개 인생의 최대 임무인 것처럼. 몇 주 전 블루는 뒷문으로 뛰어 나가다가 유리문에 세게 부딪쳐 앞발의 힘줄이 끊어졌다. 살아 있는 게 신기할 정도였다. 가끔 나도 저렇게 유리문을 뚫고 나가 가족에게로, 또는 가족으로부터 피신하고 싶은 마음이 간절했다.

"여기 아직도 기름 냄새가 진동하잖아."

코너는 세탁실을 지나 부엌으로 난 계단을 오르며 볼멘소리로 말했다. 늘 똑같이 불평했기 때문에 미처 그의 목소리에 깔려 있는 위니의 방문에 대한 불쾌감을 알아채지 못했다.

군데군데 금이 가고 페인트가 벗겨진 나무 계단을 무심코 오르고 있었다. 나보다 두 칸쯤 먼저 오르던 코너가 어깨 너머로 흘끔 보며 쉰 목소리로 말했다. "내 빨래 다 해놨어?"

"아뇨 아직." 나는 세탁실을 내려다보며 말했다. "아마 아직 세탁기 안에 있을 거예요."

그가 갑자기 몸을 돌리더니 계단을 막아섰다. 그의 얼굴에 혐오가
가득했다. 나는 갑자기 멈추다가 중심을 잃었다. 그는 무술을 배운 후
자신을 위협하는 의붓아버지를 밀쳐 땅바닥에 내리꽂았을 때처럼 두
팔을 뻗어 나를 힘껏 밀었다.

"빨리 안 할래?"

그의 악다문 이 사이로 분노에 찬 목소리가 비어져 나왔다.

나는 뒤로 휘청이면서 계단 난간을 붙잡았지만, 다리에 힘이
빠지면서 계단 밑으로 굴러 떨어졌다. 차가운 땅바닥에 넘어져 숨도
못 쉬었지만 어디가 부러진 것 같지는 않았다. 갑자기 지하실이
깜깜해졌다.

내게 괜찮냐고 묻는 대신 코너는 계단 끝까지 혼자 올라가 지하실
불을 끄고 나갔다.

나는 현관 앞 계단에 앉아 커피를 두 잔째 마시며 위니를 기다렸다.
마침내 차 엔진소리가 들리고 디젤 벤츠가 나타났다. 위니가 차에서
내리자마자 서로를 보며 웃기 시작했다. 우리는 둘 다 똑같이 노란
원피스를 입고 있었다. 나는 그녀를 오랫동안 꼭 껴안았다. 전날
계단에서 넘어진 충격 때문에 위니가 팔을 두른 허리 부분에서 통증이
느껴졌다. 다행히 옷 밖으로 보이는 부분에는 멍이 없었다. 나는
진실을 말하지 않을 작정이었다. 그러고 싶지도 않았다. 하지만 그녀가
멍을 발견하면 꼼짝없이 털어놓을 수밖에 없을 터였다.

우리는 푸른 잔디가 깔리고 울긋불긋 단풍 든 나무들로 둘러싸인
뒤뜰에 앉아, 가을 햇살을 받으며 샐러드와 파스타를 놓고 긴 대화를

나눴다. 로맨스 소설 표지에 등장할 것만 같은 황금색 새 두 마리가 뜰 주위를 날아다녔다. 칙칙한 녹색 벽에 가구도 없고 온통 담배 연기가 찌든, 병동 같은 싸구려 집에 딸린 뜰이라고는 상상도 할 수 없이 아름다웠다.

"위니, 내가 어떻게 여기까지 흘러왔을까?" 나는 믿지 못하겠다는 듯 말했다. "뉴욕에서 싱글 생활을 즐기며 「세븐틴」에서 일하던 게 엊그제 같은데, 이제 나는 남편에 집에, 개에… 대체 어쩌다 이렇게 된 거지?"

그녀는 내 어깨를 감싸며 웃었다. 하지만 난 진심이었다.

코너가 폭스바겐을 타고 출근해서 위니가 오후에 나를 「베닝턴 매거진」에 데려다 주기로 했다. 코너는 오후 여섯 시에 나를 데리러 오기로 했다. 그런데 고속도로를 잘 달리던 위니의 벤츠가 갑자기 멈추더니 시동이 꺼져버렸다. 그녀는 다시 시동을 켜봤지만 낡은 벤츠는 도무지 시동이 걸릴 기미가 보이지 않았다. 나는 근처 공중전화로 달려가 코너의 회사로 전화를 걸어 이 사실을 전해달라고 말했다. 코너가 이를 전해 듣고 우리를 태우려고 바로 출발했지만, 그 사이 견인차가 도착해서 우리와 차를 싣고 정비소로 떠나버렸다.

나는 코너가 「베닝턴 매거진」 사무실 입구에서 나를 기다리는 것을 본 후에야 일이 대체 어떻게 된 건지 알았다. 차에 타자마자 코너가 소리를 지르기 시작했다.

"제기랄, 레슬리, 어디 있었어? 메시지 전해 듣고 나왔는데 왜 거기 없었어! 나 이런 거 못 참아! 이럴 순 없는 거야!"

그는 화가 머리끝까지 나서 발을 구르는 어린애처럼 굴었다. 너무 화를 내서 뭐라고 대답해야 할지 몰랐다.

그가 차에서 내리더니 나를 쳐다보지도 않고 말했다.

"운전 네가 해."

나는 최대한 집에 빨리 가고 싶어 고속도로를 빨리 달렸다. 시속 100킬로미터에 거의 다다랐을 때, 코너가 갑자기 내 오른쪽 뺨을 주먹으로 때렸다. 나는 시선을 돌리지 않고 차선을 지켰다.

"미쳤어? 지금 운전 중이잖아요!"

나는 깜빡이를 켜고 차를 오른쪽 차선으로 몰았다. 속도를 낮췄다. 그는 나를 보며 히죽 웃었다.

"진짜 미친 게 뭔지 보여줄까?"

나는 코너가 점화장치에서 자동차 키를 뽑는 걸 멍하게 지켜봤다.

핸들이 '달칵' 하면서 잠겼다. 계기판의 속도는 90킬로미터를 가리키고 있었다.

"코너!"

그는 여전히 나를 보고 히죽대고 있었다. 비상등을 켜고 브레이크를 약하게 밟았다. 차는 서서히 갓길로 들어가기 시작했다. 왼편에 있던 차들이 경적을 미친 듯이 울려댔다. 차가 드디어 멈춰 섰다. 손이 덜덜 떨리는 걸 주체할 수 없어 핸들을 꽉 쥐었다.

"코너, 키 내놔요."

나는 침착하게 대응하려고 기를 썼다. 그가 키를 건네줬을 때 나는 땀에 젖은 손으로 받아들고 숨을 깊게 들이마셨다.

"정말 멍청한 짓이었어. 우리 둘 다 죽었으면 좋겠어요?"

그의 얼굴에서 부자연스러운 미소가 사라졌다.

"운전이나 해. 지금 당장."

그가 명령조로 말했다. 나는 대답할 가치를 못 느꼈다. 나는 집까지 천천히 차를 몰았다. 집에 도착하자마자 저녁으로 파스타를 요리하기 시작했다. 그가 한 짓을 생각하지 않으려 애썼다.

냄비 안에서 파스타 면이 익고 있을 때, 전화벨이 울렸다. 위니였다.

"위니, 안녕. 지금 어디야? 다트머스까지 무사히 갔어?"

어깨 너머로 코너를 쳐다봤다. 그는 거실에서 블루의 등을 쓰다듬고 있었다. 내 목소리가 거기까지는 들리지 않을 것 같았다.

"응, 나 지금 태머라의 아파트에 있어. 네가 떠나고 몇 분 있다 버스가 왔거든. 내일 집에 갈 때 버스 타려고. 아까 정비소에 전화해봤는데, 엔진에 문제가 있대. 고칠 수는 있는데 일주일 정도 걸린다고 하더라. 혹시 너 다음에 보스턴 올 때 내 차를 가지고 와줄 수 있어?"

"물론이지, 걱정 마. 가능한 빨리 가도록 해볼게."

내 목소리가 이상하게 들리진 않겠지?

파스타 면이 끓어 넘치기 시작했다.

"망할, 잠깐만." 냄비를 잡아서 싱크대로 옮겼다.

"얘 너 괜찮아? 너 좀⋯ 정신이 없어 보인다,"

"아, 괜찮아. 오늘 와줘서 정말 고마웠어. 그리고 차 그렇게 된 거 정말 미안해."

"아냐, 네 잘못도 아닌데 뭘."

코너는 블루를 쓰다듬기를 멈추고 신경질적으로 신문을 폈다. 저녁 준비가 왜 이렇게 오래 걸리느냐는 신호였다. 통화를 너무 오래 했나 보다. 내가 위니와 통화하는 걸 알아채기 전에 빨리 끊어야 했다. 만약 내가 위니에게 그가 계단에서 날 밀어버린 것과 주행 중 자동차 키를 뽑아버린 이야기를 했다고 생각한다면? 그는 그 짧은 결혼 기간 동안 내게 많은 짓을 했다. 그리고 그는 그런 짓을 저지르면서 스스로도 주체할 수 없는 듯했다. 상황을 지금보다 더 나쁘게 만들 수는 없었다.

"아, 난 괜찮아. 그냥 좀 피곤해. 긴 하루였잖아. 음, 위니, 아까 만나서 너무 좋았어. 와줘서 정말 고마워. 정말! 고마워!"

나는 코너가 듣게 일부러 크게 말했다.

전화를 끊은 후 푹 퍼져버린 파스타 면을 체에 밭쳤다. 파스타 면이 대걸레에 붙은 두꺼운 실처럼 대롱거렸다. 그래, 위니의 말대로 난 너무 '정신'이 없었다.

코너가 식탁에 앉아 파스타를 한입 먹더니 왼손으로 접시를 식탁 밖으로 밀어서 떨어뜨렸다. 나는 바닥에 굴러다니는 채소 조각과 파스타 면을 멍하게 쳐다봤다.

코너는 주먹을 쥐고 이를 악문 채 말했다.

"레슬리, 이런 똥 같은 걸 나한테 먹으라고 준 거야? 어렸을 때 웨이드네 애들이 먹고 난 다음에 내가 먹던 음식물 찌꺼기 같잖아!"

나는 말없이 내 접시를 들고 나가 뒤뜰에 앉았다. 가을밤의 시원한 공기를 가득 들이마시며, 오후에 위니와 보냈던 행복한 시간을 돌이켜봤다. 아까 도로에서 얼마나 끔찍한 사고가 날 뻔했는지 상상하지 않으려 애썼다. 내 삶은 이것보단 나을 수 있었다. 그래야만 했다.

엉망이 된 부엌을 정리하고 침실로 들어갔을 때 코너는 침대에서 잠들어 있었다.

그 다음주, 위니의 차를 몰고 보스턴으로 갔다.

나는 위니 커플이 사는 하버드 경영대학원 학생 아파트의 거실에 앉아 있었다.

어렵지 않게 말이 나왔다.

"위니, 나 말할 거 있어. 코너가 가끔 날 때려."

지난 2주간 내 목을 조르고 계단 아래로 밀어 떨어뜨리고 고속도로에서 자동차 키를 빼든 세세한 일은 빼놓고, 그냥 단순하게 말했다. 자세한 내용은 도저히 말 못 할 것 같았다.

위니가 숨을 멈췄다.

"완전 개새끼네. 레슬리, 지금 당장 거기서 나와. 여기서 나랑 같이 있자."

나는 한숨을 내쉬며 말했다.

"그렇게는 못 해, 위니. 그는 단순히 불행했던 어린 시절을 벗어나고 있지 못할 뿐야. 좀 있다가 둘이 상담 받으러 가기로 했어."

그녀는 내 친구였다. 그녀는 사랑이 뭔지 알고 있었다. 그녀는 날 이해하려 애쓰고 있었다. 그녀의 얼굴이 괴로워보였다.

"알겠어. 너한테 무슨 일이 생길까 무서워. 난 코너를 좋아해. 그리고 네가 그를 얼마나 사랑하는지도 잘 알아. 하지만 그는 병이 있어. 도움을 받아야 돼."

나는 그녀의 두려움을 느낄 수 있었다. 코너가 나에게 한 짓 때문에 그녀가 괴로워하는 건 원치 않았다. 위니는 손으로 두 눈을 감쌌다.

"누군가에게는 이 사실을 말해야만 했어. 너 아니면 내가 말할 사람이 누가 있겠니? 그치만 난 그를 떠날 수 없어."

모든 여자가 코너를 포기했다. 나는 그러지 않을 것이다. 그에게는 기꺼이 도움을 줄 정도로 그를 사랑하는 여자가 필요했다. 그게 나였다. 위니는 그 부분을 이해 못 했다. 물론, 누구도 이해 못 했다.

위니는 한숨을 쉬더니 나를 쳐다봤다.

"레슬리 나랑 약속해. 다음에 또 그러면 내게 전화해. 그리고 여기 아무 때나 와도 좋아."

"알겠어, 위니. 약속할게."

에드 호리건이 현관문으로 들어올 때부터 그가 코너의 다른 직장 동료들과는 확연히 다른 존재라는 것을 알 수 있었다. 에드는 퇴근 후 코너를 집까지 데려다 줬다. 다른 동료들이 코너를 길가에 내려준 것과 다르게 에드는 인사하러 집에 들어왔다. 큰 키에 짧게 깎은 짙은 색 머리카락, 얇은 테의 안경을 쓴 모습은 내 아버지를 연상시켰다. 물론 좋은 면으로.

"레슬리, 만나서 반가워요." 그가 예의바르게 손을 내밀었다.

"에드, 이리와. 집 구경시켜줄게."

코너는 저쪽에서 에드에게 손짓했다. 에드는 내게 고개를 가볍게 끄덕여 보이더니 코너에게 걸어갔다.

"잠시만요. 에드, 혹시 물이나 커피, 아니면 콜라 마실래요?"

"아, 좋아요. 팝으로 주세요."

팝? 탄산음료를 팝이라고 부른 거지? 그는 보스턴 출신임에 틀림없다.

역시 그랬다. 그는 그날 오래 머물며 우리와 함께 저녁식사를 했다. 그는 내가 만든 스파게티를 배고픈 눈으로 쳐다봤다. 내 음식을 보고 군침을 삼키다니. 분명 버거킹이나 피자헛에서 대충 식사를 때우는 사람이리라. 그는 식탁에 천을 씌우지 않았다는 사실을 눈치채지 못했다.

나는 저녁을 먹는 그에게 질문을 던졌다.

"전 사우디 옆에 있는 록스베리라는 동네 출신이에요. 록스베리는 내가 자랄 때는 사우디와 거의 비슷했죠. 부모님은 아직도 그 집에서 사세요. 그들에게 물어보면 아마 변한 게 아무것도 없다고 대답할 거예요. 하지만 사실, 오직 우리 집만 변하지 않았어요. 이제 그 동네는 그래피티가 잔뜩 그려진 건물들과 녹슨 차로 가득하거든요. 부모님은 독서와 언어 습득에 푹 빠져서 동네가 어떻게 변했는지도 몰라요."

"언어요?"

"아, 말씀을 안 드렸지. 아버지는 언어학자예요. 열 개가 넘는 외국어를 구사하죠. 대부분 책을 보고 혼자 배우셨어요. 그중 한두 언어는 할 줄 아는 사람이 주위에 아무도 없어서 자기 혼자 대화하곤 해요. 서재 문밖으로 아버지가 몇 시간 동안이나 혼자 대화하는 소리가 들리곤 했어요. 왜 그런 사람들 있잖아요, 너무나 영묘해서 대출 이자를 제때 낸다든지 자기 애들 발에 꼭 맞는 신발을 산다든지 하는 일상적인 일은 저어하는 그런 종류의 사람."

에드가 웃었다. 나는 놀라서 허리를 곧추세웠다. 세상에. 버몬트에 '영묘한'과 '저어하다'라는 단어를, 그것도 한 문장에서 구사하는 사람이 있다니.

"학교도 록스베리에서 나왔어요?"

나는 어떻게 두 지식인의 아들이, 게다가 호리호리한 체구에 안경을 쓰고도 보스턴의 공립학교에서 살아남을 수 있었는지 도무지 이해가 되지 않았다.

"음, 열네 살 때 시험을 봐서 보스턴 라틴 스쿨에 들어갔어요. 들어봤어요? 꽤 명문이에요. 거기서 장학금을 받고 하버드에 진학했죠. 당신도 하버드 출신이죠?"

고개를 끄덕였다.

"87년 졸업이요."

"제가 졸업한 이후네요. 아무튼, 저는 집에서 학교를 다녔어요. 돈을 아끼려고 그랬죠. 아마 내가 하버드 역사상 유일하게 록스베리에서

하버드 스퀘어를 하루에 두 번씩 오간 학생일 거예요. 그리고 난

'더드'였어요."

"진짜요? 농담 아니죠? 나도 더드였다구요!"

코너는 내내 한 마디도 하지 않았다. 그는 우리가 무슨 말을 하는지 하나도 못 알아듣고 있었다. 더드는 '더들리 하우스'의 준말로, 캠퍼스 밖에서 생활하는 학생들이 식사를 하는 곳이었다. 보통 특이한 괴짜 학생들과 외국인 관광객, 신경쇠약에 걸리거나 재활원에서 나온 지 얼마 안 되는 20대 초반 학생들이 이곳에 주로 상주했다. 하버드 내에서도 독특한 집단이었다.

"아하, 어쩐지 당신이 왠지 맘에 들더라니." 에드가 미소 지었다. "예전에 코너가 당신이 하버드 출신이라고 말했을 때 좀 걱정스러웠어요. 근데 더드라니, 이제 완전히 마음이 놓이네요."

코너는 우리가 하버드 얘기를 계속하면 정말로 열받을 것이다. 하지만 멈출 수가 없었다.

"그런데 어떻게 여기까지 온 거예요?"

"나도 당신과 코너와 비슷한 생각이었어요. 좀 긴 얘긴데… 하버드 경영대학원에서 온 합격통지서가 아버지 책상에 뜯지도 않은 채로 다섯 달 동안 있었어요…. 나중에 정말로 너무 할 일이 없을 때 이 처절한 이야기를 들려드릴게요. 지금 회사에서는 회계사로 5년 동안 일하는 중이에요. 그동안 다른 회사에 이력서를 내봤는데 아무도 날 받아주지 않네요."

그가 다시 미소 지었다. 오래 전 잃어버렸던 오빠를 찾은 것 같은 기분이 들었다.

에드는 코너에게 몸을 돌렸다.

"어이 친구! 하버드 얘기만 해서 미안. 자네 진짜 좋은 아내를 뒀어.

나 이제 지하실을 좀 둘러보고 싶은데."

에드가 내게 윙크했다.

코너는 미끼를 덥석 물고 벌떡 일어섰다. 이제 남자들끼리의
시간이다. 내가 부엌에서 설거지를 하는 동안 코너는 차고에서
에드에게 전기톱과 둥근 날 같은 연장들을 보여줬다. 그가 고집
부려서 샀지만, 절대, 한 번도, 정말이지 단 한 번도 쓴 적이 없는
도구들이었다. 다른 남자들에게 자랑할 때만 빼고.

그날 이후 에드는 자주 놀러왔다. 셋이서 식탁에 앉아 하버드
얘기와 에드의 최근 여자친구에 대해 수다를 떨며 웃어대는 순간에는
추레하고 썰렁한 부엌이 시야 밖으로 사라지고 없었다. 에드는 책을
가방 한가득 가져다주었다. 내 기사의 초안을 다 읽어보기도 했다.

어느 날 밤, 그가 나를 보자마자 웃기 시작했다.

"혹시 당신 초록색 드레스 있어요?"

그가 여전히 웃음을 참지 못하며 물었다. 코너는 의심스러운
눈초리로 그를 바라봤다.

"음, 있긴 있죠. 그런데 이 근처에서는 거의 안 입어요."

이 사람이 대체 뭘 한 거지? 내 옷장을 뒤져본 건가?

"음, 지난주 금요일에 시내에서 그렉과 저녁을 먹었어요."

금요일은 내가 실크로 된 초록색 드레스를 입고 맨해튼에 갔던
날이었다. 결혼식 이후로 한 번도 입지 않았던 나들이 복장이었다.
그날은 「세븐틴」의 새로운 에디터와의 미팅이 있던 날이다. 그녀는
캐시가 「지큐」로 옮긴 후 후임으로 들어왔다.

"저녁을 다 먹고 차로 걸어가던 중이었어요. 그날 사무실에 안경을
놓고 와서 전방 1미터밖에 볼 수 없었죠. 그런데 저쪽에서 금발 여자가
초록색 옷을 입고 우편물을 가득 안은 채 걸어가고 있더군요. 그래서

생각했죠. '이 동네에서 저러고 다니는 여자는 딱 한 명밖에 없어.'"

그래, 우리 모두 이곳에 어울리지 않는 사람들이었다.

「베닝턴 매거진」 사무실을 나서면서 목에 스카프를 둘렀다.
잡지에 인쇄될 기사를 교정보느라 긴 오후를 보낸 후였다. 10월의
찬바람이 바닥에 떨어져 있던 마른 낙엽을 날렸다. 나는 두 블록을 걸어
공공도서관의 큰 이중문을 열었다. 이곳은 목요일에 밤 여덟 시까지
문을 열었다.

내가 「세븐틴」을 그만둔 지 딱 1년이 되는 날이었다. 버몬트에서
맞는 두 번째 가을이기도 했다. 겨울이 오고 있었다. 우리는
부부상담을 시작했다. 3개월 동안 세 명의 상담사를 거쳤다. 처음에는
건강보험에서 지원해주는 상담사를 시험 삼아 한 명 만나보았다.
코너는 두 번째로 만난 나이 든 여자 상담사를 싫어했는데, 자기
어머니와 비슷해 보인다는 이유였다. 그 다음으로 찾은 상담사는
남자였고 코너는 별로 불만이 없었다. 우리 둘 다, 어떤 상담사에게도
코너의 폭력 사실을 언급하지 않았다. 우리는 서로에게도 이에 대해
말을 한 적이 없었다. 말이 안 되지만 사실이었다. 이에 대해 언급하는
순간, 그때는 돌이킬 수 없는 진실이 될 것 같았다. 우리 둘 다 그의
폭력이 예상할 수 있는 일이라기보다는 가끔 나타나는 비정상적인
사건이라 믿어야만 했다.

도서관에서 이에 대한 책을 찾아보고 싶었다. 어떤 사람들은
가정폭력을 당하는 여성들이 배우자의 폭력성을 자극한다고 말했다.
이는 사실이 아니었다. 나는 실제로 실험을 해봤다.

나는 코너가 때릴 만한 짓을 하지 않았다. 그리고 어떻게 해서도 그의 폭력을 제지할 수 없었다. 그는 나를 때리면서 지금 무슨 짓을 하고 있는지 잘 안다는 식으로 굴었다. 그는 나 이전의 다른 여자들에게도 손을 댄 게 분명했다.

폭력은 언제나 코너가 먼저 휘둘렀다. 가끔 나도 할 수 있는 한 세게 그를 때렸다. 하지만 내 주먹 한두 방은 그를 더 화나게, 그리고 더 급격히 폭력적으로 만들었다. 내 미약한 주먹질을 느끼기나 했으면 말이지만.

가끔 나는 일부러 아무 말도 하지 않고 아무 행동도 하지 않았다. 그가 폭력을 행사하기 시작할 때 나는 뒤로 물러서서 눈을 똑바로 뜨고 몸을 감쌌다. 이렇게 얌전히 있는 것도 그를 멈추게 하지 못했다. 심지어 덜 때리지도 않았다.

"혹시 가정폭력에 대한 심리학 책이 있나요?"

중년의 도서관 사서에게 물었다. 목소리가 갈라져 사서는 물론 나도 흠칫 놀랐다. 뺨과 목이 붉어지는 것을 느꼈다. 그녀는 말없이 안경을 치켜 올리고 나를 쳐다보았다. 그러고는 뒤쪽으로 나를 안내했다. 그녀는 주름진 검지로 줄지어 꽂혀 있는 두껍고 무거운 책들을 가리켰다.

어이없을 정도로 완곡한 단어였다. '가정폭력'이라니. 나는 그중 네 권을 골라 들고 도서관 구석에 있는 한 방에 들어갔다. 안에는 아무도 없었다. 의자에 앉아 책을 폈다.

서론과 앞의 몇 챕터를 주르륵 넘겼다. 책 본문에는 피해자 여성과 가해자 남성의 사진이 없었다. 아마 법적인 문제 때문이겠지. 사진이 없어서 책 속의 이야기가 더 현실적으로 느껴졌다.

내 상황과의 연관성을 생각하며 한 챕터의 도입 부분을 읽었다.

가정폭력 직후 남성이 극도로 미안해하면서 지속되는 '애정의 시기'가 분명히 있음에도 불구하고, 남성이 여성을 때릴 때는 "난 널 증오해"라고 말한다.

애정의 시기? 나는 책을 덮었다. 그녀는 한 번도 사과하지 않았다. 그는 폭력을 휘두른 다음날 아침 빨간 장미 꽃다발을 안겨주는 뻔하고 감상적인 짓은 폭력이 자기 잘못이라고 인정함과 동시에 위신을 떨어뜨리는 짓이라고 생각했을 것이다. 그리고 증오? 우리의 관계는 증오가 아니라 사랑에 기반하고 있었다.

"나는 그를 말로 표현할 수 없을 만큼 사랑해, 위니." 며칠 전 내가 걱정되서 전화를 건 위니에게 말했다. "이런 감정을 느낄 수 있어 행운이라고 생각해. 그는 똑똑하고, 웃기고, 너무나 매력적이야. 나는 그와 '언제까지고' 함께 있고 싶어. 그의 어머니는 그를 지켜주지 않았어. 그러니 그가 화를 낸다고 해서 그를 비난할 수 있을까? 그는 도움이 필요해. 내 도움. 너도 네 소울메이트를 버리지는 않을 거잖아."

위니의 깊은 한숨이 들렸다.

"알아, 레슬리. 네가 그렇게까지 사랑하는 사람을 만나서 정말 행운이라고 생각해. 하지만 그렇다고 해서 그가 너를 때려도 된다는 말은 아냐." 그녀는 단호하게 말했다. "그는 자기가 한 일에 대해 책임을 져야 해. 그리고 당장 폭력을 멈춰야 하고."

"내가 어떻게 폭력을 멈추게 할 수 있을까?"

"몰라. 정말 모르겠어. 가끔 네가 그를 떠나는 것 외에는 다른 방법이 없을 거란 생각이 들어. 물론 영원히는 아니고, 그가 깨달을 때까지만."

"아마도. 그거 괜찮은 생각인 것 같다. 하지만 그에게 통하지 않을 걸."

그렇게 하면 코너는 나를 아예 마음에서 지워버릴 거였다. 내가 '잠시'만 떠나있어도 그는 버림받았다고 생각할 거였다. 나는 이제껏 그를 버린 여자들의 긴 명부에 추가되기는 싫었다.

나는 다시 책에 집중했다. 주위는 조용했다.

모든 통계가 여성에 관한 것이었다. 왜 남성이 가정폭력을 행사하는지에 대한 조사는 없는 거지? 남녀 관계에서 벌어지는 폭력이 여성만의 잘못이라는 건가? 여성이 맞을 짓을 했기 때문에? 여성이 폭력에도 불구하고 떠나지 않았기 때문에?

그동안 같은 질문을 수백만 번 들었다.

"왜 여성들은 폭력적인 관계에서 벗어나지 못하는 걸까?"

마치 심각할 정도로 멍청하거나 자존감이 아예 바닥인 여자들만이 이런 일을 당하고도 벗어나지 못한다는 뉘앙스였다.

왜 나는 떠나지 않았는가?

떠나려고 생각했었다. 한밤중 차를 타고 운전해서 집을 떠나본 적도 수십 번이다. 떠나는 일은 쉬웠다. 그렇게 몇 블록 가고 나면 어디로 향할지 난감해졌다. 내 집에는 그가 산다. 그는 출근할 때 이 차가 필요하다. 식료품을 사고 집 대출을 갚고 학자금 대출을 갚으려면 이 차를 타고 출근해서 돈을 벌어야 한다. 하지만 내가 떠나지 않은 진짜 이유는, 그를 사랑하기 때문이었다. 떠나는 것은 우리 집, 삶, 꿈, 그리고 내 일부—너무 소중해서 무슨 일이 있어도 사랑할 수밖에 없는—까지 모두 버린다는 뜻이었다. 나는 내 일부를 남겨 놓고 떠나기 싫었다.

어떤 책에도 내가 알고 싶은 정답이 없었다.

'왜 코너는 나를 때리는 걸까?'

그는 내가 그를 사랑하고 도와주길 원한다는 사실을 알고 있었다. 그러면서도 우리가 함께 쌓아온 것을 모두 파괴했다. 코너는

의붓아버지가 목을 조르던 게 생각난다며 여전히 아침마다 넥타이를
매는 것을 힘거워했다. 이제는 내 몸에 생긴 멍을 가리기 위해 입는
터틀넥 스웨터가 내 목을 조였다. 코너가 가진 독이 내게 번져왔다.

책 속의 한 구절이 설득력 있었다. '폭력적인 남성들은 배우자가
떠나지 못하게 하려고 일부러 고립시킨다.' 그래서 코너가 버몬트로
이사하자고 한 건가? 뉴욕에서 어울리는 친구들과 이웃들과
동료들에게서 나를 떨어뜨려 놓으려고? 한 챕터에서는 피해
여성들에게 가장 위험한 순간이 떠나기로 결심한 때라고 나와 있었다.
더 이상 잃을 게 없다고 판단한 남성은 심지어 여성을 죽이기도 한다는
것이다.

사서가 슬며시 방에 들어오더니 귀에 대고 속삭였다.

"찾고 싶은 건 찾았어요?"

깜짝 놀라 책을 쾅 덮으면서 벌떡 일어났다.

"아! 네, 고마워요."

나는 태연하게 말하려 노력했다. 그녀는 웃어 보이더니 방을 나갔다.
무거운 책들을 전부 모아 선반에 가져다 놓고 화장실 옆 공중전화에서
코너에게 전화를 걸었다.

"안녕. 그냥 걸었어요. 나 지금 도서관에 와서 뭘 좀 찾아보고
있었어요."

그게 무엇인지는 말하지 않았다. 그리고 내가 책을 보면서 얼마나
외롭고 겁에 질렸는지도.

몇 주 후, 「베닝턴 매거진」 사무실에서 나와 스톱 앤 숍에 들러

식료품을 좀 사서 집으로 향했다. 공기가 차가웠다. 버몬트의 검은 하늘에 새하얀 보름달이 걸려 있었다. 열어 놓은 선루프로 찬 공기가 들어와 차 안을 가득 채웠다. 이제는 톨게이트에서 요금을 지불하고 빠져나오는 일도 많이 익숙해졌다. 톨게이트에 진입해 속력을 줄이고 동전을 기계에 집어넣은 다음, 차단기가 올라가자마자 속력을 높여 톨게이트를 빠져나왔다. 그래, 이런 소소한 재미라도 찾아서 즐겨야지. 안 그래?

집에 도착했다. 검은 폭스바겐을 지하 차고에 주차하고 나무 계단을 뛰어 올라갔다. 양 손에는 식료품을 가득 든 가방을 들고 있었다. 창문 밖으로 노란 빛이 새어나왔지만 집 안은 조용했다.

계단을 올라가자 어디선가 종이 넘기는 소리가 들려왔다. 내 사무실이었다. 뭔지 궁금했고, 조금 긴장됐다. 코너는 그곳에 거의 들어가지 않았다. 내가 없을 때는 더더욱. 계단 맨 위에 짐을 내려놓고 사무실로 들어갔다.

심장이 멎는 것 같았다. 코너가 책상에 앉아 내가 10대 때 썼던 낡은 일기장을 읽고 있었다. 엄마가 내 일기장을 쭉 읽어왔다고 말했던 열여섯 살 이후, 난 거기에 한 글자도 더하지 않았다. 그녀는 무려 8년 동안이나 내 일기장을 읽고 있었다. 그때부터 나는 나 외에는 아무도 볼 수 없는 곳-내 머릿속-에 일기를 썼다. 왜 저걸 진작 갖다 버리지 않았을까. 이렇게 내 자신이 저주스러운 건 처음이었다.

코너는 고개를 들지 않았다.

첫 번째 의문, 저걸 어떻게 찾았지? 난 일기장에 대해 말한 적이 한 번도 없다. 5년 이상 들춰보지도 않았다. 일기장을 넣어 놨던 서류함에는 편지 몇 통과 고등학교 때 쓰던 몇 가지 물건, 고등학교 졸업 기념 간행물에 실었던 글, 친구들의 사인으로 가득한 졸업 앨범이 있을 뿐이었다. 코너는 분명 다른 무언가를 찾다가 (대체 무엇을?) 우연히 발견한 게 틀림없었다. 나는 그의 충직했던 개 나이트가 거실에 똥을 싸놓고 욕실 수건으로 덮어 숨기려 했던 그때 그 기분을 알 것 같았다.

그가 이제 어떤 반응을 보이고 내게 무슨 말을 할지 상상이 갔다. 극심했던 마약 중독, 술 먹고 한 바보 같은 짓들, 다양한 섹스 시도들, 그가 경악할 정도로 어린 나이에 잃은 내 처녀성(그는 50살에 처녀성을 잃는 것도 너무 이르다고 생각할 사람이었다) 등등. 그는 조용히 앉아 마치 그 낡은 파란색 일기장이 레오나르도 다 빈치의 원본 노트인 것처럼 열중해서 읽고 있었다. 너무 화가 나서 고개를 들지 않는 건가? 그가 또 한 장을 넘겼다.

엄마가 일기장을 읽고 내게 고함쳤던 기억이 수도에서 쏟아져 나오는 뜨거운 물처럼 온몸을 훑고 지나갔다.

"안 돼, 안 돼, 안 돼! 그건 내 거야!"

그에게서 일기장을 빼앗아 내 가슴에 꼭 안았다. 일기장이 너무 작아서 두 손 안에 쏙 들어왔다. 나는 책상 앞에 깔려 있는 러그 위로 무너져 내렸다. 코트와 부츠를 벗지도 못했다. 코너가 놀라서 쳐다봤다.

그때 떠올린 유일한 방법은 우리가 두 번 만났던 상담사 조셉 박사에게 전화를 거는 것이었다. 그는 내게 빨리 차에 올라타서 호텔로 신속히 피신하라고 말해줄 것 같았다. 책상 위 전화기를 붙잡고 그의 명함에 적혀 있는 전화번호를 눌렀다. 코너는 책상 앞에 앉아 날 지켜보고 있었다. 한 마디도 없이.

신호가 두 번 울린 후 박사가 전화를 받았다.

"여보세요?"

수화기 너머로 클래식 음악이 들렸다. 한 손에 화이트 와인을 들고 있는 그의 모습을 상상할 수 있었다.

"박사님, 저 레슬리예요. 알죠? 새 상담자요. 저 방금 마트에 갔다가 집에 들어왔는데, 남편이 제 일기장을 읽고 있더라구요…."

말을 끝날 때까지 용케 터져 나오는 울음을 참았다.

"아 네, 네. 우선 심호흡을 해봐요. 그리고 침착하게 설명해보세요."

심호흡을 몇 번 했다. 수화기를 들고 있는 동안에는 나를 때리지 않겠지. 때리려나? 내가 상황을 자세히 설명할 수 있을 만큼 진정됐을 때, 박사가 내 말을 끊었다.

"레슬리, 아무래도 신경안정제를 처방해줘야겠어요. 다음 상담일에 자세히 얘기해보도록 하죠."

"안 돼요! 당신은 이해 못해요. 이건 긴급 상황이라구요! 박사님은 몰라요. 코너가 이걸 다 읽은 다음에 제게 무슨 짓을 할지…."

나는 뒤로 돌아 코너를 쳐다봤다. 그러고는 그에게서 최대한 멀리, 전화기 선이 허락하는 한 멀리 떨어졌다.

"이봐요, 진정해요." 그가 또 말을 끊었다. "우리는 성인이잖아요? 오늘과 다음 상담일 사이에 무슨 일이 있겠어요? 우리에게는 이에 대해 이야기할 시간이 아주, 아주 많아요. 나중에요. 당신이 원하면 특별히 내일이나 모레 상담을 잡아주도록 하죠. 그렇게 하는 게 당신한테 도움이 된다면요."

내가 괜찮을 거라고 단정하고, 이게 얼마나 위험한 상황인지도 모르고, 내 두려움을 무시하고, 신경안정제를 먹으면 괜찮아질 거라고 생각하는 이 심리 상담 전문가는 내가 도서관에서 찾아봤던 그 어떤 멍청한 책보다도 더 가정폭력에 대해 무지했다. 나는 혼자였다. 여전히. 염병할.

"아 괜찮아요, 박사님. 신경안정제도 필요 없어요. 박사님과 대화를 나눈 것만으로도 한결 나아졌네요. 고맙습니다."

진짜 말하고 싶었던 걸 말할 배짱이 있다면 얼마나 좋았을까.

'지옥에나 가 버려, 잘난 조셉 씨발할 박사야.'

전화를 끊었다. 눈물은 말라 있었고 피부는 소금기 때문에 팽팽해져 있었다. 코너는 여전히 책상 앞에 앉아 있었고 양손은 포개져 무릎 위에 놓여있었다. 이제 어떻게 해야 할까?

"레슬리, 잠깐 내 얘기를 들어봐." 그는 놀랄 만큼 침착하고 이성적이었다. 순한 상태의 코너. "서류를 찾다가 우연히 이 일기장을 발견했어."

그래서?

그가 이어서 말했다.

"사실 내가 이걸 읽은 이유는 당신을 더 잘 이해하고 싶었기 때문이야. 그게 우리가 부부상담을 받는 이유 아닌가? 서로를 더 잘 이해하기 위해서?"

꼭 그렇지는 않은데, 라고 말하고 싶었다. 그건 너의 폭력을 멈추기 위한 노력인데. 경계를 풀지 않고 그를 노려봤다. 그는 여전히 침착했다.

"좋아요, 코너. 노력해줘서 고맙네요. 그렇지만 앞으로는 절대, 절대, 무슨 일이 있어도 내 허락 없이는 아무 것도 읽지 말아요. 그리고 당신이 읽은 그 어떤 것에 대해서도 내게 말하지 않았으면 해요. 이건 도가 지나친 거예요. 불법적인 방법으로 증거를 수집하는 것과 똑같다구요."

"알았어, 알았다니까."

그는 예상과는 다르게 기꺼이 동의했다. 얼굴에는 동정심이 서려 있었다. 뭔가 이상한데. 이 사람이야말로 신경안정제를 복용한 거 아냐?

갑자기 상황이 명확해졌다. 그가 글을 무척 느리게 읽는 걸 감안했을 때, 아직 내가 처녀성을 잃은 부분은 못 읽은 게 분명했다. 고개를 뒤로 젖히고 안도감에 소리 내서 웃고 싶었다. 그는 아마 한 시간 동안 내가 실비아, 위니, 엄마와 싸웠던 이야기들과 마약을 처음 시험 삼아 해봤던 일, 봄방학 때 직사광선을 많이 쬐는 바람에 개학 직후 얼굴에 3도 화상을 입은 채 시험 본 이야기, 1982년 캐피털 센터에서 열린 롤링스톤스의 공연에서 하이라이트 무대가 펼쳐지던 때 잔 내용까지밖에 못 본 게 틀림없었다. 즉, 처음 30쪽까지는 그를 열받게 할 내용이 없었다. 내가 일기를 쓰기 시작한지 2년이 될 때까지는. 그는 자기가 뭘 놓쳤는지 모르고 있었다.

코너가 잘 때까지 기다린 후 일기장을 '지도 및 여행 정보' 라벨을 붙인 서류함에 넣었다. 그리고 조용히 침대 속으로 기어들어갔다. 다음날 조셉 박사의 연구실에 전화를 걸어 미리 잡아놓은 상담 예약을 모두 취소했다. 그리고 우리를 '정말로' 도와줄 수 있는 사람이나 방법이 무엇일지 곰곰이 생각했다. 그때까지는 나 스스로가 그 일을 해야만 한다는 사실을 깨닫지 못했다.

에드 호리건과 코너와 나는 저녁식사를 마치고 식탁에 그대로 앉아 있었다. 에드가 커피를 마시는 동안 코너는 화장실에 가려고 일어섰다. 에드는 저녁 내내 이 순간만을 기다렸다는 듯, 코너가 나가자마자 내게로 몸을 돌렸다. 그의 눈동자가 카메라 렌즈처럼 나를 빤히 응시했다.

"레슬리." 그가 식탁에 놓인 내 손 위에 자기 손을 얹더니 조용히
물었다. "그거 알아요? 코너가 앞에 나타날 때마다 당신 목소리가
떨려요. 무슨 일 있어요? 내가 도와줄 수 있을까요?"

나는 놀라서 눈을 크게 떴다. 한 마디도 할 수 없었다. 나는 모른
척하며 손을 빼려 했지만 그는 손가락에 슬며시 힘을 줘서 못 빼게
막았다. 마치 대답하기 싫어하는 어린 학생을 다루는 선생님 같았다.

"레슬리, 잘 들어요. 이건 파블로프의 개 실험과 비슷해요. 코너가
옆에 있을 때 당신은 목소리가 떨려요. 그가 눈앞에서 사라지면
목소리는 정상으로 돌아오죠."

"뭐라구요?" 나는 터져 나오는 목소리를 간신히 막았다. 망할. 그는
알고 있었다.

"당신 괜찮아요?" 그는 코너가 오는지 살피기 위해 화장실 쪽을
곁눈질하며 계속해서 물었다. 그는 내가 '지금' 괜찮은지 묻는 게
아니었다. 그는 내가 계속 '지금까지' 괜찮은지 묻는 거였다.

나는 고개를 돌렸다. 얼굴이 달아올랐다. 그를 슬쩍 쳐다봤다. 날
보는 그의 눈빛에 걱정이 서려 있어서 조금 놀랐다.

"날 믿어요. 저는 절대로 코너를 멸시하지 않을게요. 사실 말하기
전까지 오랫동안 깊게 고민했어요. 전 정말로 알아야겠어요. 당신 정말
괜찮아요?"

내가 코너를 두려워하고 있다는 게 어쩌면 이렇게 명확히 보였을까?
두려움이 얼마나 크기에 에드가 옆에 있을 때도 다 드러났을까? 에드는
내 목소리가 떨린다고 했다. 또 누가 눈치챘으려나? 또 누구에게 빤히
보였던 거지?

내가 어떤 말도 하기 전, 코너가 돌아왔다.

"다녀왔어." 그가 에드의 어깨를 치며 큰 소리로 말했다. 에드가 화들짝 놀랐다. "뒤뜰에 나가서 담배나 피우자고."

나는 코너가 내 얼굴을 보기 전에 몸을 돌려 일어섰다. 분명 새빨갛거나 백짓장처럼 새하얗게 변해 있을 거였다. 고개를 푹 숙이고 식탁을 재빨리 치운 후 설거지를 했다. 설거지를 하다가 에드의 콜라 잔을 깨뜨려 손을 베일 뻔 했다.

나는 그의 말을 잊을 수 없었다. 사실이었다. 나는 코너가 무서웠다. 겁에 질려 있는 게 보통 때의 내 상태였다. 나는 언제나 실수할까봐, 그래서 코너가 나를 때릴까봐 전전긍긍하고 있었다. 나는 그동안 이 명백한 진실을 나 자신에게만 숨기고 있었다.

엄마는 전화를 받지 않았다. 나는 작은 카세트가 내장된 자동응답기에 메시지를 남겼다.

"엄마, 저예요. 크리스마스 때 가긴 갈 건데요, 너무 성가신 게 많아서… 알죠? 개랑 뭐 이것저것 등등. 여기에서 자고 당일 아침에 갈게요. 대신 그날 아침 일찍 도착하도록 할게요. 곧 만나요! 안녕."

전화를 끊고 부엌으로 갔다. 내 가족은 크리스마스에 엄마의 버몬트 시골집에 모이기로 했다. 그러나 잠은 각자 다른 곳에서 잤다. 집은 꽤 넓어서 열두 명은 족히 잘 수 있을 정도였지만 누구도 그곳에서 자고 싶어 하지 않았다. 아버지 또한 그랬다. 엄마는 아직 모르지만, 아버지는 워싱턴에서 젊은 이혼녀와 데이트하기 시작했다. 실비아가 엄마의 기분을 상하게 하는 걸 마뜩찮아 했지만, 결국 아버지와 함께 시골집에서 약 2킬로미터쯤 떨어진 곳에 숙소를 예약했다. 휴는

크리스마스 연휴에 친구와 함께 캘리포니아에 간다고 했다. 그는 졸업
이후 캘리포니아로 이사할 예정이었다. 즉, 휴는 이번에 오지 않는다.
코너는 두 해 전 여름, 엄마와 그 집에서 다퉜던 걸 떠올리며 그날 밤
자고 오는 걸 딱 잘라 거절했다. 덕분에 우리는 크리스마스 저녁에 한
시간 반을 운전해서 집으로 돌아와야 했다.

　크리스마스 날 아침 열 시쯤 시골집에 도착했다. 작은 언덕 위의
시골집은 눈 덮인 전나무로 둘러싸여 있었다. 눈이 흩날려 집 앞
화분에는 눈이 1.5미터 정도 쌓여 있었다. 우리는 여름 부엌*에
들어가서 부츠를 벗었다. 여기가 밖보다 더 추운 것 같았다. 나는
우리가 왔다는 사실을 알리기 위해 일부러 발소리를 크게 냈다. 아무도
인사하러 나오지 않았다. 나는 문을 밀어 부엌으로 들어갔다. 코너는
몇 발자국 뒤에서 따라왔다. 오븐에서 익고 있는 로스트비프 냄새가
그득했다. 외할머니가 직접 적은 요크셔 푸딩—그녀가 유일하게 만들 수
있었던 음식—레시피 종이가 싱크대 옆 카운터에 펼쳐져 있었다. 거실로
가는 길에 놓인 커다란 전나무에는 엄마가 워싱턴에 있을 때 다락방에
간직했던 내 가족이 제일 좋아했던 소품과 백년도 더 된 핸드메이드
천사, 비둘기, 산타 장식품이 주렁주렁 달려 있었다.

　"저희 왔어요!" 부엌에서 엄마를 불렀다. "메리 크리스마스!"

　"오, 얘네들이 왔네요,"

　엄마가 옆에 누가 있는 것처럼 말했다. 목재가 휘어서 튀어나온
바닥을 피해 방으로 들어가며 엄마에게 입을 맞췄다. 이렇게 이른
시간인데도 벽난로 불이 활활 타오르고 있었다. 엄마는 의자에서
일어나지 않았다. 고개를 저쪽으로 돌리고 팔을 살짝 뻗어 나를 대충
안아줬다.

　"메리 크리스마스, 앤."

* 더운 철에 주로
쓰는 별채의 주방

코너는 정중하게, 그러나 온기 없이 말했다. 그녀는 앞쪽으로 몸을 조금 숙여 코너의 볼에 자기 볼을 갖다 댔다. 그러고는 자기를 안지 못하도록 코너의 팔꿈치를 잡고 거리를 넉넉히 두었다. 엄마는 날 보며 눈썹을 살짝 치켜들고 커피를 한 모금 마셨다.

"네 아버지랑 실비아는 뒤뜰에서 나무를 패고 있단다." 그녀가 말했다.

나는 그 목소리에 서려있는 냉정함을 애써 무시했다.

"엄마, 크리스마스트리가 너무 예뻐요. 그리고 로스트비프 냄새가 진짜 끝내주네요!"

그녀가 처음으로 미소 지으며 자부심에 찬 눈으로 방을 둘러봤다. 냉랭함이 약간 누그러졌다. 그녀의 얇은 입술이 지은 모양으로 보건대, 내가 와서 분명 기뻐하고 있었다. 엄마는 크리스마스를 제일 좋아했다. 그녀는 1년 내내 크리스마스를 위해 쇼핑을 하러 다녔고, 선물을 침대 밑이나 옷장에다 숨겨놨었다. 그리고 우리가 나이가 들수록 크리스마스 선물은 엄청나게 커졌다. 이는 그녀가 우리를 그만큼 점점 더 많이 사랑한다는 뜻이었다. 비록 해가 갈수록 '산타'의 선물 포장이 술 취한 사람이 싼 것처럼 조금씩 엉성해졌지만.

모두에게 줄 선물을 꺼내 크리스마스트리 아래에 가지런히 놓았다. 잎에서 나는 향긋한 냄새가 코끝을 스쳤다. 집에서는 특유의 냄새가 났다. 오래된 목재 냄새, 여름밤에 모여서 클루 게임과 카드놀이를 할 때 켜놓아 반쯤 녹아내린 초의 향, 그리고 울 담요 냄새. 난 이곳이 정말 좋았다.

정오가 되자 아버지가 20년 전 직접 소나무를 베어 만든 식탁에 모두 모여 앉았다. 식탁 위에는 은제 그릇과 부모님이 34년 전 결혼식 때 선물 받은 하얗고 파란 자기들이 놓여 있었다. 우리는 엄마의 크리스마스 특제 로스트비프와 요크셔푸딩, 그린빈, 샐러드, 붉은 감자 요리를 정신없이 퍼먹었다. 엄마의 요리 솜씨는 정말이지 최고였다.

점심식사 후 선물 교환을 했다. 코너와 나는 가족들에게 버몬트 식 선물—메이플 시럽, 손으로 뜬 모자와 벙어리장갑, 화이트 리버 크래프트 페어에서 산 스웨터 등—을 주었다. 실비아가 부모님에게서 받은 선물 상자를 열자 카메라와 렌즈 몇 개가 들어 있었다. 900달러는 족히 될 것 같았다. 엄마는 내게 포장도 하지 않은 선물을 내밀었다. 검은색 가짜 뱀가죽 시곗줄이 달린 싸구려 손목시계였다. 그녀가 베세즈다에 갈 때 들르는 할인 잡화상에서 산 것 같이 보였다. 코너에게는 검은색과 회색 스트라이프 무늬가 번쩍거리는 폴리에스테르 넥타이를 선물로 주었다. 선물이 말도 안 될 정도로 볼품없어서, 혹시 몰래카메라 장난 같은 건가 싶어서 엄마의 얼굴을 쳐다봤다. 어쩌면 진짜 선물이 어딘가에 숨겨져 있을지도 몰랐다. 그녀는 내 얼굴을 똑바로 바라보며 이렇게 말하는 듯했다.

'석탄 한 덩이도 올해 너한테는 과분하다.'

하. 엄마는 너무 못되게 굴었다.

"와, 정말 고마워요. 엄마."

웃으며 말했다. 이런 가정에서 성장하면서 나는 상처받은 마음을 감추는 기술 정도는 배울 수 있었다. 난 진주 목걸이를 받은 것처럼 굴려고 노력했다.

아버지는 선물을 주지 않았다. "미안하구나, 얘들아. 이번 주에 공판 때문에 바빴거든. 워싱턴에 돌아가는 대로 수표를 보내주마."

오후 늦게 우리는 차를 나눠 타고, 크리스마스에 늘 그랬듯 가족 소유의 스키리조트로 향했다. 산 하나가 우리 거였다. 코너는 스키를 타 본 적이 없었다. 아버지는 코너에게 스키 타는 법을 가르치려 했다. 그는 우리가 어릴 때 그랬던 것처럼 코너를 자신의 긴 두 다리 사이에 넣고 기본 동작을 가르쳤다. 실망스러운 선물과 엄마의 냉정한 태도에도 불구하고, 이렇게라도 가족과 하루를 보내게 되어 감사하고 행복했다.

스키 리프트 운행이 마감된 후, 모두 오두막에 모여 양말을 벗어 스키 부츠 위에 올려두고 활활 타오르는 불길 앞에서 몸을 녹이며 핫초콜릿을 마셨다. 어린 시절 가장 큰 행복을 느꼈던 모습이다. 실비아가 갑자기 웃으며 커다란 푸른 눈으로 날 쳐다봤다.

"언니, 예전에 내가 여기서 길 잃었을 때 기억 나?"

"당연하지!" 웃음이 터져 나왔다.

아무 문제가 없었던 시절, 그리고 많은 추억거리가 있는 그때로 돌아가는 것만큼 좋은 게 있을까.

코너는 이 얘기를 들은 적 없기 때문에 실비아가 코너를 보고 말했다. "제가 여덟 살 때였어요."

실비아는 벌써부터 웃고 있었다.

"엄청 추운 날이었는데, 마지막이라고 생각하면서 슬로프를 내려왔어요. 오후 세 시 삼십 분이었고 벌써 어두워지고 있었죠. 가족들은 다 오두막에 들어가 있었고요. 그러다 딱 한 번만 스키를 더 타고 싶어졌어요."

그녀는 냅킨을 들어 콧물을 닦아냈다.

"나는 레틀러 슬로프—아, 당신은 오늘 거기 못 가봤어요. 상급자용이거든요—를 타고 내려가다가 저쪽 슬로프가 폐쇄되어 있는 걸 발견했어요. 왜 그랬는지는 모르겠지만 그쪽으로 가보기로 결정했어요. 멍청한 짓이었죠. 폐쇄해 놓은 슬로프로 내려오면 패트롤들이 엄청 화낼 게 분명했거든요. 그렇지만 어차피

마지막이었고, 그들이 절 발견해도 최악의 경우 리프트권을 빼앗는 게
전부였죠. 그래서 그 슬로프로 내려왔어요. 눈이 거의 무릎까지 쌓여
있더라고요. 그러다 갑자기 깊은 눈구덩이에 빠졌어요."

실비아는 뺨에 눈물이 흐를 때까지 웃어댔다.

"일어날 수가 없었어요. 사방은 어두워지고 신음하며 누워있었죠.
이렇게 죽는구나 싶었어요."

실비아는 이제 의자가 흔들릴 정도로 웃고 있었다. 나도 웃음이 터져
나왔다. 그날 실비아와 똑같은 경로로 내려오다가 그녀를 발견했을
때의 그 모습과 신음소리가 기억났기 때문이다. 속눈썹에 맺힌 눈물이
하얗게 얼어 있었고, 자신의 멍청함에 너무 화가 난 나머지 구조된 걸
그리 기뻐하지도 않았다.

코너가 예의바르게 2초 정도 억지로 소리 내어 웃는 게 들렸다. 몇
분 후, 모두가 자리에서 일어났다. 모두를 한 번씩 포옹한 후 장비를
챙겨서 차고에 있는 지저분한 차에 실었다. 구불구불하고 경사진
고속도로를 달려 삭막한 산업 도시에 위치한 우리 집까지 혼자
운전해서 왔다. 코너는 피곤해서 운전을 못하겠다고 했다. 그는 집까지
오는 내내 조수석에서 잠들어 있었다.

차고에 차를 대고 경사진 계단을 걸어 싸늘한 부엌으로 올라갔다.
스노우 부츠가 나무 계단 위에서 둔탁한 소리를 냈다. 열두 시간 넘게
우리와 떨어져 있던 블루가 환희에 넘쳐 꼬리를 흔들어 댔다. 기쁨으로
마구 날뛰는 블루의 등을 토닥이고 있자니 지금까지 쌓인 피로와
가족들과 함께 보낸 시간에 대한 그리움, 그리고 행복한 시간이 이제 다
끝나 가슴이 미어지던 게 조금 누그러지는 것 같았다.

블루를 뒤뜰로 내보내고 저녁거리를 찾기 위해 부엌을 뒤졌다.
의자 위에 서서 식료품 장을 살폈다. 반쯤 빈 파스타 상자들을 열어

보며 함께 요리할 수 있는 것끼리 모으고 있을 때, 코너가 팔짱을 끼고 오븐에 기대어 섰다.

"너 말야, 어떻게 나한테 브레이크 잡는 법도 안 가르쳐주고 산꼭대기까지 끌고 올라갈 수가 있어?"

비난하는 말투는 마치 세 살짜리 어린애 같았지만, 목소리는 상당히 날카로웠다. 그의 말을 가볍게 여기면 안 된다는 신호였다. 터틀넥 스웨터 안의 두 어깨뼈가 서로 잡아 꿰맨 것처럼 움츠러들었다.

"네 가족들 앞에서 창피 당하게 일부러 그런 거 아냐! 네 아버지가 나를 자기 가랑이 사이에 집어넣고 스키를 가르치려 했다고!"

의자 위에 선 채로 몸을 돌려 코너를 바라보았다. 등 뒤로 주먹을 꽉 쥐었다.

"코너, 진짜로 일부러 그런 게 아니에요. 미안해요. 의도한 게 아니었어요."

난 정말로 미안했다. 그의 말이 맞았다. 나는 두 살 때 스키 타는 법을 배웠다. 평지에서 상당히 거리가 멀어진 후에야 비로소 서른세 살짜리 어른이 스키를 처음 배우는 게 얼마나 어려울지 깨달았다. 그는 분명 산 정상에서 어떻게 내려가야 하나 고민하면서 무섭고 창피했을 것이다.

아무리 사과해도 아무 소용없었다.

코너의 기분이 나쁠 때는, 말을 적게 하면서 화풀이하지 않기를 바라며 조심하는 게 현명했다. 그리고 이런 상황에서는 미안하다는 말을 무한 반복하며 사과하는 게 최선이었다. 의자에서 내려와 뒤로 물러섰다.

오늘은 아무리 사과해도 그의 화를 누그러뜨리지 못하는 날이었다.

"우리 엄마랑 똑같아! 넌 내가 모든 걸 혼자 할 수 있다고 생각하는 거잖아!"

그는 이제 고함을 치고 있었다. 얼굴이 붉게 달아올랐다. 눈에는
초점이 없었다. 나는 티가 많이 나지 않게, 그러나 최대한 멀리
떨어졌다.

"너 그게 어떤 기분인지 알아? 내가 네 아버지 앞에서 얼마나
쪽팔렸는지 알아? 나 혼자 두고 가면 어떡하냐고! 난 절대 너한테 그런
짓 안 해!"

가스렌지 위에서 물이 끓기 시작했다. 플라스틱 그릇을 열어
마트에서 산 페스토를 숟가락으로 퍼서 냄비에 넣었다. 심호흡하자,
심호흡하자. 속으로 되뇌었다. 이 시간 버몬트의 시골집에 있었다면
얼마나 좋았을까. 내 가족과 함께, 그리고 안전하게. 내가 가장
좋아하는 곳에서 하룻밤 자는 것조차도 이 자식이 싫어해서 하지
못했단 말이다. 망할 놈.

"봐요, 코너. 당신이 옳아요. 미안해요. 근데 미안하다는 말을 스무
번도 넘게 한 것 같은데. 이제 사과하는 것도 지긋지긋해!"

폭발하는 빌미로는 충분했다. 그는 내 어깨를 붙잡고 페인트가
반쯤 칠해진 벽으로 밀어붙였다. 보울, 페스토, 나무 숟가락, 파스타
박스 하나가 바닥에 나뒹굴었다. 그는 내 목을 쥐고 조르기 시작했다.
냄비의 물이 끓어 넘쳤다.

그는 날 바닥에 눕힌 후 숨을 고르기 위해 잠시 멈췄다. 주먹으로
콧물을 훔쳤다. 그가 다음에 뭘 어떻게 할지 고민하는 찰나, 난 바닥에
손을 짚어 상체를 일으켰다. 손바닥에 파스타 면 한 조각이 붙어
있었다. 벌떡 일어나 선반에 놓인 자동차 키를 쥐고 지하실로 뛰어
내려갔다. 늘 그렇듯 그는 속으로 미안해하고 있었다. 그래서 날
쫓아오며 소리를 질렀다. 떠나고 싶으면 떠나라고. 자기도 내가 필요
없다고 고래고래 소리를 질렀다. 차의 엔진은 아직 다 식지 않았다.

나는 차를 타고 달리기 시작했다.

어디로 가야 하지? 떠나는 건 쉬웠다. 이제 어디로 가느냐가 문제였다.

몇 블록을 운전했다. 결정해야만 했다. 결국 동네 한 바퀴를 도는 걸로 끝나더라도 결정이 필요했다. 나는 코트도 입지 않았고 지갑도 없고 돈도 없고 면허증도 없었다. 블루는 이 추운 밤에 밖에 나와 있었다. 코너는 블루를 안으로 들이는 걸 잊을지도 모른다. 아버지가 보고 싶었다. 두 시간을 내리 운전해서 아버지에게 가서 코너가 내게 무슨 짓을 했는지 낱낱이 얘기하고 싶었다.

집에서 만든 루바브* 머핀을 파는 베이커리 앞에 차를 세웠다. 몸을 숙여 핸들에 머리를 박고 엉엉 울기 시작했다. 온몸이 찢겨 나가는 듯했다. 내 얘기를 다 들은 아버지가 "오 베이비, 다 괜찮을 거야. 내일 나랑 같이 워싱턴으로 가자"라고 말하는 것을 상상했다.

그래, 내 크리스마스 선물을 사는 것도 까먹은 그 사람이 잘도 그러겠다. 나는 새벽 한 시에 난데없이 들이닥쳐 숙소 주인을 깨우고 아버지를 찾았을 때 아버지가 보일 '진짜' 반응이 어떠할지 알았다. 아버지를 창피하게 만들기보다 차라리 코너를 다시 보는 게 나았다. 내 일을 스스로 해결하지 못하고 모든 걸 아버지에게 다 끌고 와서 그를 실망시키고 귀찮게 하는 짓은 정말 못할 것 같았다. 그리고 최악의 경우, 아버지가 나를 믿지 않거나 도움을 주지 않을 가능성도 배제할 수 없었다. 지금으로선 코너의 폭력을 비밀로 하는 것이 그의 폭력을 현실로 인정하지 않도록 만드는 유일한 방법인 것 같았다. 그것이 이 비참한 상황에서 내가 유일하게 통제할 수 있는 부분이기도 했다. 난 다시 혼자였다. 나는 영원히 혼자일 것이다.

울음을 그치고 똑바로 앉았다. 차를 천천히 돌렸다. 시속

* 마디풀과의 여러해살이풀로 서구에서는 보편적으로 줄기를 식용으로 사용하며 우리나라에서는 대황이라고 불림

7킬로미터의 느린 속도로 집으로 돌아가기 시작했다. 최대한 천천히 달려서 코너가 내가 아주 멀리 갔다고 생각했으면 했다. 고작 20분도 안 되는 거리밖에 못 도망친 게 부끄러웠다.

집 근처에 차를 대 놓고 침실의 불이 꺼질 때까지 기다렸다가 조용히 집 안으로 들어갔다. 가스불은 꺼져 있었지만 부엌은 여전히 난장판이었다. 가능한 한 조용히 부엌을 치운 후, 밖에서 떨고 있는 블루를 들여놓고 키친타월로 몸을 비벼서 따뜻하게 만들어 줬다. 블루의 집에 내 몸을 반쯤 밀어 넣고 내 체온으로 공기를 따뜻하게 덥혀줬다. 정리를 끝낸 후 침대에 올라가 코너 옆에 누웠다.

1월. 사방이 눈으로 덮였다. 도보 위에는 얼음이 미끌미끌하게 얼었다. 고속도로를 다니는 차들의 측면에는 제설용 소금이 묻어 있었다. 코너가 경영대학원에 다시 지원할 시기였다. 이번에는 만일의 경우에 대비해 하버드 외 다른 경영대학원에도 몇 곳 지원한다고 했다.

"같이 지원하자, 레슬리." 에드와 함께한 저녁 식사 자리에서 코너가 말했다. 내가 마리나라 소스*를 알 단테*로 익은 스파게티 면에 부어 썩 훌륭하게 요리하는 법을 막 터득했을 즈음이었다. "너 비즈니스 감각이 있어. 네가 글 쓰는 프리랜서 일을 이렇게 확대시킨 거랑 고객들에게 컨설팅 해주는 걸 보니까 확실히 그래. 날 믿어. 아마 경영대학원에서 굉장히 잘해낼 거야."

그는 저번에도 이렇게 말했었다. 그때는 그가 단순히 경영대학원에 같이 다닐 누군가가 필요해서 그런 것 아닌가 생각했었다. 하지만 솔직히 나도 가고 싶은 마음이 조금씩 생기기 시작했다.

* 토마토, 마늘, 허브, 양파를 갖고 만든 이탈리아식 소스

** 이탈리아 요리에서 사용되는 음식 용어로 파스타 음식을 중간 정도로 익힌 것

에드도 똑같이 말했다. 내가 경영대학원에 무척 잘 어울린다고. 그는 자기도 우리와 함께 경영대학원에 갈지도 모른다고 말했다. 어쩌면 정말 그럴 수도 있었다. 코너의 가까이에서 내가 괜찮은지 지켜보려고, 그리고 우리 사이에 머물며 긴장을 완화시키려고. 그는 그날 밤 이후 한 번도 내게 따로 코너에 대해 묻지 않았다. 식탁 위에서 내 손을 잡았던 그날 이후로 한 번도.

"그런데 문제가 있어요. 내가 과연 경영대학원에 적합한 사람이냐는 거예요. 난 아직 준비가 안 된 것 같아요." 그들을 향해 말했다.

두 얼굴이 대체 왜 파티에 찬물을 끼얹었냐고 묻는 듯 쳐다봤다. 에드는 아랫입술을 윗니로 살짝 깨물기까지 했다.

"아아, 알았어요. 지원할게요."

눈이 오는 겨울 내내 사무실에 머물며 늦은 밤까지 코너의 지원서를 수정하고 내 지원서를 작성했다. 사무실 창문 밖으로는 회색 빛 가지마다 눈이 소복하게 쌓여 있는 라일락 나무가 보였다.

어느 날 밤, 한 단어도 더 쓸 수 없는 상태가 되어 잠옷 차림에 부츠를 신고 파카를 걸친 다음 블루를 데리고 눈 쌓인 동네를 산책했다. 집 주변에는 가로등이 없었다. 구름 뒤에 숨은 달이 희미한 빛으로 길가를 비추고 있었다. 동네 사람들은 한참 전부터 잠들어 있었다. 거리가 너무 조용해서 눈이 땅에 떨어지는 소리가 들렸다. 블루와 내가 지나쳐온 집들이 그림자처럼 보였다. 눈이 쌓여 전나무들이 눈부시게 하얀 설탕 열매를 주렁주렁 매달고 있는 것처럼 보였다.

"숲은 사랑스럽고 어둡고 깊은데…"*

두 손은 따뜻한 주머니 속에 있고 부츠를 신은 두 발은 눈 쌓인 길을 걸었다. 블루는 내 앞에서, 뒤에서, 사방으로 다니며 나를 따라왔다.

"그러나 나는 잠들기 전, 지켜야 할 약속과 가야 할 먼 길이 있다…."

에드와 코너는 내가 어디든 붙을 거라고 말했다. 하느님, 혹은 그 비슷한 무엇이 이 우주에 존재한다면, 경영대학원 중 적어도 한 곳은 나를 받아들여 이 어두운 동네, 온통 하얀 눈에 덮일 때만 아름다운 이 동네를 벗어날 수 있게 해주세요.

이른 봄, 겨우내 내렸던 눈이 반쯤 녹아 집 앞에 진창을 만들어 놓았을 즈음, 우리는 경영대학원들로부터 통지서를 받기 시작했다. 매일 오후, 나는 마치 교회 제단으로 걸어가는 어린 소년 사제와 같은 기분을 느끼며 우편함을 열어보았다. 두꺼운 편지 봉투는 합격, 얇은 건 불합격이었다. 에드와 코너가 옳았다. 내게는 계속 두꺼운 편지 봉투가 날아왔다. 그러나 자랑스러운 티를 낼 수 없었다. 코너가 계속해서 불합격 통지서를 받았기 때문이다. 세상은 더더욱 불공평했다. 최악의 날은 그가 하버드에서 얇은 편지 봉투를 받은 날이었다. 그걸 우편함에서 발견하자마자 부엌 카운터에 쌓여 있는 고지서 사이에 숨겨 놓았다. 나는 하버드 경영대학원 입학처에서 일하는 위니에게 전화를 걸어 내 지원서를 폐기해달라고 부탁했다. 코너가 집에 돌아와서 불합격 통지서를 보기 전에 신속히 처리해야 했다.

"맙소사, 레슬리. 진심이야?" 그녀가 물었다. "하버드, 경영, 대학원이라고. 너 여기 입학하는 게 인생에 있어 어떤 의미인지 정확히 알고 있지?"

수화기에 대고 소리 지르고 싶었다.

"위니, 부탁이야. 오늘이 지나기 전에 처리를 꼭 해줘. 하버드에서 다음 번 우편물을 발송하기 전에."

"알겠어. 기다려. 네 지원서를 찾아볼게."

이를 꼭 깨물고 수화기를 든 채 그녀가 내 지원서를 폐기하고
돌아오기를 기다렸다.

그렇게 처리한 후에도 안심할 수 없었다. 우편함을 매일 확인해 내
지원서가 폐기되었다는 소식을 담은 편지 봉투를 발견한 날, 코너의
눈앞에서 내용을 못 읽어보도록 마구 흔들며 "자기야 봐요, 나도
떨어졌죠?"라고 말한 후에야 겨우 긴장을 풀 수 있었다.

그는 내가 합격한 경영대학원 중 한 곳에서 합격통지서를 받았다.
다행히도 매우 좋은 곳이었다. 하버드는 아니지만 거의 비슷한
급이었다.

물론 내가 그가 불합격한 학교들 중 하나를 꼭 가야겠다고 버텼으면
그에게서 벗어날 수도 있었을 것이다. 그러나 나도 그랬고, 그도
그랬지만 우리는 같은 학교에 가야 한다고 결정했다. 그는 또한 내
이름으로 자신의 학자금 대출을 받겠다고 우겼다. 그의 낮은 신용도
때문에 많은 증빙 자료가 필요하고 더 높은 이자를 낼 수밖에 없다는 게
이유였다.

나는 이 모든 것을 감수할 만큼 그를 원했던가? 그의 폭력에도
상관없이 그를 사랑했는가? 아니면 폭력을 벗어날 수 없는 비참한
아내인걸까? 혹은 내가 떠나버렸을 때 일어날 일에 대해 공포를 느끼는
것인가? 나는 멍청이인가? 아니면 겁쟁이? 착하고 순종적인 아내?

나는 진실을 인정하기 두려웠던 게 아닐까? 뉴욕에 있는 수백만
명의 싱글 남성들 중에서 선택했고, 내 가족과 친구들이 문제를 일으킬
것이라며 걱정했었던 나의 사랑스런 '소울메이트'가 결국 내 머리에
총을 겨누며 내가 이상적인 아내가 아니었다고 말하는 그 진실을?

나는 코너를 떠날 수 없었다. 그가 폭력을 멈추지 않으리라는 것을

* 로버트 프로스트의
시 「눈 내리는
저녁 숲에 멈추어
서서Stopping by
woods on a snowy
evening」 중 일부
옮긴이

알아도 마찬가지였다. 그와 같은 공간에 있을 때 내 목소리가 떨린다 해도 마찬가지였다.

코너와 나 둘 중 하나를 택해야만 한다면, 아직도 내 선택은 코너였다.

3부

희망

버몬트 하늘에 뜬 8월의 뜨거운 태양
때문에 트럭의 백미러를 보기가 힘들었다. 찡그린 눈으로 목장집이
뒤로 멀어져 가는 걸 지켜봤다. 블루는 트럭의 운전석 옆 간이 의자에
앉아 있었다. 가구, 옷, 책, 결혼 선물, 주방용품, 블루의 집과 사료 그릇,
장난감, 개 침대, 그리고 코너의 총 들이 짐의 전부였다. 짐을 다 합해도
작은 트럭 하나를 다 채우지 못했다.

코너는 트럭 뒤에서 폭스바겐을 몰고 따라왔다. 선루프 창을 통해
들어오는 바람이 그의 머리카락을 흩날렸다. 네 번째 손가락에
반짝이는 금반지를 낀 그의 왼손이 창밖으로 나와 있었다. 그는 잭
케루악*처럼 보였다. 물론 케루악은 폭스바겐보다 훨씬 멋진 차를
몰았겠지만.

에드가 이삿짐 싸는 걸 도와주었다. 그는 버몬트에 남아 승진을
기다리기로 마음을 정했다. 어쩌면 내년에 경영대학원이나 박사과정에
지원할지도 몰랐다. 떠나기 전날 밤, 이삿짐 싸는 지루한 일을 겨우
끝낸 후 우리는 갈라진 아스팔트 도로 옆에 세워 놓은 트럭 앞에서
작별인사를 나눴다. 에드는 코너와 나에게 몸을 숙여 똑같이 포옹을
해주었다. 아마 그는 내가 경영대학원에서는 괜찮을 거라고 생각했을
(또는 바랐을) 것이다.

떠나기 며칠 전, 코너가 블루를 데리고 산책 나간 동안 위니에게

* 1950년대
미국의 보헤미안적
예술·문화를
대변하는
비트세대의 대표
작가

전화를 걸어 이사 날짜와 시카고 집의 전화번호를 알려주었다.

"너 신나니?" 그녀가 물었다.

텅 빈 부엌과 거실을 둘러봤다. 사방의 벽은 마침내 하얀색으로 변해 있었고 부엌 바닥은 파란색과 하얀색의 리놀륨 바닥으로 변신했다. 건물 외벽은 눈부신 하얀색, 그리고 셔터와 문은 파란색으로 꼼꼼히 칠해져 있었다. 우리가 떠날 때가 된 지금에야 집은 훌륭하게 변신해 있었다.

사실, 집을 팔고 싶었다. 그러나 버몬트의 부동산 경기가 좋지 않아 집값이 계속 떨어지고 있었다. 우리는 지역 신문에 광고를 냈고, 결국 레즈비언 커플과 개 두 마리가 이 집에 세 들어 살게 됐다. 우편함에 현관문 열쇠를 넣어 두었다.

"글쎄, 안심이 된다고나 할까. 그런데 위니, 내가 그한테서도 떠날 수 있을까? 어떻게? 어느 날 걸어 나가면서 '만나서 반가웠어요, 코너. 이제 이혼하죠' 이렇게 말하면 되는 걸까? 그러면 난 어디로 가야하지? 블루는 누구한테 가야 해? 차는 누가 가져가나? 난 마치 콘크리트 벽 속에 갇힌 것 같아."

침묵.

"어쩌면 경영대학원에 다니면서 사이가 나아질지도 몰라."

"그랬으면 열라 좋겠다. 진짜 그랬으면 좋겠어." 그녀가 말했다.

그렇게 우리는 버몬트를 떠났다. 트럭 타이어 밑으로 도로가 휙휙 지나갔다. 다섯 시간도 채 되지 않아 업스테이트 뉴욕에 있는 넬리 이모 집의 자갈길에 닿았다. 스트로베리 힐에서 몇 킬로미터밖에 떨어지지 않은 곳이었다. 블루는 트럭에서 담요를 덮고 하룻밤 잤다. 다음날 아침 아홉 시에 일어나 줄곧 달려 해질녘에 시카고에 도착했다. 인디애나주에서 일리노이주로 넘어가면서 시카고의 반짝이는 스카이라인이 지평선 너머로 보이기 시작했다. 우리의 예전 삶에서 벗어나는 데 딱 이틀이 걸린 셈이다.

시카고에 들어오면서 아버지 생각을 했다. 50년 전 오클라호마에서 할아버지가 전기공으로 일하고 있을 때, 할머니는 아버지와 이모 둘, 그리고 삼촌을 트럭에 실었다. 그들은 캔자스시티에서 1년 정도 있다가 세인트루이스로, 그리고 덴버로, 그리고 버밍엄으로 이사했다. 그 도시들이 맞는지도 모르겠다. 어쨌든 그러던 어느 날 할머니가 성경책을 열었고, 다음 행선지를 시카고로 결정했다.

아버지는 이곳으로 이사 오면서 무슨 생각을 했을까?

할머니는 한 공장의 조립 라인에 일자리를 구해 공장 부지에 딸린 싸구려 아파트로 이사할 수 있었다. 그들은 너무나 가난해 추수감사절에도 교회에서 나눠준 음식밖에 먹을 게 없었다.

"그것 말고는 먹을 게 없었단다." 내가 고등학교 1학년이었을 때 아버지가 말해줬다.

그가 여덟 살이었을 때, 학교에서 자전거를 타고 돌아오니 그의 어머니와 남매들이 수두 때문에 6주 동안 집 안에 격리되어 있었다. 때문에 그는 친척도 하나 없는 이 중서부의 낯선 도시에서 어찌어찌 잘 곳을 찾았고, 가족들의 격리 조치가 해제될 때까지 혼자 그곳에서 지냈다.

그의 누나 마릴린은 이곳에서 백혈병 진단을 받았다. 그리고 열다섯 살의 나이로 시카고의 공공병원에서 혼자 숨을 거뒀다. 당시 할머니는 하루라도 일을 쉬면 공장에서 해고당하기 때문에 그녀 곁에 있어줄 수 없었다.

코너와 나는 도착해서 트럭과 폭스바겐을 길가에 세웠다. 커다란 현관이 딸린 1900년대 맨션이 늘어선 동네였다. 열 블록쯤 떨어진 곳에

거대한 저소득층 주거지가 형성되면서 범죄를 우려한 백인 중산층들이
족히 30년 전에 다 이사가버린 듯한 곳이었다. 우리는 경영대학원
소식지에서 이곳을 찾았다. 아주 저렴한 빅토리아 양식의 건물을 여섯
개로 나눈 구조의 2층 건물이었다. 천장까지는 3.5미터쯤 되고 화려한
몰딩에 고급스런 내닫이창, 그리고 벽난로가 있었다. 코너는 지나가던
젊은 남자 두 명에게 돈을 주고 이삿짐 나르는 것을 도와달라고 했다.
그릇을 찬장에 넣고 침대를 모두 설치했을 때는 자정이 다 되어 있었다.
책상은 거실에 놓았다.

이제 창밖으로는 라일락 나무 대신 깨진 병 조각과 버려진
주삿바늘과 콘돔이 굴러다니는 길바닥이 보였다. 색색의 그래피티가
그려진 담 뒤에서 사는 사람들의 주변에서 사는 게―이들이 강도나
노숙자라 할지라도―버몬트에서 고립되어 사는 것보다 훨씬 안전하게
느껴졌다.

하지만 내가 '안전'이라는 것에 대해 뭘 알았겠는가?

개강은 열흘 뒤였다. 첫 날에는 재무관리와 회계 강의를 들었다. 처음
듣는 단어들이 교수의 입에서 흘러나왔다. 차변, 대변, 경비지출 속도,
회전율. 다른 학생들은 컨설팅 회사와 월스트리트의 투자은행에서
지난 몇 년 동안 풀타임으로 일했다. 이 사람들은 이 외계어가 무슨
뜻인지 다 알고 있었다.

「세븐틴」에서 일한 경력과 학부 시절 영문학 전공은 이곳에서 썩
쓸모가 없었다. 나는 낯선 새 규칙을 배우기 위해 몸부림쳐야 했다.
수요와 공급의 법칙, 마케팅과 광고의 심리학, 대차대조표에서의

대차균형. 회계 과목의 첫 시험에서 800점 만점에 52점을 받았다. 모든 수업에서 낙제를 받을까 두려워 수업 시간에는 제일 앞에 앉았고, 모든 자료를 읽고 숙제는 꼬박꼬박 마감을 지켜서 냈다.

매일 아침 일찍 일어나 옷을 재빨리 (그리고 조용히) 입고 수업을 들으러 가기 전 블루를 산책시켰다. 하얀 시트를 덮고 자고 있는 코너는 캘빈 클라인 속옷 광고에 나오는 모델처럼 섹시하면서도 비현실적으로 보였다. 그는 투자은행에서 일한 경력과 학부 때 전공이 경제학이었던 덕분에 첫 학기에 듣는 필수과목이 대부분 면제되었다. 아침에 일찍 일어날 이유가 없었다.

매일 아침 밖에서 현관문을 잠그며 속으로 한숨을 쉬었다. 휘유.

아침에 학교에 가서는 새 친구인 체리와 함께 햇살이 잘 드는 경영대학원 건물 아트리움에서 커피와 머핀으로 아침식사를 했다. 그 와중에도 손에는 「월스트리트저널」을 들고 손가락에 까만 잉크를 묻혀가며 내용을 이해하려 애썼고 내 필기 노트를 복습했다. 첫 학기 때 내가 속한 소그룹 인원 중 50퍼센트가 여성이었다. 상대적으로 여성 비율이 높은 편이었는데, 이때 이후 졸업할 때까지 속했던 다른 소그룹은 여성 비율이 30퍼센트 미만이었다.

경영대학원에서의 첫 학기는 대학 신입생 시절 같았다. 모두가 무척 활기차고 적극적이었다. 얼마 지나지 않아 주위에는 감당할 수 없을 만큼 많은 친구들이 생기기 시작했다. 스터디 그룹 미팅이 수없이 많았고, 삼삼오오 모여 근처 식당에 점심을 먹으러 가기도 했다. 거의 매일 기업들의 환영 연회가 있었고, 교내 축구 시합이 열리고, 뜬금없이 다 같이 배스킨라빈스에 우르르 몰려가기도 했다. 목요일 밤에는 캠퍼스 근처 펍에 모여 어울렸다. 그 누구도 내 손에 맥주가 담긴 플라스틱 컵이 없다는 걸 알아차리거나 신경 쓰지 않았다. 매일 저녁

늦게까지 학교에 남아 다른 학생들과 함께 공부했다. 이들은 내 남편이 같은 학교에 다니는 걸 알았지만 한 번도 본 적이 없었다. 서로 듣는 강의가 달랐기 때문에 낮에는 코너를 거의 보지 못했다.

그러나 밤에는 달랐다.

할로윈 데이가 다가오는 어느 날 저녁 나는 맨션 현관에 서 있었다. 열두 개의 우편함 색깔이 모두 다 달랐다. 쓰레기와 낙엽이 도보와 시궁창에 쌓여 있었다. 블루가 2층에서 나를 발견하고는 거의 창밖으로 뛰쳐나오려 했다. 거실의 불이 켜져 있었다. 코너가 집에 있었다.

나는 열쇠로 현관문을 열고 들어가서 가방을 책상 위에 올려놓았다. 블루가 내 다리에 얼굴을 비벼대며 간절한 눈빛으로 문에 매달려 있는 목줄을 쳐다봤다. 침실에서 TV 소리가 들렸다. 코너는 인사하러 나오지 않았다.

한 시간쯤 후, 나무 바닥 위로 슬리퍼 끄는 소리가 들렸다. 나는 여전히 책상 위에 몸을 숙이고 40쪽짜리 재무 자료를 보며 형광펜으로 줄을 긋고 있었다. 죽기 전까지 절대 이해하지 못할 것 같았다.

"자기, 안녕."

그가 내 등 뒤에서 말했다. 의자에 앉은 채 몸을 돌렸다.

"어, 안녕 코너. 집에 있는 줄 몰랐어요."

거짓말. 코너는 면도도 하지 않고 머리도 감지 않았다. 손에는 커피 잔을 들고 있었다. 하루 종일 집에 있었던 거야?

"잘 있었어요?"

나는 말하면서 몸을 돌려 다시 자료를 봤다.

"어이, 내 아내랑 얘기 좀 하고 싶은데."

그가 내 뒤로 30센티미터쯤 다가왔다. 앵벌이가 돈 달라고 붙는 것 같았다. 너무 가까웠다.

숨을 멈췄다. 형광펜을 든 손도 멈췄다. 분노가 어느 정도 수준인지 목소리를 듣고 가늠해야 했다.

"물론이죠. 무슨 일이에요?" 애써 웃으며 형광펜을 내려놓았다.

"마이크네 거시경제학 스터디 그룹에 들어갔다며."

고개를 끄덕였다. 어떻게 안 거지?

"네, 가입하겠냐고 오늘 묻더라고요. 좋은 그룹이에요. 마이크와 짐 둘 다 리먼에서 일했었어요. 내가 숫자에 얼마나 약한지 알죠? 그 사람들이 도움이 될 것 같아요."

"너, 내가 우리 스터디 그룹에 들어오라고 분명 말했을 텐데. 이게 우리가 함께 듣는 유일한 수업이잖아."

그가 가슴 앞으로 팔짱을 꼈다.

"그런데 코너, 당신한테는 거시경제학 스터디 그룹에 드는 게 시간낭비라고 했잖아요. 학부 때 다 배웠으니까. 나는 도움이 되는 스터디 그룹에 들어가야 해요. 그게 다들 경영대학원에서 하는 일 아닌가요? 팀끼리 모여서 공부하고 학생들끼리 서로 가르쳐주고."

"흠, 그럼 우리 둘이 하면 되지."

"하, 그거 참 재밌겠네요. 노벨상 수상자가 출제한 200개의 다중선택 문제를 풀면서 징징대는 거요. 난 싫어요."

그는 내 비아냥거림을 무시했다. 코너는 모든 시험에서 한 개, 혹은 많아야 두 개 정도밖에 틀리지 않았다. 숙제를 하지도 않았고 수업시간에 필기하는 일도 없었는데도.

"난 수업 내용을 필기하지 않아. 듣고 바로 기억하지 못하면 알 필요가 없는 거나 마찬가지야."

왜 수업 때 펜을 들고 가지 않느냐고 물었을 때 그의 대답이었다.

나는 달랐다. 오직 그를 만족시키기 위해 거시경제학 시험에서 낙제를 할 수는 없었다.

"코너, 나 당신이랑 같은 그룹에서 공부하기 위해 여기 온 게 아니에요. 그리고 어차피 날 가르치는 것도 싫어하잖아요."

나는 다시 몸을 돌려 자료를 읽기 시작했다.

"야!"

그가 빽하고 소리 질렀다. "나 **내 아내**랑 말 아직 안 끝났어!"

내 아내. 마치 나를 소유하고 있다는 투였다.

그에게로 몸을 돌려 눈썹을 치켜 올렸다. 여기는 더 이상 버몬트가 아니었다. 경영대학원에는 무언의 규칙이 있었다. 강의실에 들어올 때는 반드시 데오드란트를 바르고 올 것, 교수들과 언쟁하지 않을 것, 목요일 밤 펍에서 놀다가 술에 떡이 되어 뻗지 않을 것. 그리고 몸에 새긴 문신과 사회주의 선호 성향, 혹은 가정폭력은 반드시 감춰야 할 것들이었다.

비즈니스 세계에서는 평판이 전부였다. 그러므로 "나 저 사람 잘 아는 건 아닌데, 성질이 더럽다는 평판이 있더군"이라는 말이 돌면 구직할 때 매우 불리하게 작용했고, 심하면 전체 산업이나 커리어에서 거의 매장당하게 될 수도 있었다. 코너가 이에 대해 분명히 알고 있다고 확신했다. 나를 때림으로써 그런 평판을 얻는 걸 원치는 않을 것이었다. 그리고 남들이 봤을 때 함께 경영대학원에 들어온 성공적인 커플의 이미지를 와장창 깨고 싶지도 않을 것이었다.

나도 가슴 앞에 팔짱을 꼈다. 블루가 고개를 푹 숙이고 밖으로 슬그머니 나가는 것이 보였다. 그는 발톱으로 나무 바닥을 긁었다.

"난 네가 다른 남자들이랑 스터디 그룹에 있는 게 싫어."

예전에 분명히 말했는데도 다시 반복해서 말하게 한다는 듯, 또박또박 말했다.

나는 콧방귀를 뀌고 고개를 가로저으며 어깨를 으쓱했다.

"여기 있는 사람의 70퍼센트가 남자예요, 코너. 교수의 90퍼센트
이상이 남자고요. 지금 무슨 소리를 하는 거예요."

고개를 들어 그를 올려봤다. 오늘 맞으면 내일 아침 캠퍼스에
안전하게 숨어들 수 있었다. 나는 일어서지 않았다. 앉아 있을 때,
특히 팔 받침대가 있는 나무 의자에 앉아 있을 때 그가 나를 때리기
불편하다는 걸 그동안 체득했다. 의자 밑을 꼭 붙잡았다. 손톱이
표면을 파고들어 반달 자국이 생길 정도로 꽉 잡았다. 목소리를
가다듬으려 애썼다.

"우리 둘 다 다른 학생들과 교류해야 해요. 교수들도 마찬가지구요.
이건 정말이지 훌륭한 프로그램이에요. 그래서 우리가 여기 와 있는
거잖아요."

"아니!"

그가 상체를 숙이며 소리 질렀다. 내 코끝에서 불과 몇 센티미터
떨어진 곳에서 코너의 손가락이 덜덜 떨리고 있었다.

"우리 가족을 책임지는 건 단 한 명이야. 그게 나야. **알아들어? 내가**
이 성의 주인이라고!"

그가 더 가까이 다가왔다. 커피 냄새가 코를 스쳤다.

내가 학교에서 찾은 자유 덕분에 그의 통제는 느슨해졌다. 그는 지금
나를 통제할 수 있는 다른 방법을 찾으려 애쓰고 있었다. 잠시 동안,
역겨움이 두려움을 넘어섰다.

"내가 결혼한 남자가 이렇게 멍청하다니 믿을 수가 없네요, 코너.
망할. 그 잘난 '왕'이라면 알람시계를 직접 맞추거나 전화벨이 울리면
받고, 저녁 때 뭘 먹을지 결정해야 하는 거 아니에요? 설마 '왕'이라서
내가 당신을 위해 무엇이든 다 해야 한다고 생각하는 건 아니죠?"

그의 분노에 찬 얼굴. 눈은 시뻘겋게 변해 있었다. 그가 상체를 더
숙여 책상에 기대고 내 눈 앞으로 얼굴을 들이밀었다. 이마에 땀이
송글송글 맺혀 있었다. 그는 믿을 수 없을 정도로 잘생겨 보였다.
분노가 얼굴을 더 생기 있어 보이게 했다.

그는 잠시 멈추고 거실을 둘러보며, 땀에 젖은 손으로 뭔가를
집어 화풀이할 게 있는지 찾아봤다. 그가 오른손으로 책상을 거칠게
쓸었다. 내 재무 노트와 자료들이 책상에서 떨어졌다. 철제 바인더가
부러지면서 필기한 종이와 사례 분석 자료 수백 장이 땅바닥에
어지럽게 흩어졌다.

"오늘밤은 이게 다예요, 코너? 아니면 또 때릴 건가?"

내 목소리가 약간 갈라졌다. 냉소적으로 말하려 했지만 내 마음
한구석에서는 여전히 무서워하고 있었다. 두 손을 허리에 올리고
어정쩡하게 서 있는 코너를 향해, '그래요, 지금은 내가 당신
여자예요'라고 말하고 싶었다. 블루는 부엌에 있는 상자 안에 움츠리고
앉아 있었다.

하지만 과연 내가 계속 당신 여자로 남을까?

마지막으로 코너는 커다란 재무교과서를 내 발 밑에 내팽개친 후,
소파 위에서 가죽 재킷을 집어 들었다. 거실을 걸어 나가 현관문을
거칠게 열었다. 금속제 손잡이가 복도의 싸구려 회반죽 벽에 세게
부딪혔다.

그가 나가는 걸 지켜봤다. 슬리퍼를 신은 채였다.

"가버려." 사라지는 그의 뒷모습을 보며 속삭였다. "당신을 더 이상
사랑하는지도 모르겠어."

크게 말하지 않았다. 그가 들은 것 같지도 않았다. 게다가 이 말을
했다고 해서 달라질 건 없었다. 사실이 아니었으니까. 나는 여기

앉아서 그가 돌아올 때까지 기다릴 테니까.

별것 아닌데도 생생히 남는 기억이 있는 법이다.

5월, 위니를 뉴욕에서 만났다. 그녀는 할머니에게서 상속받은 돈으로 나와 시간을 보냈다. 첫날 밤에는 매디슨 애비뉴에 있는 고급 호텔 방에서 새벽 두시까지 쉬지 않고 수다를 떨었다. 다음날 오전부터 오후 두 시까지는 쉬지 않고 버그도프 백화점에서 쇼핑을 했다. 그러다 페라가모 매장에서 세일 중인 짙은 파란색 정장을 발견했다. 가난뱅이 대학원생의 주머니 사정으로는 어림도 없는 가격이었다. 그런데 위니가 내게 그 옷을 사주고 싶어 했다.

"위니, 안 사줘도 괜찮아."

거울에 비친 내 모습을 보며 죄책감과 은근한 기쁨이 섞인 감정을 느끼며 말했다. 소원 요정의 지팡이가 요술을 부린 것처럼, 이 정장은 나를 자신감이 넘치고 전도유망한 여성 임원처럼 보이게 했다.

"아냐, 꼭 사주고 싶어. 할머니가 널 무척 사랑했잖아. 그분도 네게 이걸 사주고 싶어 하셨을 거야."

나는 무척 고마워하며 정장을 받았다. 쇼핑을 너무 오래 해서 멍해진 상태로, 우리는 버그도프 백화점 5층에 위치한 엄청나게 비싼 작은 카페에서 점심식사를 했다. 우리는 조용히 앉아 샐러드를 먹었다. 그녀는 깜짝 놀랄 만한 가십거리가 있다는 듯 주위를 휘휘 둘러보더니 내 쪽으로 몸을 숙였다.

"나 임신 8주차야." 위니가 속삭였다.

"맙소사!" 내가 소리쳤다. 의자에서 거의 반쯤 튀어 올랐다. 위니의 얼굴이 붉어졌다. "정말 축하해, 위니!"

나는 진심으로 기뻤다. 그런데 그녀의 얼굴에 웃음기가 없었다.

"혹시 무슨 문제 있어?"

위니는 곧 울음을 터뜨릴 것 같았다. 7학년 때 이후로 그녀가 우는 걸 본 직이 없었다. 그녀기 이랫입술을 깨물며 말했다.

"그냥 좀… 가족들 외에는 처음 말하는 건데, 아기가 건강이 안 좋은 것 같아. 그래서 검사를 해봤어. 어떻게 될지 몰라 네게 미리 말 못 했어…. 그런데 지난주 목요일에 검사 결과가 나왔는데 아기가 건강하대. 나 너무 기뻐. 하지만 아직도 뭔가가 잘못됐을 것 같아서 너무 두려워."

그녀의 손을 잡았다. "위니, 다 괜찮을 거야. 네가 임신을 하다니! 정말 대단해."

그때 뜬금없이 그녀가 코너와 헤어지지 않을 작정이냐고 물었다. 엉뚱한 흐름이었다. 하지만 나는 곧 이 질문이 왜 지금 나오는지 완벽하게 이해했다.

"나, 그 사람의 애를 가질 수 없어. 물론 막상 임신을 하게 되면 어떻게 될지 모르지만, 지금으로선 애한테 못할 짓인 것 같아."

접시에 있는 채소를 바라보며 거의 혼잣말하듯 중얼거렸다. "음, 그러면 더더욱 빨리 떠나는 게 좋을 것 같은데."

그녀가 옳았다. 하지만 코너에게 어떻게 작별을 고해야 할지 전혀 알 수 없었다.

점심식사 후 그녀는 화장실에 가고 싶다고 말했다. 요새 부쩍 화장실에 가는 일이 잦아졌다고 했다. 우리는 대리석으로 된 곡선 계단을 내려와 지하에 있는 자그마한 화장실에 갔다. 나는 핸드 드라이어 아래 핑크색 아기 양말 한 짝이 떨어져 있는 걸 발견했다.

믿을 수 없이 작았다. 주위에 아기를 안은 엄마가 있는지 찾아봤다. 위니가 세면대에서 손을 씻을 때까지 아기 엄마를 발견하지 못하자, 몸을 숙여 양말을 주워 내 레인코트 주머니에 집어넣었다.

시카고에 도착했다. 그동안 코너의 심기를 건드리지 않으려 무진 애를 썼던 날들을 떠올렸다. 어떤 날은 성공적이었다. 그리고 어떤 날은 실패했다. 갑자기 폭발하는 분노를 어떻게 늘 성공적으로 피할 수 있겠는가?

아기를 품고 있는 상황에서 맞는 것은 상상도 할 수 없었다. 코너를 임신했을 때 두들겨 맞은 그의 어머니처럼 될 수는 없었다.

앞으로 내가 포기해야 할 직업들, 친구들에게 해야 할 거짓말, 그리고 아이가 없는 삶을 생각했다.

지금까지는 미래에 대해 생각하지 않으려 애썼다. 정신없이 바쁜 경영대학원의 생활이 이에 어느 정도 일조했다.

비가 내렸다. 레인코트를 입고 주머니에 있는 아기 양말을 만지며 버그도프 백화점에서 보낸 시간을 떠올렸다. 과연 비가 오는 오후에 집에 혼자 두기 두려울 정도로 작고 예쁜 여자 아기를 가질 수 있을까? 사실, 질문의 본질은 단순했다.

내가 코너 없이 살 수 있을까?

위니가 사준 페라가모 정장은 내 무적의 면접 복장이 되었다. 면접 때 이 옷을 입으면, 어휴! 멋지게 미소 짓고, 악수를 하고, 민감한 질문에도 침착하게 대답할 수 있었다. 예전의 내가 아니었다. 나체로 따뜻한 물을 받은 욕조에 몸을 담그고 있을 때 코너가 샤워기로 뿌린

찬물을 뒤집어썼던 날은 기억조차 할 수 없었다. 마사의 포도농장에서
돌아오던 길에 햄버거를 머리에 맞은 일도, 좁은 부엌에서 아침을 하고
있을 때 코너가 커피가루를 두 손 위에 부었던 일도 기억에서 멀어져
갔다.

놀랍게도, 큰 회사의 까다로운 인사담당자들은 내게 마케팅 인턴십
기회를 부여했다. 하나는 뉴욕의 아메리칸 익스프레스였고 하나는
뉴저지에 위치한 존슨앤존슨이었다.

코너는 이력서를 내지 않았고, 면접은 하나도 못 보다가 막판에
시카고에서 여름방학 동안에만 한시적으로 일할 수 있는 계약직을
겨우 얻었다.

아메리칸 익스프레스에서 받은 아이러니한 인턴십 제안에도
불구하고("이봐요, 이제 내 카드를 사용할 수 있을까요?"), 뉴 브룬스위크에
위치한 존슨앤존슨 본사에서 일하기로 결정했다. 넬리 이모에게
그녀의 해안가 별장에 머물 수 있게 해달라고 부탁했다. 이렇게 되면
세 달 동안 코너를 주말에 몇 번밖에 보지 않아도 됐다. 그는 내키지
않아했지만 반대하지는 않았다. 블루를 데리고 열세 시간을 운전해
뉴저지에 도착했다. 코너 없이는 괜찮았지만 블루 없이는 못 살았다.

15만 명의 직원이 일하는 존슨앤존슨에서는 시스템이 모든 걸
지배하는 것 같았다. 세계에서 가장 큰 보건 소비재 회사다웠다.
건물은 풀을 먹인 셔츠처럼 새하얬다. 잔디는 골프 코스처럼 짧게
다듬어져 있었다. 출근 시 입는 옷의 스커트와 소매 길이도 정해져
있었다. 메모를 어떻게 남기는지에 대한 메모도 붙어 있었다. 모든
직원이 오전 8시 30분까지 출근했다. 회사에 가져올 수 있는 차조차도
정해져 있는 것 같았다. 값비싼 유럽 수입차는 찾아볼 수 없었다.
책상 위에 놓을 수 있는 개 사진도 정해진 듯했다(골든 리트리버 사진은

많았지만 도베르만 사진은 하나도 없었다). 존슨앤존슨에서의 생활은 바닐라
밀크쉐이크처럼 달콤했다.

매일 밤 해질녘 빅토리아 양식의 해변 별장으로 돌아오면 블루와
열두 살 된 주근깨투성이 사촌 릴라가 나를 맞았다. 저녁식사 후에는
맨발로 한 블록 떨어져 있는 아이스크림 가판까지 함께 걸어가서
아이스크림콘을 먹으며 돌아오곤 했다. 코너는 주말에 가끔 비행기를
타고 왔고, 넬리 이모와 이모부, 10대 사촌 두 명과 함께 어울렸다.
우리가 싸우기에는 주위에 사람이 너무 많았다. 우리는 몇 번, 뜨겁게
달궈진 차 안에서 창문을 끝까지 올리고 아무도 듣지 못하게 몇 번
싸웠다.

세 달 동안 혼자 지내며 맞지 않고 멍이나 부어오른 눈을 가릴 필요
없이 지내다 보니, 모든 것이 명확해지고 답하기 어려웠던 질문에 대한
답도 얻을 수 있었다.

내가 왜 폭력에 정면으로 맞서지 않았을까? 경영대학원에서의 열띤
토론과 공격적인 면접에서 보여줬던 내 투지는 어디로 갔을까?

물론, 그의 반응이 너무나 두려웠다. 그러나 그게 변명의 전부는
아니었다. 나는 그에게 이유를 묻고, 폭력은 용납할 수 없으며,
지속될 경우 떠나버리겠다고 협박하는 게 별로 도움이 되지 않는다고
생각했었다. 실제로도 그를 떠나지 않을 것이기 때문이었다. 이에
더해, 폭력이 그의 잘못이 아니라고 생각했다. 어린 시절 극심한
학대를 받아서 자기도 모르게 그런 성향을 갖게 된 것 아닌가. 그리고
폭력이라는 주제를 밖으로 꺼낸다고 해도 그의 치밀어 오르는 폭력을
멈추지는 못한다고 생각했었다. 그러나 이러한 선택들이 도리어
상황을 악화시켰다는 걸 깨달았다.

이제 어떻게 해야 할까?

여름이 되기 전에 썼던 기사가 「세븐틴」 8월호에 실렸다.
존슨앤존슨 본사 근처에 있는 뉴스 스탠드에서 「세븐틴」의 커버에
찍힌 헤드라인을 봤을 때, 문득 떠올랐다. 난 작가다. 나는 코너와의
미래에 대해 실험을 해볼 수 있다. 어쩌면 나는 가정폭력에서 드러나지
않는 역학관계에 관한 실증적 자료를 발견할 수 있을지도 모른다.
제대로 조사하기만 하면 베닝턴 공공도서관에 있던 전혀 도움이 되지
않는 이론서들과는 다를 것이다.

나는 매릴랜드에 있는 큰 주립 대학교에서 연구 중인 조교수를 한
명 찾았다. 그는 폭력을 휘두르는 사람들의 행동심리학-보통 피해자를
집중 분석하는 이 분야에서 독특한 관점을 가진-을 연구하며 박사과정을
밟고 있었다. 그에게 연락해 여성지에서 폭력 남편들에 대한 기사를
쓰는 프리랜서 에디터라고 소개했다. 나는 그를 속일 수밖에 없었다.
왜냐하면 (1)진실을 말하면 내가 원하는 만큼의 객관성을 얻을 수
없다고 생각했고, (2)인터뷰를 하면서 울어버리는 것을 방지하기
위해서였다.

존슨앤존슨 사무실의 내 책상 위에 놓인 노란색 노트패드에는
그에게 던질 질문이 적혀 있었다. 저녁 일곱 시. 모두가 퇴근한
시각이었다. 회색 사무실 전화기에 번호를 누르고 수화기를 들어 귀에
꼭 붙였다. 그의 말을 한 마디도 놓치고 싶지 않았다.

객관적이고 쉬운 질문으로 시작했다.

"어떤 방식으로 모집단을 선정하신 건가요?"

그가 한숨을 크게 쉬었다. 아, 객관적이고 쉬운 질문이 아니었나.

"왜 남성이 여성을 때리는지에 대해 의문이 들었어요. 왜 여성이

지속되는 폭력에도 불구하고 관계를 끊지 못하느냐에 대해서가 아니고요. 10년 동안 폭력을 휘두르는 남성들을 연구했습니다. 이 연구에 더해, 가정폭력 때문에 법원 명령을 받은 남성들이 모인 자활그룹에서도 활동하고 있습니다."

그가 말을 이었다.

"저는 제가 연구하고 있는 남성들을 존중합니다. 우리 사회는 너무나 오랫동안 그들, 그리고 그들이 폭력을 지속하는 데 대한 책임에 무심했어요. 저는 그들이 도움을 받을 권리가 있다고 생각합니다. 그리고 사회도 그들이 폭력을 멈출 수 있게끔 노력해야 한다고 봅니다."

나는 바버라 월터스 같이 똑똑한 목소리로 첫 번째 어려운 질문을 던졌다.

"당신이 봤을 때 그들이 왜 사랑하는 여자를 때리는 것 같아요?"

그가 다시 한숨을 쉬었다.

"제가 연구했던 폭력적인 남성들은 모두 어린 시절 깊게 사랑했던 사람에게 학대를 받은 경험이 있습니다. 보통은 적합한 행동 양식을 배울 수 있는 롤 모델로 생각했던 가까운 가족에게 당한 경우가 많아요. 어머니나 아버지, 혹은 양쪽 다요. 이들은 어렸을 때 강한 감정을 다스리는 방법으로 폭력이 용인될 수 있다고 배워요. 다른 사람들을 통제해서 본인을 보호할 수 있는 유효한 방법으로 말이죠. 학대와 친밀함을 떼어놓지 못하는 겁니다. 그들은 이 행동이 나쁘다고 생각하지 않습니다. 그리고 당연히, 범죄라는 생각도 하지 못합니다."

나는 코너가 그의 어머니를 얼마나 사랑했는지 떠올리며, 그녀가 학대받는 그를 방치했을 때 어떤 기분을 느꼈을지 상상했다.

"그들은 상대방을 때리면서도 사랑하나요?"

마음의 평정을 유지하기가 점점 어려워졌다. 손에 땀이 나서
수화기가 자꾸만 미끄러졌다.

"물론이죠. 그들은 '사랑하기 때문에' 상대방을 때립니다." 그가
확신에 찬 목소리로 말했다.

"저는 아직까지 가정폭력범들이 모르는 사람을 때리는 걸 본 적이
없습니다. 이들은 친밀한 관계에서만 폭력을 휘두릅니다. 특히 이들은
휘둘리거나 약해 보이는 것을 두려워합니다. 어린 시절의 학대 경험
때문에, 친밀한 관계에서는 사랑하는 사람들을 통제하는 것만이
그들이 상처받지 않는 방법이라는 걸 체득한 거지요. 특유의 생존
전략이랄까요. 그리고 두려움과 폭력이 다른 사람을 통제할 수 있는
아주 효과적인 방법이라는 걸 경험으로 잘 알고 있습니다."

나는 코너의 폭력이 증오보다는 사랑과 두려움에 의한 것이라는
것을 알고 있었다. 마침내 진짜 전문가가 나타난 것이었다.

고개를 숙여 노트를 확인했다. 다음 질문.

"여자친구나 아내를 학대하는 사람들이 자기 아이도 학대하나요?"

"네, 거의 늘 그렇습니다. 아까 말한 친밀함과 폭력의 관계를 다시
한 번 생각해보세요. 만약 아이들을 신체적으로 학대하지 않는다고
해도, 이들의 어머니를 학대함으로써 두 가지를 암시하죠. '다음 차례는
너다'라는 위협, 그리고 '여성은 학대받아도 괜찮다'는 것을요. 이로
인해 학대가 다음 세대까지 계속 이어지게 됩니다."

나는 조용히 한숨을 내쉬었다. 다음 질문을 던지기 전에 충분히 숨을
들이마시기가 어려웠다.

"자활그룹에 있는 사람들 중 눈에 띌 만큼 개선된 사람들이 있나요?
아니면 그럴 희망이 보인다든지?"

이번에는 그가 한숨을 쉬었다.

"솔직함이 가장 중요해요. 그런데 이에 대해 솔직한 사람은 거의 없죠. 그들이 상대방을 때렸고 그게 처음이 아니라는 사실, 그리고 과거에 다른 여성을 때렸었고, 지금까지 상대만 바뀌었지 계속 반복되어왔다는 걸 잘 인정하지 않아요."

솔직함? 코너는 자신이 나를 때렸다는 것을 인정한 적이 없었다.

"또 중요한 건 그들이 한 일에 대해 책임감을 느끼는 겁니다. 이것 또한 흔치 않죠. 폭력이 상대방의 잘못이 아니고 '내 잘못'이라고 인정하는 거요. 대부분의 폭력 남성들은 상대방이 폭력을 유발한다고 믿습니다. 저는 그들이 진실을 인정하도록 부단히 애써왔습니다. 폭력은 자신의 잘못이라는 걸요. 만약 폭력 남성이 이를 인정하고 정말로 그렇게 믿는다면, 희망은 있어요."

그가 이어서 말했다.

"하지만 대부분의 폭력 남성들에게는 불가능한 일입니다. 왜냐하면 인정하는 순간, 그들이 오랫동안 사랑하는 사람들을 자신들이 어려서 고통받았던 것과 정확히 같은 방법으로 상처 주었다는 사실을 시인하는 거거든요. 제가 만난 대부분의 남성들이 자신의 문제를 부정하는 것을 생존 전략으로 삼고 있었습니다. 이 방어기제를 없애면 이들은 무너지게 됩니다. 사실 이게 핵심인데 말입니다. 딜레마죠."

코너는 폭력을 행사한 것에 대해 책임지려는 모습과는 수백억 광년은 떨어져 있었다. 가슴에 뭔가 턱하고 걸린 것 같았다. 나는 애써 자신만만한 앵커우먼의 목소리로 물었다.

"아까 폭력에는 전형화된 패턴이 있다고 말씀하셨잖아요. 조금만 더 구체적으로 말씀해주시겠어요?"

"그동안의 연구와 자활그룹에 참여하며 관찰한 결과, 폭력 남성들은 동일한 변종 집단처럼 꽤 예측 가능한 행동 양식을 보인다는 가설을 세울 수 있었습니다. 자, 우선 관계가 시작됩니다. 폭력 남성은 묘한 감각으로 여성이 감정적으로 무엇을 좋아하고 원하는지 귀신같이 알아냅니다. 많은 여성들이 이 남성들이 연애 초기에 보여준 모습을 묘사할 때 '백마 탄 왕자님' 또는 '나의 기사님'이라는 표현을 사용합니다. 믿을 수 없을 만큼 많은 여성들이 이렇게 말합니다. 폭력 남성들은 먹잇감을 찾는 포식자와 같아요."

그는 우리가 E 라인 열차에서 처음 만났던 날, 내가 심약한 상태였다는 걸 어떻게 알아차렸을까? 아니, 난 여전히 심약한가?

"연애 초기부터 폭력을 행사하는 남성에 대해 들어본 적이 있나요? 어떤 남성도 첫 데이트에서 여성을 때리지 않습니다. 그는 여성을 확실히 붙잡아둘 수 있을 때까지 기다립니다. 여성의 입장에서 보면 '덫에 걸릴 때까지'라고 할 수 있죠. 그게 감정적이든 재정적이든 말입니다. 약혼이나 임신, 남성이 '직접 돌봐주고 싶으니까' 일을 그만두게 하는 게 덫에 해당되죠. 이들은 본능적으로 언제 어떻게 이 폭력적인 관계를 '성공적으로' 안착시킬 수 있는지 알아요. 결국 희생자는 이 관계에 기꺼이 가담하게 되는 상황까지 갑니다."

나는 조용히 듣고 있었다.

"관계가 확립되어 폭력 남성들이 이제 안정되었다고 생각하면, 드디어 본색을 드러내기 시작합니다. 여성의 앞에서 벽을 주먹으로 친다거나, 말다툼을 하다가 '내가 점잖은 사람이니까 참았지, 너 다른 데서 그런 식으로 말하면 이미 한 대 맞았어'라며 협박합니다. 이런 폭력적인 협박을 했는데도 여성이 꿈쩍도 안 하면 곧 실제로 때리거나 목을 조르고 밀치게 됩니다. 보통은 꼬집어서 멍을 남기거나 목을 세기를 조절해가며 조르는 식이에요. 완전히 때리지는 않습니다. 그러다가 여성이 점점 더 협박에 무감해지고 반항하게 되면 폭력의 강도와 빈도를 높이게 됩니다. 그때쯤이면 여성은 완전히 갇혀버리고, 남성은 그가 원하는 건 무엇이든 해도 된다고 느낍니다. 남성은 여성을 감정적으로도 학대합니다. 자신의 폭력은 여성이 자극해서 나타난 것뿐이며 그녀가 잘만 행동하면 폭력을 휘두르지 않는다고 주입시킵니다. 이렇게 되면 여성의 죄책감이 관계를 보호하게 되고 남성은 계속해서 폭력을 행사하는 것이지요."

목소리가 나오지 않았다. 수화기 저편에 있는 낯선 사람이, 코너와 나의 관계를 무서울 정도로 정확하고 상세하게 묘사하고 있었다. 우리의 첫 번째 싸움은 우리가 한 집으로 이사한 날 밤에 있었다. 바로 내가 더 이상 갈 곳이 없어졌을 때. 그가 나를 처음 때렸던 건 결혼식 닷새 전이었다. 그리고 2년 동안이나 나는 그가 나를 때리게 내버려 두었다. 그가 어린 시절의 트라우마를 벗어나는 것을 도와준다는 이유로.

나는 말없이 1분 동안 그의 말을 노트에 적어 내려갔다. 사실, 지금 필요한 건 나 자신을 추스를 수 있는 10년의 시간이었다.

다음 질문을 보았다. 이쯤 되자 다음 질문에 대한 답이 무엇인지 알 것 같았다. 하지만 그의 입에서 나오는 답을 듣고 싶었다.

"당신이 참여했던 자활그룹의 남성들이 좀 나아졌나요? 그들이 여성을 다시는 때리지 않게 되었다든지?"

그가 지금까지 중 가장 큰 한숨을 내쉬었다. 수화기 저편에서 그가 고개를 흔드는 게 선명히 보였다.

"아뇨, 제가 봤던 남성들 중 폭력을 단번에 멈춘 사람은 없었어요. 어느 시기까지는 참았지만요. 저는 폭력 남성들이 화를 통제하고 더 건설적인 방법으로 감정을 표현하는 데 놀라운 진전을 보인 것을 목격했습니다. 하지만 그러한 진전에도 불구하고, 다시 퇴행하지 않고 정기적으로 여성을 때리는 걸 멈춘 사람은 본 적이 없어요. 제가 아는 한, 단 한 명도 영원히 폭력을 멈추지는 않았습니다."

"알겠어요. 마지막 질문입니다. 혹시라도 그들의 아내나… 여자친구가… 당신에게 와서 '저는 어떻게 해야 하죠? 제가 그를 어떻게 도와줄 수 있죠?'라고 묻지는 않았나요? 당신은 그들에게 어떤 조언을 해주시나요?"

그가 웃기지도 않다는 듯 코웃음을 짧게 냈다.

"저는 그 여성에게 아마 죽었다 깨어나도 당신은 그 남성을 도와줄 수 없다고 말할 겁니다. 일단 그 여성은 자신과 아이들을 보호해야 해요. 그 남성으로부터 모두 떨어져 있어야 합니다. 그리고 극도로 조심해야 해요. 왜냐하면 이들을 떠나버리면 가장 치명적인 분노를 일깨울 수도 있으니까요. 하지만 떠나는 게 사실은 폭력 남성에게도, 그리고 우리 사회에도 더 좋습니다. 그렇게 함으로써 그가 저지른 짓은 잘못되었으며 절대 용납되지 않는 행동이라는 걸 본인과 사회에 알리는 것이니까요. 폭력적인 관계에서는 떠나는 것만이 방법입니다. 그렇게 함으로써 여성은 그를 도울 수 없고, 폭력은 전적으로 남성의 잘못이자 책임이며, 그의 행동을 변화시킬 수 있는 건 오직 자신뿐이라는 걸 확실히 알려주게 됩니다."

나는 그에게 기사가 나오면 알려주겠다고 말한 후, 인터뷰에 응해준 것에 무척 감사하다고 말한 후 전화를 끊었다.

어두운 사무실에 혼자 앉아 꺼진 컴퓨터 모니터를 쳐다보고 있었다. 이제 많은 것이 분명해졌다. 그러나 코너에 대한 내 사랑은 변함이 없었다. 그리고 여전히 뭘 어떻게 해야 할지 갈피를 잡을 수 없었다.

8월 말, 코너는 나와 블루를 데리고 시카고로 가기 위해 뉴저지에
왔다. 우리는 텅 빈 저지 해변에서 마지막 긴 산책을 했다. 어스름이
내리고 있었다. 해변에 떨어져 있는 장난감과 선크림 튜브를 피해
걸었다. 코너의 가슴과 발은 햇볕에 전혀 그을리지 않아 파리했다.
우리는 손을 잡지 않은 채 어깨를 나란히 하고 걸었다.

코너의 폭력에 대해 말을 꺼내는 건 마치 뉴저지 주 경찰에게 내가 왜
과속운전을 했는지에 대해 설명하는 것 같았다. 난 죄책감을 느꼈다.
코너와 이야기를 나누는 건 꽤 오랜만이었다.

"코너, 말할 게 있어요."

그의 얼굴을 봤다가는 눈물이 날 것 같아, 고개를 들지 않고 말했다.
내 입에서 나오는 말은 딱딱했고 TV 앞에서 먹는 알루미늄 호일 그릇에
담긴 냉동식품처럼 텁텁했다.

걸음을 멈췄다.

"앞으로 날 단 한 번이라도 더 때리면, 그땐 끝이에요. 나는 당신과
우리가 함께했던 모든 것을 사랑해요. 그래서… 우리 사이의 이…
문제를 더 이상 용납 못 해요."

고개를 들어 그의 얼굴을 바라봤다. 바람이 이마 앞의 머리카락을
흩날렸다. 코너가 내 말을 알아들었는지 알고 싶었다. 그는 발끝을
내려다보고 있었다.

"알았어."

코너가 몇 초 후 말했다. 그의 푸른 눈은 아직도 땅을 향해 있었다.
그의 긴 속눈썹이 뺨에 둥근 그림자를 드리우고 있었다.

"알아들었어. 약속할게. 앞으로 절대… 절대 그러지 않을게, 레슬리."

그가 고개를 들었다. 그는 진심이었다.

"사랑해. 난 당신이랑 블루, 우리 세 식구가 함께 행복했으면 좋겠어. 자 이제 집에 가자."

11월. 가을이 되자 면접과 강의, 스터디 그룹 모임으로 정신이 하나도 없었다. 각 회사의 인사담당자들과 세 시간짜리 만찬회에도 수없이 참석했다. 여름이 끝날 무렵 존슨앤존슨의 마케팅 부문 부사장이 학기가 시작한 후에도 일주일에 이틀 정도 근무할 수 있느냐고 물었다. 이는 곧 돈, 대체 학점, 그리고 코너와 일주일에 이틀을 떨어져 있는 것을 의미했다. 나는 얼른 수락했다. 이제 매주 수요일 밤에 코너를 떠나 이틀을 존슨앤존슨에서 일하며, 식료품 구매와 공과금 납부에 쓰일 돈을 벌 수 있었다. 사실 너무 바빠서 깊이 생각할 여유도 없었다.

코너는 약속을 지켰다. 해변에서 대화를 나눈 지 세 달, 그가 나를 마지막으로 때린 지 여섯 달이 지났다. 추수감사절이 다가오던 어느 날, 그가 자전거를 타고 집에 와서 작은 가방을 내밀었다. 선물이었다. 예쁜 에나멜 물감으로 칠한 새 한 쌍이 달린 귀걸이었다. "애들 꼭 우리 같지." 코너가 말했다.

어느 날 밤, 싸움이 폭력으로 번지지 않고 그저 싸움으로 끝난 밤, 코너는 비 오는 밤거리로 나가 내가 가장 좋아하는 피자를 화해의 선물로 사왔다. 따뜻한 피자 박스를 손에 들고 있는 그의 이마에는 비에 젖은 머리카락이 붙어 있었다. 금요일 밤, 뉴저지에서 돌아오는 비행기에서 내려, 코너가 게이트에서 핑크색 장미꽃다발을 들고 나를 기다리는 모습을 보았다. 그의 얼굴을 보자 예전에 뉴욕에서 데이트하던 시절처럼 가슴이 설렜다.

며칠 후, 책상에는 작은 상자와 함께 메모가 놓여 있었다.

사랑하는 아내에게 ―

토요일에 플리마켓에 갔다가 발견했어. 공작새 모양의 골동 보석

핀이야. 위에 새겨진 한자는 번영과 행운을 뜻한대. 면접 볼 때 재킷에

꽂으면 좋을 것 같아. 당신의 삶에 대한 애정과 열정을 응원해. 당신에게

소중한 건, 내게도 소중해.

늘 당신을 생각하며

코너

문득 그의 서른다섯 번째 생일과 크리스마스를 파리에서 보내면

어떨까 하는 생각이 들었다.

"좋아, 우리 단 둘이."

코너가 미소 지으며 말했다. '우리 단 둘이'라. 그동안 원했던

전부였다. 우리는 다시 처음으로 돌아간 건지도 몰랐다. 나는 전세기

항공권을 두 장 끊었고 도서관에서 가이드북을 찾아 센 강의 왼편

기슭에 위치한 저렴한 호텔을 찾았다. 우리의 여행이 부디 로맨틱하길.

2년이라는 세월이 순식간에 지나갔다. 이제는 우리 결혼의 25주년

은혼식에 대해 얘기해도 될 것 같았다.

'그래, 결혼하고 처음 몇 년은 끔찍할 정도로 힘들 수 있어. 누구든 다

겪어내야 하는 과정인 거야. 그게 바로 결혼에서의 '헌신'인 거고.'

12월. 그의 생일 하루 전이었다. 모두가 3주 동안의 방학을 맞아 캠퍼스를 떠났다. 다시 사회로 돌아가기 전 맞는 마지막 긴 방학이었다. 길에 늘어선 상점들과 아파트 창문가에는 크리스마스 불빛과 장식이 화려하게 빛났다. 그러나 우리 동네는 황량했고, 이상할 정도로 조용했다. 우리가 예전에 살던 버몬트 같았다.

그날 오후 늦게 코너가 쇼핑몰에 무엇을 사러 갔을 때-아마 면접에 대비한 새 넥타이를 사러-전화벨이 울렸다. 방 안이 어두워서 침대 위 어딘가에 있는 전화기를 찾기가 힘들었다.

"여보세요?" 수화기를 들고 헉헉대며 전화를 받았다.

"레슬리, 나야, 위니. 여행 잘 다녀오라고 전화했어. 파리에서의 크리스마스? 진심 부럽다. 샹들리제 거리를 걸을 때는 렉스네 가족이 내 배를 두드리는 걸 기를 쓰고 피해 다니는 불쌍한 나를 떠올려주렴."

"응, 나 너무 신나. 우리는 내일 이 시간쯤 파리에 있을 거야. 코너도 행복해할 거고. 그가 자란 사우디랑은 아예 차원이 다른 공간이니까."

위니-거의 임신 9개월이고 뱃속 아기도 무척 건강한-는 배가 불러서 숨 쉴 공간도 없다는 듯 껄껄대며 웃었다.

"훌륭해. 여행 진짜 재밌을 것 같아. 네가 행복하다니까 나도 행복하다. 너랑 그랑 나 모두에게 잘 된 일이야. 나 그동안 널 지랄맞게 걱정했다니까."

침실 밖 부엌에 난 창문 밖으로 지붕들이 보였다. 건너편 아파트의 2층집에는 알록달록 번쩍번쩍한 싸구려 크리스마스 전등이 장식되어 있었다. 나는 우리의 어두침침한 침실로 몸을 돌렸다.

"위니, 있잖아, 그가 아직도 가끔 화를 내. 우리가 해변에서 했던 약속도 그를 멈추게는 못하나 봐. 때때로 이게 그의 화를 더 쌓이게 하는 건 아닌가 하는 생각이 들어. 풀 방법이 없으니까. 그렇지만 아직까지… 때리지는 않았어. 그는 정말로 노력하고 있어. 아마 앞으로도 괜찮을 거야."

"그럴 거 같긴 해. 근데 너, 그거 뭣같이 큰 문제야. 알지? 코너는 진짜 열심히 노력해야 해. 네가 이 관계를 성공적으로 유지시키려면, 지난 여름에 그랬듯 둘이 떨어져 사는 게 유일한 방법이 아닐까 싶어. 아니면 지금처럼 뉴저지에 이틀 정도 다녀오면서 중간에 틈을 주거나."

엿먹어라, 위니. 이렇게 말하고 싶었다. 처절한 진실을 이렇게 노골적으로 말하는 그녀가 저주스러웠다. 나는 여전히 그를 사랑했다. 이전과 똑같이. 하지만 이제 그와 나 둘 중 하나를 선택해야 하는 때가 온다면, 나 자신을 선택할 것이다. 그리고 생각이 이렇게 바뀌었을 정도면… 이제 어느 정도는 답이 나왔다고 봐야 하지 않을까?

복도에서 발소리가 들렸다. 나는 발소리가 다른 집으로 향하기를, 아니면 3층까지 이어진 후 사라지기를 바랐다.

"위니, 끊어야겠다. 그가 돌아왔어. 크리스마스 잘 보내. 전화해줘서 고마워."

전화를 끊었다. 코너를 영원히 보지 않았으면 좋겠다는 생각이 허밍버드가 라벤더 꽃밭 위를 휙 날아가듯 스쳤다. '안 돼, 그는 네 남편이야. 넌 그를 사랑해.' 현관에서 코너가 열쇠로 문을 여는 소리가 들렸다. 복도에 불을 키러 나갔다.

"안녕, 자기." 웃으려 노력했다.

"이탈리아 레스토랑에서 저녁을 사왔어. 페스토 파스타. 자기가 가장 좋아하는 거."

"음, 맛있겠다. 저녁 먹고 짐 챙길 거죠?"

우리는 거실 소파에 나이 든 커플처럼 나란히 앉아 뉴스를 보며 저녁을 먹었다. 블루는 꼬리를 둥글게 말고 발 옆에 엎드려 있었다.

설거지를 한 후 창문이 없는 침실로 들어왔다. 우리 집은 품위 있게 꾸며져 있었지만 이제 이곳이 지겨웠다. 폭력으로 물든 수많은 밤과 그 결과로 얻은 멍 자국. 상처를 감추기 위해 터틀넥 스웨터를 입던 수많은 아침을 맞은 이 공간.

블루가 나를 따라오며 발톱을 나무 바닥에 긁었다. 그리고 으르렁 소리를 내더니 그의 전용 가짜 가죽 의자에 뛰어 올랐다. 나는 하얀색 티셔츠와 코너의 낡은 반바지 차림으로 짐을 챙겼다. 거실의 TV에서는 요란한 소리가 흘러나왔고 시트콤에서 웃긴 대사가 나올 때마다 코너의 터져 나오는 웃음소리가 들렸다.

30분 정도 짐을 쌌을 때, 코너가 문가에 서서 나를 내려다보고 있었다. 묘한 미소가 얼굴에 걸려 있었다.

"나 안 갈래."

그는 가슴 앞에 팔짱을 낀 채 말했다. 그의 말이 공중에 떠서 멈춘 연처럼 매달려 있었다. 그의 목소리에서 날카로움을 느낀 블루는 의자에서 내려와 고개를 푹 숙이고 코너를 지나쳐 방을 나갔다. 한기가 내 몸을 관통했다.

예전에도 코너는 계획을 갑자기 취소하곤 했다. 가끔은 내가 옷을 차려 입고 화장을 한 후 향수까지 뿌리고 방문 앞에 나타날 때까지 기다린 후 취소하기도 했다. 따라서 너무 놀랄 필요 없었다. 그러나 이번에는 정말 놀랐다.

나는 반응하지 않고 빨간색 울 스웨터를 마저 접어 가방에 넣었다. 그는 여전히 문가에 서서 나를 바라보고 있었다.

"나 안 간다고 말했잖아."

난 알아들었다는 듯 고개를 끄덕였다. 나는 그가 왜 안 가고 싶은지 묻지 않았다. 그리고 그의 생일 기념으로 가는 여행을 취소해서 내가 얼마나 상처받았는지도 말하지 않았다. 그는 다시 거실로 나갔다.

코너의 손을 잡고 파리의 거리를 걷고, 작은 금속제 테이블에서 함께 카페오레를 마시고, 달리는 지하철을 타고 창밖으로 지하철 역사들이 휙휙 지나가는 걸 즐겁게 보는 상상을 했다.

그는 30분 있다 방으로 돌아왔다. 나는 침대에 누워 한때는 으리으리했지만 지금은 여러 개의 집으로 분할된 초라한 맨션의 하얀 천장을 바라보고 있었다. 내가 챙긴 짐 가방들이 바닥에 그대로 놓여 있었다.

"그래서, 전화해서 항공권 취소했어?"

그가 물었다. 멍청한 질문이네. 싸구려 전세기 항공사는 토요일 밤 열시 반까지 일하는 데인 줄 아나. 그가 정말 하고 싶은 말은 이거였다.

나 여기 주인인데. 너 내가 시키는 대로 했어?

나는 코너가 왜 여행을 취소하고 싶어 하는지 알았다. 이 여행은 우리의 새 시작을 '내 식대로' 축하하는 방식이었다. 하지만 좋은 소식조차 그가 원하는 방식으로 축하해야만 했다. 그가 통제할 수 없다면, 이런 즐거운 행사도 그를 겁먹게 했다.

파리를 함께 여행하기로 했던 남자는 문 앞에 서 있는 저 남자가 아니었다. 그는 원래부터 존재하지 않았던 것처럼 사라져 버렸다. 예전의 '다정한' 코너는 없었다. 나는 8월부터 나 자신에게 거짓말을 해왔던 거였다. 어쩌면 8월보다 훨씬 전부터였을 것이다.

"아니요."

내가 말했다. 그에게서 고개를 돌려서 벽을 쳐다봤다. 우리 집과 옆집을 구분하는 벽이었다. 하얀 회반죽벽에 꽃무늬 모양으로 금이 가 있는 게 보였다.

"난 갈 거예요." 여전히 그에게 등을 돌리고 있었다. "당신이 안 가도 난 갈 거예요. 이번 학기에 정말 열심히 일했어요. 앞으로 오랫동안 이런 방학은 없을 거예요. 함께 가고 싶지만, 안 간다니까 나 혼자 갈 거예요."

눈을 감았다. 그에게 진실을 말하는 게 잘하는 일인가 싶었다. 하지만 3년 만에 처음으로, 내가 진심을 얘기했을 때 그가 어떻게 반응하는지 알아야만 했다.

긴 침묵이 흘렀다. 천으로 단단히 싸인 아기가 침대 위에서 숨을 쉬다 잠깐 멈췄는데, 다시 숨을 쉴 것인지 아니면 이대로 영원히 숨을 멈출 것인지 분간하려 긴장되게 지켜보는 순간 같았다. 정신을 아득하게 하는 긴 침묵.

가까이서 공기가 흔들리는 게 느껴졌다. 방이 슬로모션으로 흐려지더니 크게 흔들렸다. 그리고 내 머리가 티셔츠의 오른쪽 칼라에 박혔다. 코너가 씩씩대며 내 티셔츠를 끌어당기고 있었다. 곧바로 내 머리가 나무 바닥에 내리꽂혔다.

"네가 어찌 감히!" 그의 목소리가 방을 쩌렁쩌렁 울렸다. "혼자서 어딜 가려고! 이 이기적인 년아."

그가 침대 옆 테이블에서 결혼식 사진이 들어 있는 은 세공 액자—외할머니가 돌아가시기 일 년 전에 선물로 받아 내가 가장 좋아하던—를 들었다. 얼굴을 가릴 새도 없이 액자가 머리를 가격했다. 눈에 유리 조각이 들어올까 봐 반사적으로 눈을 감았다. 이마와 뺨이 유리 조각에 베여 피가 흘렀다.

'안 돼.' 머리를 감싸며 작은 목소리로 중얼거렸다. '제발 멈춰. 난 아직 그를 사랑해. 그는 내 가족이야.'

코너의 발이 뒤로 당겨지는 걸 보지 못했으나, 갈비뼈에 커다란 망치로 가격당한 듯한 극심한 통증이 갑자기 밀려왔다. 지금까지 경험하지 못했던 행동이었다. 우리의 작은 침실이 분노로 소용돌이 쳤다. 코너는 8월부터 분노를 차곡차곡 쌓아온 것 같았다. 그렇게 다시는 이런 일이 없기를 간절히 바랐지만, 그는 이날이 올 줄 알고 그동안 참을성 있게 기다리며 주먹질 하나, 발차기 하나까지 미리 짜놓은 것처럼 움직였다.

그는 이를 악물고 있었다. 주먹을 쥔 양 팔의 근육에는 힘줄이 불끈 솟아 있었다. 처음 보는 사람이 집에 침입해 침실 앞에 서 있는 것 같았다.

전화. 통화 후 침대 옆 스탠드 옆에 놓아둔 전화기 쪽으로 손을 뻗었다. 그러나 겨우 몇 걸음 떨어져 있었지만 코너가 너무 빨리 움직여서 몇 센티미터도 가지 못해 잡힐 게 분명했다. 그리고 전화를 건다니. 터무니없는 생각이었다.

갑자기 내 입에서 터져 나오는 비명. 마치 어떤 여자가 곁에서 머리가 울릴 정도로 비명 지르는 걸 듣는 것 같았다.

그는 두 손으로, 예전에 내 목을 부드럽게 어루만졌던 그 두 손으로 목을 감싸 쥐었다. 그러고는 내 머리를 바닥에 눌러 그 반동으로 자신의 몸을 일으킨 후, 나를 침대 위에 올려놓고 온몸을 이용해 나를 누르고 목을 졸랐다. 그의 파란색 셔츠에서 세제향과 땀 냄새가 동시에 났다.

"닥쳐! 닥쳐! 닥치란 말야!" 그가 고함을 질렀다.

그는 내가 아무 소리도 내지 못할 때까지 목을 졸랐다. 눈앞에서 모든 게 뿌옇게 변하더니 정신이 아득해졌다. 깊은 고요함과 묘한 평화를 느꼈다. 이 방이 내 인생의 종착지구나. 이 단단한 매트리스. 그리고 어른거리는 검은색과 파란색 형체.

정신이 들었다. 시간이 얼마나 흘렀을까. 십 분? 십 초? 아니면 인생 전체?

코너가 침대 옆, 전화기 근처에 서 있었다. 거실로 나가는 문 앞이었다. 그는 날 건드리기 두렵다는 듯 쳐다보고 있었다. 내가 눈을 뜨고 그를 향해 고개를 돌리자 그가 흠칫—왜? 안심해서?—했다. 그의 겨드랑이는 땀으로 흠뻑 젖어 있었고 양팔은 은행 경비처럼 가슴 앞에 팔짱을 끼고 있었다.

큰 얼음 조각이 비집고 들어온 것처럼 배와 갈비뼈가 아파왔다. 사람들이 죽기 직전에 본다는 삶의 영상이 눈앞을 스쳐 지나갔다. 엄마. 실비아. 위니.

내가 코너를 사랑한다는 사실이 거짓인 것 같았다.

희미한 목소리가 들렸다. 내 안에서 들려오는 목소리.

너 저 남자 알잖아. 아는 걸 이용해.

목소리는 침착했다. 목소리는 어깨를 으쓱하며 말하는 것 같았다.

얘, 여기서 어떤 결론이 나는지는 네가 결정하는 거야. 지금 포기해도 괜찮아. 그야, 너야? 선택해.

숨을 쉬었다. 들이마시고, 내쉬었다. 침대에서 천천히 일어나 앉았다. 차가운 땀으로 젖은 손바닥을 머리 위로 들었다. 만국 공통의 언어, 항복이었다. 내 몸은 그의 몸에 비해 너무나 작고 쓸모없게 느껴졌다.

"코너, 사랑해요."

그의 일그러진 얼굴과 충혈된 눈을 바라보며 말했다. 그의 이마에는 반짝이는 땀방울이 맺혀 있었다.

"난 당신이 이러고 싶어 하지 않는다는 걸 알아요. 물론 나도 당신 없이는 파리에 안 갈 거예요. 제발 그냥 좀 멈춰요. 난 당신을 너무나 사랑하고 무엇이든 할 수 있어요. 정말 미안해요."

고개를 숙여보였다. 그의 얼굴에서 눈을 떼지 않았다.

"우리 괜찮을 거예요."

나는 반쯤 웃으며 애원했다. 내 무릎이 덜덜 떨리고 있었다. 팔로 무릎을 끌어안아 떨림을 멈추려 했다. 뱃속의 한기 때문에 토할 것 같았다. 그는 잠깐 멈추더니 내가 갑자기 전화기로 달려가거나 문으로 뛰어갈지 의심스럽다는 듯 쳐다봤다. 내 눈이 그의 눈동자를 좇았다. 다시, 웃으려 애썼다.

희망은 언제나 좋은 거니까. 그렇지?

갑자기 문 밖 복도에서 발소리가 들렸다. 누군가가 현관문을 부술 듯 세게 두드렸다. 그 사람은 어떤 말도 하지 않았다. 하지만 문을 두드리는 소리는 이렇게 말하는 듯했다. "멈춰! 멈추라고! 너 그러다가 그 여자 **죽이겠어!**"

주문은 깨졌다. 침실 밖에 세계가 존재했다. 유리 조각에 베인 얼굴과 쓰라린 목, 화끈거리는 갈비뼈가 느껴졌다.

코너가 고개를 숙이더니 어깨를 움츠리고 울기 시작했다. 좋아하는 장난감이 눈앞에서 박살나는 걸 지켜본 어린애처럼 콧물을 흘리며 엉엉 울었다. 그는 지난 20분을 부정하려는 것처럼 계속해서 고개를 저었다. 그가 주머니에서 현관문 열쇠를 꺼내더니 침대 옆 테이블 위에 놓았다. 뒤틀린 화해의 제스처. 그는 소파에서 파란색 코트를 집어 들었다.

"내일 전화할게."

그가 문을 나가며 말했다. 목소리에는 아직 물기가 묻어 있었다.

문이 닫히는 소리가 난 후 전화기로 다가갔다. 살았다.

심호흡을 깊게 한 후, 경찰을 부르기 위해 수화기를 들었다.

홍분으로 덜덜 떨리는 몸을 애써 누르고 멍든 갈비뼈를 어루만졌다. 구토를 간신히 참고 있었다. 경찰이 집에 도착할 때까지 수십 년은 걸리는 듯했다. 그러나 우람한 경찰 두 명이 신고 직후 바로 도착했다. 출동하면서 건물 앞에서 코너를 지나쳤을지도 몰랐다.

그들이 도착했을 때, 나는 낡은 목욕 가운을 입고 거실에 서 있었다. 그들에게 상황을 설명했다. 둘 중 키가 작은 경찰이 펜을 든 짤막한 손가락을 재빨리 놀려 작은 수첩에 메모했다. 난 울지 않았다.

"비슷한 사건을 수백만 건 봤습니다." 그가 분노와 역겨움이 섞인 목소리로 말하며 고개를 가로저었다. "그는 내일 사과하면서 다시는 그러지 않겠다고 맹세할 겁니다. 그리고 몇 주 안에 우리가 다시 출동하게 되죠. 의사가 필요해요?"

얼굴에 상처가 나고 갈비뼈가 아팠지만, 필요 없다고 말했다.

"음, 이제 해야 할 일은 말입니다. 오늘밤, 우리가 여길 떠난 직후에 시청으로 가세요. 어디 있는지 알죠? 가서 접근 금지 명령 신청서를 작성하는 겁니다. 그리고 내일 우리 지구 경찰서에 전화를 해서 접근 금지 명령 신청을 하세요. 경찰 한 명이 당신과 함께 가서 그에게 이 사실을 말해주고 그의 신원을 확인할 겁니다. 알아들어요?"

시청까지 가는 건, 할 수 있을 것 같았다. 그러나 코너를 만나는 건, 그리고 그에게 접근 금지 명령서를 건네는 건 상상도 할 수 없을 만큼 무서웠다. 나는 고개를 저었다.

"그 사람, 당신 남편이죠? 두 분 부부 맞죠? 음, 이혼 전문 변호사를 만나봐요. 곧바로 이혼 절차에 들어가세요."

그를 쳐다봤다. 경찰들에게서 느껴지는 피로한 기운이 거실

전체를 채우는 것 같았다. 그들은 몇 주 안에 또 다시 같은 싸움으로 인해 이곳으로 출동해야 한다고 생각하는 게 분명했다. 이런 상황이 닥쳤는데도 떠나지 못하고 남아 있는 나 같은 여자를 불쌍히 여기는 것 같았다. 그들은 생전 처음 보는 사람들이었지만 나를 걱정해주었다. 코너가 하지 않는 방식으로. 혹은 하지 못하는 방식으로.

키가 작은 경찰이 문가에 서서, 이게 마지막 기회라는 걸 암시하듯 말했다. 어쩌면 나를 딸 같이 여겼을지도 모르겠다.

"당신이 그를 '사랑'한다고 생각할 때는, 이것만 기억해요. 그는 당신을 죽이려고 했어요. 다음에는 여기에서 시체로 발견될지도 몰라요."

그는 두툼한 손가락으로 거실 바닥을 가리키며 말했다. 저기에 내가 죽어 있을지도 모른다는 말이지. 둘은 현관문에서 나가 두 명의 헤비급 싱크로나이즈 선수들처럼 무거운 걸음으로 계단을 걸어 내려갔다.

계단에 울리는 발소리를 들으며 바닥에 깔려 있는 외할머니의 낡은 카펫을 내려다보며 생각했다. '저기에 죽어 있으면 아무도 날 발견하지 못할 거야.'

목이 메어 말이 잘 나오지 않았지만, 실비아와 내 경영대학원 친구 체리의 자동응답기에 짧은 메시지를 남겼다.

"난 괜찮아. 그렇지만 이 메시지를 확인하면 바로 전화를 해줘. 응급 상황이야."

얼굴에 묻어 있는 피를 씻어내고 청바지와 두꺼운 스웨터로 갈아입었다. 부엌으로 들어갔다.

"블루, 블루." 블루를 작게 불렀다. "괜찮아, 아가야."

블루가 자기 집에서 걸어 나와 내 품에 안겼다. 그의 따뜻하고 매끄러운 몸을 안아준 다음 목줄을 채웠다. 우리는 시카고의 추운 밤거리로 나와, 내가 지금 뭘 하고 있는지 깨닫기도 전에 움직이기 시작했다.

차를 몰고 빈 도로를 운전해서 시청으로 갔다. 내가 거의 매일 지나다니는 길목에 있었다. 문 앞에 차를 댔다. 차문을 닫는 순간, 조수석에서 웅크리고 있는 블루의 갈색 눈에 눈물이 반짝 비쳤다.

시청 안에 혼자 앉아 있던 직원이 멍한 눈으로 쳐다봤다. 나는 아까 경찰이 해준 말을 기계적으로 반복했다.

"접근 금지 명령 신청을 하고 싶어요."

직원은 아무 말 없이 서류함을 열었다. 회색의 철제 카운터 앞에 서서 기다리는 동안 목과 갈비뼈와 눈두덩이가 아파왔다. 그녀는 세븐일레븐에서 다이어트 콜라를 내미는 점원처럼 서류를 획 내밀었다.

서류를 작성하기 위해 우체국에서 흔히 볼 수 있는 높은 테이블로 걸어갔다. 이 건물의 내부는 꼬질꼬질한 크리스마스 화환으로 장식되어 있었다. 형광등 하나는 아예 불이 나가 있었다. 벽에 걸린 시계는 새벽 세 시를 가리키고 있었다. 옷을 갈아입고 얼굴을 씻고 전화를 두 통 돌리고 여기까지 오는 데 세 시간이 걸렸나? 코너는 지금 어디에 있지?

서류. 이 만질만질한 종이를 보니 이상하게도 안정이 되었다. 나는 펜을 들고 정보를 확인하는 것을 잘한다. 검은색 볼펜을 쥐고서, 코너가 머리에 총을 겨눈 일, 고속도로에서 시속 100킬로미터로 달리고 있을 때 자동차 키를 빼버린 일, 그리고 몇 시간 전에 일어난 일을 떠올리며 자세히 적었다.

누가 이걸 읽으면 내가 미친 여자라고 생각할 거야. 괜히 주목받고 싶어서 꾸며 낸 이야기라고. 더 나쁘게는 내가 그런 일을 당할 짓을 했다고 생각하거나.

바로 전날, 나는 마지막 회계 시험을 봤다. 그리고 내 남편과 함께 파리에 가기로 되어 있었다. 지금 나는 여행 대신 한밤중 시청에서, 온통 상처투성이인 얼굴로, 사랑하는 남편이 지난 2년 반 동안의 결혼생활 동안 나를 얼마나 다양한 방법으로 괴롭히고 폭행했는지 서류에 장황하게 적고 있었다.

블루와 나는 집으로 돌아왔다. 새벽 다섯 시가 되기 직전이었다. 현관문을 열었을 때 전화가 울리고 있었다. 수화기가 5킬로그램짜리 아령처럼 무거웠다.

"언니?"

실비아였다.

"파티에서 새벽 두 시 반에 돌아와서 언니 메시지를 확인하고 그때부터 계속 전화했어. 지금 차를 타고 바로 그쪽으로…."

거실에 앉아 미지근한 차를 마시면서 실비아에게 모든 걸 말하기까지 한 시간이 걸렸다.

"실비아, 오지 마. 날 도와주고 싶은 거 알아. 나도 네가 도와줬으면 좋겠고. 하지만 이건 내가 벌인 일이야. 이건 나 스스로 처리해야 해. 난… 괜찮아."

나는 그녀의 옅은 푸른색 눈에 서려 있을 여러 가지 감정을 상상할 수 있었다. 두려움, 분노, 안도감, 슬픔, 혼란, 걱정. 그녀가 네 살이고 내가 열한 살일 때 그녀의 코에 달라붙은 계피 사탕을 떼어주던 게 기억났다. 내 사랑스런 동생.

체리가 오전 일곱 시에 전화했다. 그녀에게도 전부 얘기했다. 그녀는 휴가지에서 100킬로미터를 곧장 달려와 나를 데리고 집 근처 식당에 가서 함께 아침을 먹었다. 그녀는 오후에 내게 전화해서, 코너가 그녀와 같은 아파트 건물에 사는 친구 매트의 집에 있다는 소식을 알려줬다. 매우 유용한 정보였다. 그닐 오후 경찰을 대동해서 그를 만나 접근 금지 조치를 통보해야 했기 때문이다.

엄마와 아버지, 휴, 위니, 내 사촌들에게는 전화하지 않았다. 무슨 일이 있었는지 반복해서 말하면 '코너가 나를 거의 죽일 뻔했다'라는 사건이 기정사실이 될 것 같았다. 결혼생활은 끝났다. 지진으로 온 집안이 박살난 직후 문을 나선 집 주인처럼, 나도 이어지는 충격에서 잠시라도 벗어나 있을 시간이 필요했다. 누군가에게 말하기 전에 혼자 정리할 시간이 필요했다.

더불어, 오후에 있을 중요한 일을 위해서도 힘을 아껴둘 필요가 있었다.

오후 두 시쯤, 햇볕이 내리쬐는 12월의 쌀쌀한 거리를 걸어 경찰서로 갔다. 집에서 여섯 블록밖에 떨어져 있지 않았다. 내가 여기에 올 줄 누가 알았겠는가? 시청에서 가져온 서류를 앉아 있는 경찰관에게 건네줬다. 그는 내가 「세븐틴」에서 일하던 시절, 건물에서 나오는 나를 보고 휘파람을 불던 젊은 소방관만큼이나 젊어 보였다. 그는 두 손가락으로 낡은 타자기를 천천히 두드려, '임시 접근 금지 명령'이라고 적힌 서류를 작성했다.

그런 다음, 우리는 경찰차를 타고 코너가 있는 아파트 건물로 갔다. 나는 코너가 그곳에 없기를 기도했다. 두려웠다. 식은땀으로 축축히 젖은 손에서는 금속 냄새가 났다. 경찰이 인터폰으로 전화했을 때, 코너는 신호가 한 번 떨어진 후 응답했다.

"네, 누구세요?" 전날 밤 자신의 아내를 때린 사람 같지 않은 목소리였다.

"선생님, 시카고 경찰입니다. 로비로 내려와 주세요."

엘리베이터 옆에서 기다리면서, 경찰의 오른손이 총 위에 올라가 있는 것을 보았다.

30초도 되지 않아 코너가 엘리베이터에서 내렸다. 전날 입고 있던 청바지와 회색 티셔츠 차림이었다. 샤워를 했는지 머리카락이 젖어 있었다.

그는 어젯밤보다 야위어 옷이 커 보일 지경이었다. 오늘은 그의 서른다섯 번째 생일이기도 했다. 우리가 타기로 했던 파리 행 비행기는 45분 후 좌석 두 개를 비운 채 출발할 예정이었다.

내가 뒤로 살짝 물러나 있었기 때문에, 경찰이 뒤로 돌아 내게 그가 코너가 맞는지 물었다. 나는 고개를 끄덕였다. 그가 다시 몸을 돌렸다.

"코너 씨 맞습니까?"

"네, 맞습니다." 코너가 대본을 읽듯이 대답했다.

경찰이 서류를 보여주더니 접근 금지 명령에 대해 설명했다.

"당신의 아내가 임시 접근 금지 명령을 신청했습니다. 그녀가 말하기로는 어젯밤―"

그는 고개를 숙이고 서류를 읽었다. 내 두 손이 주머니 속에서 덜덜 떨렸다.

"―집에서 약 열 시 반 정도에, 당신은 레슬리 씨를 때리고 정신을 잃을 때까지 목을 졸랐습니다. 그녀는 당신이 지난 3년 동안 벌였던 비슷한 일들에 대해서도 설명했습니다. 이에 따라, 경찰에서는 이 임시 접근 금지 명령을 전달합니다. 당신은 오늘부터 60일 동안 전화나 편지를 이용해서 레슬리 씨에게 연락을 취하거나 반경 20미터 이내로 접근하는 것이 금지됩니다. 어길 시에는 체포되어 구금되게 됩니다.
이를 이해하시고 동의합니까?"

놀랍게도 코너는 순순히 응했다. 그는 나를 쳐다보지 않고 서류에
곧바로 사인했다. 그가 경찰에게 서류를 넘겨줄 때는 가슴이 철렁했다.
경찰이 서류의 아래쪽을 뜯어 코너에게 건네줬다. 코너는 잠시 내 쪽을
슬쩍 보더니 다시 로비에 깔린 카펫을 내려다봤다. 우리는 도착한
지 3분도 되지 않아 그곳을 나왔다. 걸어 나오는 동안 코너는 로비
한가운데서 우리를 지켜보고 있었다. 손에는 그가 나를 죽이려 했다는
진술이 쓰인 종이를 꼭 쥐고.

경찰이 집에 태워다줬다. 그는 내게 서류의 복사본을 주었다.

"당신 남편이 명령을 어길 시에는 곧바로 경찰에 연락을 하거나
누군가에게 대신 연락해달라고 부탁하세요. 그리고 당신도 그에게
전화하거나 접근할 수 없다는 사실을 아셔야 합니다. 접근 금지 명령은
두 사람 모두에게 해당되는 겁니다."

경찰이 무표정으로 지시사항을 전달한 덕분에 내 초조함이 분출되는
것을 막을 수 있었다. 물론 완전히 안정된 것은 아니었지만, 적어도
계단을 올라올 때까지는 휘청대는 다리를 어느 정도 통제할 수 있었다.
현관문을 열고 집에 들어왔다. 무척 춥고 황량하고 고요했다.

다음날은 크리스마스이브였다. 나는 블루를 조수석에 태우고
워싱턴으로 떠났다. 열두 시간 후, 나는 아버지의 집 앞에 차를 세웠다.
실비아의 빨간 지프가 밖에 세워져 있었다. 아버지는 크리스마스를
맞아, 며칠 전 새 여자친구와 함께 유럽으로 떠났다. 실비아는 현관문을

열고 팔을 뻗어 아무 말 없이 나를 안아주었다. 그녀의 머리카락에서는
희미한 담배 냄새가 났고, 마른 몸은 너무도 따뜻하고 생동감이 넘쳐
놓아주기 싫었다. 그녀는 팔을 풀고 차가운 손가락으로 내 얼굴에 난
가장 큰 상처를 쓰다듬었다. 역시 아무 말이 없었다.

크리스마스 당일이 되었다. 가슴이 뻥 뚫린 것 같았다. 코너가 집을
떠나면서 내 심장까지 함께 가져간 듯했다. 실비아는 몇 킬로미터
떨어진 엄마의 집에서 크리스마스를 보냈다. 나는 도무지 그 자리에
낄 수 없었다. 이 모든 게 실감이 날 때까지 시간이 더 필요했다. 나는
엄마가 "내가 말했잖니"라고 말하는 걸 견딜 수 없었다. 그리고 다른
사람들이 이 소식을 듣고 안쓰러워하거나, 혹은 악의에 의해서든
몰라서든 내 결정에 의문을 제기하거나 이 모든 일이 다 내 탓이고 내가
노력하면 다음에는 괜찮을 거라고 넌지시 암시하는 것도 참지 못할 것
같았다. 아버지의 집안을 걸어 다니며, 나 자신이 젤리처럼 연약하게
흔들리는 걸 느꼈다. 어두워진 후에도 불을 켜지 않았다. 크리스마스는
특별한 날이 아니었다. 어찌됐든, 사람들은 나와 코너가 지금 파리에
있을 거라고 생각할 터였다.

12월 26일, 나는 아버지의 텅 빈 집의 부엌 카운터 앞에 앉아 친한
지인들과 친구들의 이름이 적힌 목록을 읽어보고 있었다. 가장 먼저
엄마에게 전화했다.

"엄마, 안녕, 저 레슬리예요. 아마 제가 지금 파리에 있다고
생각하시겠죠. 하지만 저 지금 워싱턴에 있어요."

그녀가 말할 틈을 주지 않고 말을 이었다.

"코너와 나는 갈라섰어요. 왜냐하면 그가, 음, 신체적으로 저를
학대했거든요."

나는 숨을 쉴 수가 없어 말을 잠시 멈췄다. 그녀가 숨을 탁 멈추는 게

들렸다.

"정말 안됐구나, 레슬리." 그녀가 진심을 담아 말했다. 하지만 깜짝 놀란 것 같지는 않았다. "그리고 코너도 안됐구나. 왜냐하면 널 잃었으니까."

이 말이 나를 무장해제 시켰다. 엄마는 오랫동안 내게 못되게 굴었지만, 사실 날 소중하게 생각했다. 아랫입술이 부르르 떨렸다.

"엄마." 이를 꼭 깨물었다. "고마워요. 이해해줘서 기뻐요. 엄마가 정말로 필요해요."

더 이상 눈물을 참을 수 없었다. 눈물방울이 뺨 위로 후드득 떨어졌다. 몇 방울은 입술로 흘러내렸다. 눈물에서 단맛이 났다.

"그래 네 옆에 있을게." 엄마가 말했다. "무슨 일이 있든. 네가 원하는 게 뭐든."

엄마가 굉장히 힘을 들여 말하고 있다는 걸 알아챘다. 아마 그녀의 뺨에도 눈물이 흐르고 있을 것이다.

나는 리스트에 있는 사람들에게 겨우겨우 전화를 걸었다. 아버지에게는 편지를 써서 그가 투숙하는 스위스 호텔에 팩스로 보냈다. 사촌들에게도 전화를 걸었다. 결혼식 들러리 세 명과 「세븐틴」의 캐시에게도 알렸다. 모두 충격을 받은 듯했다. 한 명만 빼고.

"레슬리, 정말, 정말 너무 안됐다." 내가 전화를 걸었을 때 위니가 말했다. "네가 그를 얼마나 사랑했는지 알아. 하지만 이 편이 훨씬 나아. 그의 문제는 누구도 해결해줄 수 없어. 아, 드디어 끝났구나. 나 솔직히, 늘 그가 도끼 살인마라고 생각했었어."

오, 제기랄. 나만 이렇게 멍청했었나?

에드는 연락하지 않은 몇 명의 친구들 중 한 명이었다. 그는 나와

알기 이전에 코너의 친구였다. 그 편으로 남는 게 나았다. 나는 코너와
나의 구역을 고속도로에 방금 그은 샛노란 중앙선처럼 확실히 나눴다.
우리의 인생에 관여했던 사람들, 공동의 친구들은 이제 보지 않을
것이다.

전화를 끊고 다시 전화를 하고, 또 하고, 사람들에게 똑같은 말을
반복하는 것은 상처에 난 딱지를 벗겨내는 것과 같았다. 그리고 벽돌을
하나씩 차근히 쌓아서, 내가 혹시라도 노란 중앙선을 넘어 가 코너에게
기회를 주지 않기 위해 높은 벽을 쌓는 작업이었다. 내가 여전히
그를 사랑하고, 그리고 계속해서 사랑할 것이라는 사실은 가장 큰
위협요소였다. 나는 그날 밤, 아버지 집의 손님용 침대에 누워 미래에
대한 두려움에 몸을 떨었다. 그리고 나 자신에 대한 불신에 대해서도.

"언니, 며칠만 더 있어."

실비아가 애원했다. 그러나 내가 어렸을 때 기저귀를 채워주던
동생에게 걱정을 사는 건 못할 짓이었다. 그녀에게 이제 집에 돌아가
앞으로의 일을 준비해야 한다고 말했다. 그게 무엇이든.

블루와 나는 12월 30일 오전, 크리스마스가 지난 후 쓸쓸해진 동네를
떠났다. 고속도로는 텅 비어 있었다. 깜빡하고 아버지 집에 안경을
놓고 온 바람에 고속도로에서 뿌옇게 보이는 표지판의 초록색과
하얀색을 찡그린 눈으로 겨우 분간하며 집으로 돌아왔다. 하마터면
일리노이주로 빠지는 고속도로 출구를 거의 놓칠 뻔했다.

밤 10시쯤 집에 도착해서 집 앞에 주차했다. 블루가 내 앞으로
쏜살같이 뛰어가 계단을 올라갔다. 아파트 문을 활짝 열고 혹시라도

코너가 들어왔었는지 유심히 살폈다. 집안 구석구석을 살핀 후 모든
게 내가 집을 떠날 때와 똑같다는 것을 확인하고 안심하며—그래 조금
찔리지만, 그리고 부끄럽긴 하지만 약간의 실망스러움을 느끼며—소파에
앉았다. 그는 이곳에 오지 않았다. 그를 그리워하는 게 가당키나 한가?
스스로에게 물었다. 하지만 그리웠다. 그가.

　블루에게 사료와 물을 준 후 침대에 누워 잠이 들었다.

　다음날 아침, 수북하게 쌓인 빨랫감 아래에서 청바지와 헐렁한
스웨터를 꺼내 입고 바람도 쐬고 커피도 한 잔 마시고 우편함도
확인할 겸 학교에 갔다. 볼일을 본 후 자갈이 깔린 길을 걸어 집을 향해
걸었다. 한 쪽에 늘어선 서점과 취업 센터, 교수 식당을 지나 캠퍼스와
우리 동네를 잇는 큰 다리 위를 걸었다. 정신을 차려보니 눈물이
흐르고 있었다. 코너와 나의 결혼생활을 끝내버린 건 내가 아니었다.
나는 절대 포기하지 않고자 했다. 포기한 쪽은 코너였다. 그는 나를
때리던 그날 밤, 내가 그를 영원히 떠나리라는 걸 알았다. 코너가
나를 버릴지도 모른다는 최악의 두려움은 사실 12월의 그날보다 훨씬
전부터 실현되고 있었다는 걸 부정할 수 없었다.

　중얼거리며 걷는 동안 눈물이 계속해서 쏟아졌다. 땅을 보고 걸으며
사람들과 눈을 마주치지 않으려 애썼다. 한 해의 마지막 날 오후 두 시.
길에는 사람이 거의 없었다. 난생처음으로 사람들의 이목을 거의 신경
쓰지 않았다.

　다리를 반쯤 건넜을 때 뭔가 오싹하고도 익숙한 느낌이 들었다.
안경을 쓰지 않았기 때문에 처음에는 잘 알아보지 못했다. 더 걸어가서
보니, 코너였다. 역시나. 그는 파란색 캐시미어 코트를 말끔하게 차려
입고 목에는 적갈색 페이즐리 문양 스카프를 두르고 있었다. 두 손은
실크가 덧대어진 코트 주머니에 들어가 있었다. 한 해의 마지막 날,

겨울 햇살 아래서 산책을 즐기는 근심걱정 없는 젊은 청년처럼 보였다. 얼굴에는 작은 딱지 하나 없었다.

그는 더러운 청바지 차림의 내 모습을 보고 멈춰 섰다. 그도 무슨 말을 해야 할지 모르는 것 같았다. 우리는 다리 위에서 서로를 마주보며 서 있었다.

워싱턴에서 밤마다 떠올린 것 중 하나가 그가 때릴 때 나는 한 번도 소리를 지르지 않았다는 것이다. 마지막 날을 제외하고는. 그가 장전된 총을 내 관자놀이에 겨눴을 때 나는 두렵지 않았다. 그가 계단 아래로 나를 밀었을 때 내 몸 어디도 아프지 않았던 걸 기억했다. 나는 그에게 화를 낸 적이 한 번도 없었다.

나는 내 감정을 차단하고, 화를 내지 않고, 늘 코너의 관점에서 보려 하고, 그를 도우려 애썼었다. 이제 이 다리 위에서 코너와 마주 섰다. 여기에서는 그가 내게 무슨 짓을 할 수 없었다. 나는 안전할 것이다. 그래서 가장 합리적으로 행동했다.

"네가 내 인생을 망쳤어!"

내가 날카롭게 소리쳤다. 내 목소리가 다리 밑 차가운 겨울 공기 중으로 울려 퍼졌다.

"널 증오해, 이 미친놈아!"

굳이 나의 외로운 크리스마스나 터틀넥 스웨터로 숨긴 몸에 든 멍, 그가 없는 우리 집이 얼마나 쓸쓸한지에 대해 말하지 않았다. 그가 없는 내 인생이 얼마나 공허한지에 대해서도. 사실 "네가 내 인생을 망쳤어!"와 "널 증오해!"를 반복해서 외치는 걸로 충분했다. 이를 악물고 그의 존재를 없애버리겠다는 듯 얼굴을 노려보았다.

코너는 가만히 서 있었다. 할 수만 있다면 나무분쇄기를 가져와서 그를 넣고 갈아버리고 싶었다. 그의 금빛 머리카락과 스카프와 캐시미어 코트가 온통 잘게 갈려서 다리 위에 뿌려지는 상상을 했다.
그는 너무 두려워서 내게 다가오지 못하는 듯 보였다.

곁눈질로 지나가던 사람들이 우리를 쳐다보는 게 보였다. 말끔히
차려입은 대학생들이 흥미롭다는 듯 멈춰 섰다. 시선이 내게 고정되자
얼굴이 혐오감으로 어두워졌다. 여기서 나는 악당이었다. 멋진 파란색
캐시미어 코트 차림의 키 크고 잘생긴 남자에게 고함을 질러대는. 나는
경멸하듯 날 쳐다보는 행인들도 상상 속에서 나무분쇄기에 다 처넣어
버렸다.

코너는 얼어 버린 듯 꼼짝도 하지 않았다. 나는 그의 곁을 지나가며
주립 정신병원에서 너무 일찍 풀려난 조현병 걸린 노숙자처럼
계속해서 소리를 지르고 머리를 흔들어댔다. 흐느끼며 여섯 블록을
걸어 집으로 오는 동안 사람들이 멈춰 서서 나를 지켜봤다.

계단을 올라와 현관문을 열쇠로 열 때쯤 되자 비로소 진정할 수
있었다. 심지어 개운한 기분이 들었고 지난 몇 달 동안보다 훨씬 나아진
걸 느꼈다. 이상했다.

현관문을 열자 블루가 내게 뛰어 올랐다. 쭈그리고 앉자 블루가
앞발로 나를 껴안으며 눈물자국을 혀로 핥아 닦아주었다. 그 누구도,
내 동생이나 위니, 또는 세상에서 가장 이해심 많은 상담사도 코너를
혼내주기 위해 나무분쇄기를 이용해도 된다고 허락하지 않았을
것이다. 하지만 딱 한 번, 나는 코너와의 마지막 대화에서 그를
박살내버렸다. 놀랄 만큼 기분이 좋았다.

블루를 온몸으로 안아줬다. 블루가 헥헥거리며 사포로 벽돌을 긁는
듯한 소리를 냈다. 갑자기 내 인생, 내 미래에 대한 희망이 솟아나는 게
느껴졌다. 마치 아무 생각 없이 가방을 뒤지다가 바닥에 허쉬 초콜릿이
분명한 무언가가 손가락에 걸렸을 때의 기분이었다. 나는 코너가 뒤를

따라와서 거실에 불이 켜지고 창밖에서 나를 볼 수 있을 때까지 밖에서 기다리리라고는 상상도 하지 못했다. 한 시간쯤 후 불을 껐을 때 창밖의 그를 발견했다. 그가 떠나지 않자, 침실에서 옷장을 끌고 와 현관문 앞에 괴어 놓은 후에야 잠들 수 있었다.

열흘이라는 시간이 수면 아래서 흐르는 것처럼 더디 흘렀다.

매일이 이런 식이었다. 아침을 먹고, 울고, 샤워를 하고, 울고, 슬픈 영화를 빌려 보면서 조금 더 울었다. 지금까지 벌어진 일을 받아들이려 애썼다. '코너와는 끝났다, 끝났다.' 그리고 이보다 위험한 생각을 떨쳐 버리기 위해 사투해야 했다. 그가 내게 한 짓은 범죄다. 만약 이웃 사람이 방해하지 않았다면 그는 나를 죽였을 것이다. 그러나 믿기지 않았다. 매일 밤 자정에 잠이 들어 정오에 일어났다. 눈물이 마른 후 남은 소금기 때문에 얼굴이 절인 쇠고기 같았다.

지금껏 이렇게 외로웠던 적이 없었다. 하지만 멍청하게도, 난 무섭지 않았다. 학대하는 남자를 떠나는 게 얼마나 위험한 일인지는 알고 있었지만, 두려움보다는 충격과 슬픔이 더 강했다.

아주 가끔 용기를 내서 밖으로 나갈 때는 나를 지키기 위해 블루를 데리고 갔다. 웃긴 일이었다. 블루는 코너를 보자마자 좋아서 어쩔 줄 모를 게 분명했으니까. 하지만 블루밖에는 내가 기댈 게 없었다.

하루는 집에서 두 블록 떨어진 비디오 대여점의 드라마 코너에 서 있었다. 조디 포스터의 「피고인」과 다이안 키튼의 「모정」 중에 뭘 볼지 고민하고 있었다. 결국 「피고인」을 골라 집으로 왔다. 어두운 침실에서 25킬로그램이 넘는 애완견 블루를 무릎에 앉히고 다리에 감각이 없어질 때까지 영화를 봤을 때쯤, 나는 최초의 충격 이후 두 번째 충격을 받았다. 말하자면 순간의 깨달음이었다. 조디 포스터가 동네 술집에서 주위 사람들의 환호 속에서 세 명의 남자들에게 강간을 당하는 장면을 보면서, 코너와의 초기 관계에서 내가 애써 모른 척했던 위험 경고를 건져 올릴 수 있었다. 그가 사랑을 나누면서 내 목을 조른 일, 남자인 친구가 내게 전화를 걸었을 때의 과도한 반응, 내가 남자들과 대화를 나눌 때 보였던 집착.

나는 처음 데이트한 몇 달 만에 이미 코너의 어두운 면을 알았을 것이다. 그렇지만 내 두려움을 모른 척했다. 그가 나를 때리기 시작했을 때도 물론. 코너가 내 머리에 총을 겨눴을 때 나는 두렵지 않았다. 내면의 소리가 지금 얼마나 위험한 상황에 처했는지에 대해 경고했을 때 듣지 않으려 했던 것이 내 가장 중대한 실수였다.

왜 나는 그 목소리를 듣지 않았을까?

지금은 듣고 있는 걸까?

1월. 진정으로 즐거운 새해다.

나는 아메리칸 에어라인 항공기의 푹신한 비즈니스 클래스 좌석에 앉아 있었다. 생애 처음으로 최종 면접을 보러 샌프란시스코에 가는 길이었다.

면접 볼 회사는 표백제와 살충제로 유명한 거대 소비재 회사였다. 내 발 옆에는 회사의 연간 보고서, 마케팅 브로슈어, 시장 점유 분석 자료가 담긴 서류 가방이 있었다. 면접을 위해 이 자료의 내용을 모두 머릿속에 넣었다. 나는 학교에서 처음 면접을 봤던 40명의 학생들

중 유일하게 최종 면접을 보게 되었다. 목에 남아 있던 멍과 얼굴의
상처들은 얼마 전 다 회복됐다.

버클리 대학교에서 박사과정을 밟고 있는 오래된 고등학교
친구가 공항으로 마중 나와서 나를 시내로 데려다 주었다. 우리는
샌프란시스코의 커피숍에 들렀다. 테이블 표면이 화강암으로 되어
있는 독특한 인테리어에 좋은 향이 나는 곳이었다. 이 친구에게는
지금까지 무슨 일이 있었는지와 내가 어떤 결정을 내렸는지에 대해
말할 수 없었다. 그래서 나는 더러운 비밀을 가지고 있는 배우처럼
훌륭하게 연기했다. 가식쟁이이자 거짓말쟁이. 기억상실증에 걸린
것처럼 멍해졌다.

최악은, 내가 코너를 너무나 그리워하고 있다는 사실이었다. 나는
그가 샌프란시스코에서 나와 함께 해줬으면 했다. 외로웠다. 나를
이해할 수 있는 유일한 사람이 이제는 함께 있을 수 없는 사람이라니.

그때 한 가지 생각이 머릿속을 스치고 지나갔다. 아무리 사랑하는
코너라도 내 미래를 망치게 둘 수 없었다. 내가 영원히 혼자일지라도.
그는 폭력을 택했다. 나는 나 자신을 택했다. 무거운 수트케이스를
끌고 커피숍에서 나와 호텔로 걸어오는 길에, 경영대학원을
졸업하면서 가능한 모든 면접에서 합격해버리겠다고 결심했다.
개자식.

회사에서는 노브 힐 꼭대기에 있는 리츠칼튼 호텔의 넓은
스위트룸을 잡아 주었다. '난 이런 걸 받을 만한 가치가 있다'라고 나
자신을 설득하려 애썼다. 새하얀 커튼을 여니 창문 밖으로 햇살이
가득한 샌프란시스코의 아름다운 풍경이 보였다. 이곳은 내 남편에게
내동댕이쳐진 우리 집이 아니었다. 가정폭력? 나를 때린 남편? 그 모든
게 사실이 아닌 것 같았다. 호텔에서 몇 블록 떨어진 노드스트롬 몰에서

빨간색 코트드레스를 샀다. 이 옷이 내게 없는 자신감을 불어넣을
것이다.

'얻을 때까지는 이미 얻은 것처럼 행동해.' 면접날 아침, 화장을 하고
새 옷을 입으며 나 자신에게 말했다. 그리고 여덟 시간에 걸친 지독하게
힘든 면접을 본 후, 마케팅 부문의 부사장이 나를 자신의 사무실로
불렀다.

"만장일치입니다." 그가 따뜻하게 미소 지으며 말했다. "모두가
당신을 좋아해요. 우리는 한 번도 이런 적이 없었는데, 당신을 바로 이
자리에서 고용하기로 결정했습니다."

커다란 나무 책상 맞은편에 앉아 있는 그의 얼굴을 보았다.
캘리포니아의 햇살이 그를 너무 환하게 비춰, 그를 쳐다볼 때 눈을 약간
찡그려야 할 정도였다. 나는 미소 지으려 애썼다. 결국, 이 사람이 내
미래로 가는 뗏목을 던져줬다. 졸업 후 갈 곳이 생긴 것이다. 그것도
코너로부터 3000킬로미터 이상 떨어진 곳으로. 부사장의 입술이
움직였지만 더 이상 목소리가 들리지 않았다. 누군가 TV 리모컨으로
음소거 버튼을 누른 것 같았다. 아무 생각도 할 수 없었다.

혼자서 엘리베이터를 타고 로비로 내려가면서 얼굴을 감싸 쥐고
크게 숨을 내리쉬었다. 그리고 울기 시작했다. 또 다시.

몇 주 후, 비가 내리는 쌀쌀한 화요일 아침이었다. 나보다 열 살쯤
많아 보이는 여성이 맞은편에 앉아 있었다. 폭신한 코듀로이 재질의
소파였다. 벽에는 하얀색 카라와 파란색 붓꽃, 핑크색 글라디올러스
수채화가 걸려 있었다. 창밖으로는 계절에 어울리지 않는 빗소리와

출근 시간대 러시아워에 걸린 차들의 경적소리가 들렸다. 그녀는 갈색의 곱슬곱슬한 머리카락을 가졌고, 옅은 화장에도 예쁜 얼굴이었다. 그녀는 미소 지으며 어떤 상담사를 원하느냐고 물었다.

"무엇이 잘못됐는지, 그리고 내가 무엇을 잘못했는지 찾게 해줄 사람이 필요해요. 잔인할 정도로 솔직한 사람이요. 내가 얼마나 엉망이기에 이런 멍청한 결정들을 해왔는지 함께 알아봐줄—"

"친절과 존중은 어때요? 그것도 원하나요?" 그녀가 내 말을 중간에 끊고 말했다. 웃음이 서린 눈 주위에 살짝 주름이 졌다.

힘겹게 목소리를 냈다. "음, 친절과 존중도 좋을 것 같네요."

모두에게서 말이지, 라고 생각했다. 나 자신을 포함해서도.

나는 코너와의 이야기를 털어놓았다. 그녀는 코너에 대해 캐묻지 않았다. 그녀는 내가 왜 코너 같은 사람을 선택했는지, 왜 아직도 결혼반지를 끼고 있는지에 대해서도 묻지 않았다. 대신 그녀는 내가 그와 단 둘이 있을 때 과호흡 상태에 빠지지 않은 채 30초 이상을 버티는 게 상상이 되지 않는다고 설명하며, 코너와 재결합하는 건 어려울 것이라고 말했다.

"이제 제가 친절과 존중의 말을 드릴게요. 첫째, 당신이 살아남은 건 기적이에요. 많은 여성들이 그러지 못하죠. 둘째, 당신은 이 상황을 견디기 위해 술이나 마약을 다시 시작하지 않았어요. 정말 놀라워요. 당신은 당신이 생각하는 것보다 훨씬 더 강한 사람이에요. 자, 그럼 명상할 때 떠올리면 좋을 문장 몇 가지를 알려드릴게요."

그녀가 경쾌하게 말을 이었다.

"스스로에게 솔직해지자. 나의 본능을 믿자. 필요할 때는 도움을 청하자."

그녀가 손가락 세 개를 펴 보였다.

"반복하면 많이 나아질 거예요."

나는 세 문장을 새로운 규칙인 것처럼 조용히 되뇌었다. 사무실은 다양한 색깔의 커다란 책들로 가득했고, 책상에는 그녀와 같은 색깔의 머리카락 색을 가진 작은 소년과 소녀의 사진이 있었다. 한쪽에서 전화벨이 나지막이 울렸다. 나만큼이나 절망에 차서 전화로 도움을 요청하는 여자의 모습을 떠올렸다.

"마지막입니다." 그녀가 말했다. "이게 핵심이에요. 지금 일어나고 있는 일이나 그동안 그와 무슨 일이 있었는지 생각하지 마세요. 그저 느끼세요. 그리고 그 느낌이 당신을 이끌도록 만드세요."

그날 오후, 체리가 전화해 코너가 우리 집에서 여덟 블록 떨어진 스튜디오 아파트로 이사했다고 알렸다. 동네 개들이 오후에 전부 모여 뛰어놀아 사람들이 '도그 파크'라고 부르는 곳의 바로 건너편이었다.

이 소식에 어떤 감정이 드는지 살폈다. 아무것도 느껴지지 않았다.

"그건 그렇고, 코너는 어떻게 지내?" 체리가 물었다.

"음, 잘 지내는 것 같아." 내가 말했다. 사실 나도 그가 어떻게 지내는지 몰랐다.

"레슬리, 있잖아, 아무래도 네가 알아야 할 것 같아서…. 사람들이 너희가 헤어진 일에 대해 얘기하더라. 그가 너를 때린 것도 알아. 그리고 꽤 많은 사람들이 그가 너를 따라 아파트 건물 앞까지 갔다가 밖에서 기다리는 것도 봤다고 얘기하고 있어. 좀 무섭지 않니?"

아무 말도 하지 않았다. 울지 말자고 나 자신에게 말했다. 갑자기, 기분이 훨씬 나아졌다.

"그리고 알지? 다 지난 일인 거."

그녀가 확고한 목소리로 말했다. 부끄러워할 게 전혀 없다는 뜻을 전하고 싶은 것 같았다. 그녀가 내 상황에 대해 그리 침착하게 말하는 것에 놀랐다.

"나는 네가 그 관계를 영원히 끝내버려서 얼마나 안심이 되는지 몰라. 이제부터는 네 안전을 최우선으로 놓아야 해."

나는 '영원히'라는 부분은 아직 잘 모르겠다는 점을 굳이 말하지 않았다. 대신 크게 콧방귀를 뀌었다.

"너 절대로, 다시는 그에게 돌아간다는 생각은 하지도 마."

내가 무슨 생각을 하는지 다 안다는 듯 체리가 말했다.

"넌 내가 널 때리면 못 때리게 할 거잖아, 안 그래? 친구가 때린다고 해서 맞고 있지는 않잖아. 네가 어떻게 해야 하는지 알아? 이 원칙을 남자에게도 적용해야 해. 그 남자가 나라고 생각해봐. 내가 네게 했을 때 참을 수 없는 행동이라면 남자가 했을 때도 참지 말아야 해. 알겠지? 언제든, 어디에서든, 만약 그에게 다시 돌아가고 싶다는 생각이 들면 당장 전화해."

나는 체리에게 아직도 내가 매일같이 코너에게 돌아갈 생각을 하고 있다는 사실을 말하지 않았다. 아직도 '우리 집'에서, '우리 개'와 함께 '우리 침대'에서 혼자서 잔다는 사실도. 그리고 그리 행복하지 않다는 사실도.

2월. 코너는 우리 집에서 몇 블록 떨어지지 않은 곳에서 살고 있었다. 나는 얼마 후 현관문에서 그가 보내온 선물을 발견하기 시작했다. 근처

부티크에서 산 하얀 앙고라 털 스웨터가 담긴 고급스런 쇼핑백. 내가
가장 좋아하는 스위스제 초콜릿. 막 갈은 신선한 커피가루. 핑크색
장미꽃다발. 스웨터는 입었을 때 털 때문에 너무 간지러워서 바로 벗어
버렸다. 초콜릿과 커피가루는 냉장고 안 얼은 바나나 뒤 구석에 처박아
놓았다. 장미꽃은 너무 빨리 시드는 바람에 내다 버리면서도 별로
죄책감이 들지 않았다.

그는 일주일에 두 번 정도 전화했다. 그의 목소리를 들으면 고기
냉장고를 열었다 닫은 뒤 남는 냉기를 코로 들이마시는 듯한 기분이
들었다. 하지만 인정해야 했다. 그의 특유의 목소리는 날 전율하게
했다. 늘 그랬듯. 우리가 나누는 대화는 간단했다. 아니, 나 아무것도
필요 없어요. 아니, 같이 저녁 먹기 싫어요(이 남자 미친 거 아냐?) 이것이
그를 밀어내기 위해 내가 할 수 있는 전부였다.

레슬리, 이 남자는 너를 죽이려 했다고. 손이 아파올 때까지 수화기를
붙잡고 있는 나 자신에게 말했다. 이것이 그를 다시 보지 않아야 할
충분한 이유로 다가왔다.

잠시 후, 나는 이 생각이 비이성적이고 과대망상증적인 것처럼
느껴졌다. 어떻게 내 남편이 나를 죽일 수 있다고 생각할 수 있지?
그러나 이는 진실이었다.

그에게 새 전화번호를 묻지 않았다. 혹시 알게 되면 밤중에 울다가
깨서 그에게 전화를 걸까 두려웠기 때문이다.

어느 날 아침, 마케팅 전략 수업이 끝나고 강의실을 나가는데 그가
내게 다가왔다. 너무 가까이 다가와서 그의 숨결과 코트 안에 있는
몸의 온기까지 느낄 수 있었다. 깜짝 놀라 주위에 공중전화가 있는지
재빨리 살폈다. 누군가가 경찰에 바로 신고할 수 있어야 했다. 학생 몇
명이 우리가 대화를 나눈다는 것이 믿기지 않는다는 듯 자기들끼리

소곤거리며 천천히 지나쳐갔다.

"레슬리, 잠깐만, 제발. 가지 마. 그동안 나 자신에게 솔직해지려고 무척 많이 노력했어."

그의 갈라진 목소리와 약을 복용하고 있는지 조금 부어오른 눈을 보고 진심인 걸 알았다. 금빛 머리카락은 뻣뻣하고 지저분했고, 몇 가닥이 이마에 붙어 있었다. 그의 눈ㅡ그리고 말하는 것ㅡ을 보니 간절함이 느껴졌다. 그래서 가만히 들었다.

"내가 당신에게 한 모든 잘못을 인정해…."

그동안 코너가 자신의 문제에 대해 이야기하거나 나에 대한 폭력을 인정하는 말을 하는 걸 들어본 적이 없었다. 그가 한 번도 하지 않았던 사과에 거의 가까운 말이었다.

"나는 여성을 학대하는 남자들이 모인 자활그룹에 들어갔어. 굉장히 힘든 일이야."

그의 눈가에 보이는 건 눈물인가? 희미하게 보이는 희망ㅡ그에게, 어쩌면 우리 둘에게ㅡ이 내 안으로 너울거리며 들어왔다.

"가족치료에 함께 해줄래? 우리 그룹에서는 이걸 강력하게 추천해. 당신에게 의향이 있는지 물어본다고 말했어. 제발, 레슬리. 당신이 함께 해줬으면 좋겠어."

놀란 상태로, 생각을 좀 해보겠다고 말했다.

다음날, 그의 학교 우편함에 상담에 참여하겠다는 쪽지를 넣었다. 난 멍청한가? 그렇지만 희망은 언제나 좋은 거잖아, 안 그래? 어쩌면 치료가 그에게 많은 도움이 될지 모른다. 어쩌면 내게도. 나는 아직도 무엇이든 시도해볼 정도로 코너에게 미쳐있었던 건지도 몰랐다.

2주 후 금요일, 코너와 나는 따로따로 도착해서 캠퍼스 근처의
평범해 보이는 건물 앞 정문에서 만났다. 예약 시간은 오후 세 시였다.
지하로 내려가 코너가 먼저 사무실로 들어갔다. 하얀색으로 꾸민
편안한 분위기였다. 코너는 커다란 연갈색 소파 구석에 앉아 나를 위해
자리를 내어줬다. 나는 숨을 깊게 들이마시고 그를 지나쳐 팔걸이가
있는 푹신한 하얀 의자에 앉았다.

두 명의 치료사가 앞에 있었다. 부부였다. 이들 반대편에 앉아 있는
코너는 어린애처럼 보였다. 여성 치료사인 크리스틴이 자신과 그녀의
남편을 소개했다.

"우리는 이렇게 네 명이서 치료 세션을 진행하는 게 문제의 핵심으로
들어가는 데 매우 효과적이라는 사실을 알아냈답니다." 그녀가
설명했다. "본질적인 문제를 짚어내고 부부가 이를 해소할 수 있을지에
대해서는 물론 두 사람이 관계를 이어갈지 끝낼지에 대해 결정하는 데
도움이 되지요."

코너는 깍지 낀 손을 무릎에 올려놓고 몸을 앞으로 숙였다.

"저는 그녀를 사랑합니다. 레슬리, 당신을 사랑해. 당신이 필요해."
그가 나를 보며 말했다. "당신은 내가 늘 꿈꿔오던 여자야. 레슬리,
제발." 그가 사무실에 깔린 러그를 내려다보며 말했다. "당신이 내게
기회를 주기만 하면, 정말 무엇이든 다 할게."

우리 모두는 얼굴을 서로 번갈아가며 바라보았다. 손바닥과
결혼반지 사이로 땀이 흐르는 게 느껴졌다. 나는 아직까지 결혼반지를
뺄 수가 없었다. 누군가 말을 꺼내기 전에 코너가 다시 말을 이었다.

"치료를 통해, 내가 특히 밤에 받는 스트레스와 분노에 취약하다는

사실을 알아냈어. 어렸을 때 의붓아버지가 밤에 퇴근하고 집에
돌아오면 매번 나를 때렸기 때문이야." 그는 소파 뒤로 몸을 기대고
사무적으로 말을 이었다. "이를 해결하려면 레슬리가 저녁 때 내
분노를 자극하는 주제를 꺼내지 말아야 해. 내가 목록을 만들어봤어.
돈, 학업성취도, 가족 문제. 난 이에 대해 말하는 것을 참을 수 없어.
당신을 위해 목록을 복사해왔어."

그가 셔츠 주머니에 손을 넣어 접힌 종이를 건네주었다.

종이를 받았지만 아무 말도 하지 않았다. 두 명의 치료사를 번갈아
쳐다봤다. 어떻게 아직도 모든 게 그의 위주일 수 있지? 그는 그의
행동 때문에 내가 얼마나 고통받았는지, 그리고 지금도 얼마나
고통스러운지 요만큼도 모르는 건가? 나는 아무 말도 하지 않았다.
확실한 건, 이곳에 앉아있는 것만으로도 치료 효과가 있다는 거였다.

90분의 세션이 끝나갈 무렵 나는 녹초가 되어 있었다. 다음 약속
날짜를 잡은 후, 나는 한시라도 빨리 이곳을 나와서 차 문을 걸어
잠그고 떠나버리고 싶었다. 집에 도착했다. 운 좋게도 아파트 건물
바로 앞에 주차할 곳이 비어있었다. 차에서 나와 건물로 걸어가면서
코너가 준 '분노를 자극하는' 목록이 적힌 종이를 동그랗게 구겨서 근처
쓰레기통에 던져 넣었다.

첫 치료 세션이 끝나고 사흘 후, 코너와 나는 다시 만났다. 이번에는
가정법원이었다. 월요일 아침 오전 아홉 시. 60일간의 접근 금지 명령이
곧 종료될 예정이었고, 판사는 코너가 내게 아직도 위협이 될 만한지
판결을 내릴 예정이었다. 그 사실을 판단하는 판사는 우리 둘을 생전 본

적도 없었다. 가정법원은 쓰레기통의 쓰레기가 넘쳐나 하수구를 따라 지저분하게 늘어져 있는 동네의 1960년대 건물을 보수한 벽돌 건물 안에 위치해 있었다.

차를 부서진 주차계량기 앞에 세우고 두 블록을 걸어 법정으로 걸어 들어갔다. 춥고 바람이 많이 부는 날이었다. 보도와 주차된 차들, 건물 앞이 온통 쓰레기장이었다. 코너가 우리의 첫 크리스마스 선물로 준 라쿤 모피 코트 아래 신은 스타킹에 던킨도너츠 로고가 새겨진 냅킨이 바람에 날려 와 붙었다.

대기실에는 사람들이 줄을 서 있었다. 많은 아이들을 동시에 보고 있는 슬픈 눈의 히스페닉계 여자, 손을 주머니에 집어넣고 자기들끼리 떠들면서 웃고 있는 일용직 흑인 남자 몇 명, 그리고 싸구려 옷을 입은 공무원으로 보이는 젊은 여자들이 보였다.

뭘 어떻게 해야 할지 결정하기 전, 어떤 날씬한 여자가 내게 다가왔다.

"레슬리 씨인가요?" 화장기 없는 얼굴에 어두운 금발 생머리를 한 여자가 해진 파일을 들여다보며 물었다.

"네."

내 이름을 어떻게 알았지? 파일에는 어떤 내용이 있는 걸까? 나는 손에 든 코트의 모피 부분이 보이지 않도록 코트 가장자리를 안으로 구겨 넣었다.

"여기에는 변호사가 없다고 나와 있는데요."

화장기 없는 금발 생머리 아가씨가 물었다. 그녀의 목소리는 친절하고 명쾌했으며 눈동자는 초록빛이 감도는 갈색이었다. 그녀는 내가 두려워하고 있다는 걸 아는 게 분명했다. 그녀가 말한 대로, 나는 변호사가 없었다.

지난 주 아버지에게 전화를 걸어 혹시 시카고에 잘 아는 이혼 전문
변호사가 있는지 물었다. 그의 하버드 로스쿨 졸업생 주소록—두께가
거의 10센티미터에 달하는—에서 활동하는 도시와 전문 분야로 나뉘어
정리되어 있는 졸업생들의 목록을 확인한 후였다.

"아, 레슬리, 그게 말이다…. 나는, 음, 그쪽 일을 하는 사람은 잘
모른단다."

아버지는 마치 솜씨 좋은 창녀를 소개시켜 달라는 질문을 받은 듯
더듬거리며 대답했다.

그가 보이는 강한 반감에 놀라 대답했다. "네, 알겠어요. 고마워요
아빠. 끊을게요."

전화를 황급히 끊었다. 눈물이 솟구쳤다. 거실에 서서 아랫집에서도
들을 수 있을 정도로 크게 소리 내어 울었다.

내 아버지가 나를 부끄러워하는 건가? 그는 내가 뭔가를 잘할
때는 매우 자랑스러워했다. 어떻게 이혼이, 나 자신과 내 결혼생활이
완벽과는 거리가 멀다는 것을 인정하는 것이, 나를 학대하는 남자와
함께 사는 것보다 나쁘다고 생각할 수가 있지?

전화기를 놓지 못하고 거실에 서서 미친 여자처럼 한참 울고 있는데,
어느 순간, 나도 모르게 씹던 껌을 목구멍으로 넘겨버렸을 때처럼
불현듯, 어쩌면 아버지는 내 예전의 문제들을 다 알고 있었을 거란
생각이 들었다. 엄마의 알코올 장광설 습관, 내 마약과 알코올의존증,
식욕부진, 끔찍한 남자친구들, 심지어 코너의 학대까지. 내가 완벽하지
않은 모습을 보일 때 나를 감싸 안을 정도의 온정도 없다는 게
아버지로서 가당키나 한 일일까?

나는 아버지가 이곳에, 바로 이 공간에서 나를 붙잡아주기를 원했다.
눈물을 흘리는 동안 한 가지 사실이 명확하게 다가왔다. 아버지는 한

번도 곁에 있어준 적이 없었다. 내가 너무도, 너무나도 그를 필요로
할 때도 마찬가지였다. 스물여섯 살 먹은 어른으로서도 인정하기
두려운 사실은, 내가 어렸을 때 유일하게 의지할 수 있었던 사람은 매일
밤 취해있던 그 사람, 엄마였다는 사실이다. 그녀는 적어도 집에는
있었다. 아버지는 언제나 사무실에 있었다. 고객에게 저녁식사를
대접하고, 내 생일날 여행을 다니고, 내 결혼식 아침식사 약속을
잊었으며, 6학년 때 내 팔목이 부러졌을 때와 엄마가 처음으로 나를
워싱턴 창녀라고 불렀던 저녁에도 사무실에서 밤늦게까지 서류를
검토하고 있었다.

아버지는 내가 믿을 수 있는 사람이라고 생각했었다. 하지만 26년
동안이나 나는 부모님을 잘못 판단하고 있었다. 아버지의 사랑은
나의 완벽함을 기반으로 하고 있었다. 내가 곤경에 처하면, 그는 거의
유령처럼 사라져버렸다. 엄마의 잘못은 너무나 명백해 보였지만,
그녀는 항상 내 곁에 있었다.

일주일 후, 나는 가정법원에서 변호사가 없느냐는 여자의 물음에
고개를 끄덕이고 있었다. 그녀는 자신이 로스쿨 학생이라고 말하며,
'대변인' 역할을 하는 사람이라고 소개했다. 그녀는 오늘 절차에는
변호사가 필요 없다고 말했다. 신이여, 감사합니다.

"당신은 남편과 얘기할 필요가 없어요. 코너 씨가 남편 맞죠? 당신은
판사에게 애초에 왜 접근 금지를 요청했는지와 그것을 종결하려 하는
이유만 설명하면 돼요. 걱정할 필요 없어요. 그냥 통상적인 절차일
뿐이니까. 남편이 여기 도착하면 제가 그와 이야기해서, 필요하다면
제가 대신 판사에게 정황을 전달하도록 할게요. 나는 당신 남편의
입장뿐 아니라 당신의 입장까지 판사에게 잘 전달되도록 하기 위해
이곳에 온 거예요. 저는 여성의 정당방위 보호를 위한 기금에서 수당을

받거든요."

그녀가 사무적이고 객관적인 태도로 말하기는 했지만, 그녀가 판사 앞에서, 그리고 남편의 의견에 맞서 말하는 걸 두려워하는 나 같은 여성들을 보호하려고 노력한다는 걸 느낄 수 있었다. 나 같은 여성들, 자신을 죽이려 했던 남편을 가진 여성들 말이다.

코너는 약속시간 몇 분 전에야 도착했다. 대변인은 그에게 다가가 그녀의 파일에 몇 가지를 적어 내려갔다. 코너는 미소 짓지도, 머리카락을 쓸어 넘기지도, 그녀를 향해 몸을 숙이지도 않았다. 아마 그는 나만큼이나 이곳에 있는 게 진력이 났거나, 그녀가 그의 카리스마나 외모에 혹하지 않을 만큼 너무 강인해보여서였을 것이다. 그녀가 또각또각 소리를 내며 내게 다가왔다. "준비됐어요."

그녀가 먼저 법정 안으로 성큼성큼 들어가고 코너와 내가 뒤를 따랐다. 판사가 우리의 이름을 호명했다. 코너와 나는 벌서는 아이들처럼 나란히 서 있었다. 젊어 보이는 판사가 내가 접근 금지 명령을 종료하기를 원하고 나의 '남편' 또한 이에 이의 없다는 사실을 사무적으로 설명했다. 그는 나와 코너에게 차례로 이것이 맞는지 물었다.

"네." 내가 말했다.

"네, 맞습니다." 코너가 말했다.

판사가 이제 가도 좋다는 신호를 보냈다. 해산. 나는 자그마한 방탄유리 창문 앞에서 내 서류를 챙겼다. 우리의 이름이 인쇄된 서류에는 코너가 내 주위 반경 20미터 이내로 접근하는 것과 전화나 편지로 연락하는 것, 그리고 말을 거는 것이 금지된다고 적혀 있었다. 내가 만약 코너가 아직도 위협적이라는 것을 증명하면 이 명령을 6개월 내에 갱신할 수 있었다. 서류는 내가 매일 구겨 버리는 별거 아닌

안내문이나 광고지처럼 저렴하고 얇은 종이쪼가리에 인쇄되어 있었다.
나는 이를 조심스럽게 접어 내 작은 지갑에 소중히 집어넣었다. 내게는
이 종이가 매우 귀중했다.

대기실을 둘러보았다. 아까 그 로스쿨 학생은 다른 파일을 들고
머리에 빨갛고 노란 카리브 해 지역 스타일의 두건을 쓴 흑인 여자에게
무언가를 열심히 설명하고 있었다. 흑인 여자는 젊어 보였고 두 팔에
작은 남자 아이와 여자 아이를 안고 있었다.

다시 주위를 둘러봤다. 코너는 가버리고 없었다.

개들은 종이 클립이나 사탕껍질, 심지어는 돌을 보면서도 생각한다.
'좋아, 이걸 먹을 수 있겠는걸.' 블루도 마찬가지였다. 그는 언제나
말랐고 먹은 걸 간혹 차에 토하곤 했다. 하지만 근래 그는 입덧을 하는
임신부처럼 매일 아침 먹은 걸 토했다.

어느 월요일, 아침에 블루를 데리고 커피를 사러 가는 길에 늘 그랬듯
세븐일레븐에 들러 리스 피넛버터컵*을 하나 사서 주었다. 그는 먹지
않았다. 뭐가 잘못된 거지?

집에 천천히 걸어온 후 그를 빨간색 의자에 눕히고 털 담요를
덮어주었다. 그런 다음 학교에 가서 오전 수업을 두 개 듣는 내내 왜
그런지 걱정했다. 집에 돌아왔을 때 블루가 움직이지 않았다. 나는
그를 안고 흔들고 이름을 불렀다. 블루는 눈을 뜨지 않았다. 바닥에
설사가 떨어져 있는 걸 발견했다.

블루를 담요에 말아 차에 태웠다. 운이 좋게도 차는 건물 밖에 바로
주차되어 있었고 기름도 어느 정도 차 있었다. 구급차가 응급실로

* 땅콩버터를
밀크초콜릿으로
둘러 작은 컵
모양으로 만든 과자

돌진하듯 차를 몰고 블루를 안고 동물병원으로 뛰어 들어갔다.

40대 정도의 덩치가 크고 수염 난 수의사가 하얀색 가운을 입고 급히 나왔다.

"세 살쯤 된 도베르만 핀셔 수컷이에요. 사흘 동안 거의 아무것도 먹지 못했어요." 그에게 말했다. 수의사가 차트에 뭔가를 적었다. "계속 토를 했어요. 오늘 설사를 하고 정신을 잃은 걸 발견했고요. 정신을 차리지 못해요."

그가 블루를 데리고 진료실에 들어오게 했다. 나는 담요에 싼 블루를 진료대 위에 올려놓았다. 수의사가 블루의 매끄러운 몸을 꼬집었다. "탈수증세가 매우 심각하군요." 그가 말했다. 블루의 눈꺼풀을 밀어 올렸다. "황달도 있고요." 그가 나를 쳐다봤다.

"개한테 무슨 짓을 한 거예요?" 그가 꾸짖듯이 말했다. "세 살짜리 동물이 이렇게 심각한 상태에 처한 걸 본 적이 없어요. 대체 얼마 동안이나 이런 상태였던 거예요?"

"지난 주 금요일부터요." 울먹이며 말했다. "점점 더 적게 먹기 시작했어요. 그러다가 토하기 시작했죠. 오늘 아침에 데리고 산책을 나갔었는데 편의점에서 사준 간식을 먹지 못하더라고요. 그리고 정오쯤 돼서 깨어나지 않았어요. 난 아무 짓도 하지 않았어요. 뭐가 잘못됐는지 모르겠어요."

내 말을 들은 수위사의 표정이 조금 누그러졌다. "알았어요, 알았어." 그가 한 손을 내 어깨에 올리고 한 손은 블루의 몸을 만지며 말했다. "살리기 위해 뭐든 다 해볼게요. 지금은 혼수상태에 빠져 있어요. 고통을 느끼고 있는 건 아니지만… 하지만 솔직히, 꽤 안 좋은 상태라고 말할 수밖에 없네요."

나는 블루의 몸에 가슴을 붙이고 그의 아름다운 머리와 부드러운

귀, 매끄러운 입술과 목을 어루만졌다. 왜 이런 일이 일어났을까? 나는
'아픈 동물들의 신'에게 짧고 간절한 기도를 보냈다. '안 돼요, 제발.'

집에 막 도착해 페퍼민트 차를 끓이고 있을 때 전화벨이 울렸다. 수의사였다.

"당신이 가고 20분쯤 있다가 블루가 세상을 떠났어요." 그가 말했다. "유감입니다. 아마 당신이 함께 있어서 그 정도까지 버틴 것 같아요. 당신이 가버리자마자 그가 숨을 멈춘 걸 봐서요. 그런데 아직도 뭐가 문제인지 모르겠어요. 그래서 말입니다만… 괜찮다면 해부를 좀 해보고 싶은데요. 비용은 제가 부담합니다. 뭐가 문제였는지 알고 싶어요. 정말 건강한 개였던 것 같거든요."

내 입에서 "네, 그렇게 하세요, 고맙습니다, 당연하죠, 저도 왜 그랬는지 알아야 할 것 같아요"라는 말이 나오는 게 들렸다. 그리고 묻고 싶었다. 마음이 아파서 죽었어도 해부하면 알 수 있나요? 전화를 끊으려 하는데 수의사가 미안하다면서 한 가지 더 물어볼 게 있다고 했다.

"그럼 다 끝난 후에 그를 데리고 가실 건가요, 아니면 저희가 알아서 할까요? 어딘가에 홀로 묻을 수도 있고 다른 개들 곁에 묻어줄 수도 있어요."

만약 목소리에 어린 친절함이 아니었다면, 이 말은 매우 끔찍하게 들릴 수도 있었다. 나는 블루가 버몬트의 개 훈련 학교와 도그 파크에서 다양한 종의 개들에게 둘러싸여 놀 때 가장 행복해 보였던 걸 떠올렸다.

"다른 개들 곁에 묻어주세요." 내가 말했다. "블루가 그걸 더 좋아할

것 같아요."

전화를 끊었다. 차를 마신 후 코너에게도 알려야 한다는 생각이 들었다. 이는 마치 이웃집 스테레오에서 음악이 커다랗게 터져 나오는 것처럼 불현듯 내 머리를 강타했다. 이로서 내가 급박하고 절망적인 상황에서도 그를 생각하거나 필요로 하지 않는다는 사실이 명확해졌다.

나는 코너의 아파트 관리소에 전화해 전화번호를 알아냈다. 신호가 한 번 간 후 그가 전화를 받았다.

"코너, 슬픈 소식을 알려야 할 것 같아요." 내가 말했다.

"뭔데?" 코너가 긴장하며 대답했다.

"블루가 오늘 죽었어요. 지난 며칠 동안 아팠고 오늘 오후에 그를 수의사한테 데려갔어요. 내가 동물병원을 떠난 뒤 바로 죽었다고 하더라고요. 수의사도 지금 사인을 모르겠는데, 곧 알아보겠다고 했어요."

"무슨 개 같은 소리야? 무슨 일이야? 그가 죽어? 왜 더 일찍 데려가지 않았어? 왜 블루가 처음 아팠을 때 나한테 전화하지 않았어!"

"그렇게 아픈 것 같지 않았어요. 상황이 심각한지도 몰랐고요. 정말 미안해요. 수의사가 말하기를, 블루가 많이 고통스러워하지는 않았대요. 정말, 정말 미안해요, 코너. 당신이 그를 얼마나 아꼈는지 알아요."

나는 말을 마치고 침묵했다. 우리 둘은 블루를 너무나 사랑했지만, 이로 인해 우리 사이가 갑자기 가까워지는 것은 원치 않았다. 단 몇 시간이라도. 이제 코너와의 연결고리가 또 하나 끊어졌다. 블루가 내게 준 묘하게 아름답고, 가슴 아픈 선물이었다.

"알았어, 멍청아." 코너는 슬픔과 짜증과 분노가 섞인 목소리로 대답하고 전화를 끊었다.

3월, 도시에 봄이 살짝 발끝을 내밀기 시작했다. 새들이 창밖에서
지저귀고 뜰에는 파스텔색의 크로커스 꽃들이 가득 폈다. 코너는
치료사 사무실에서 내 건너편에 있는 연갈색 소파에 앉아 있었다.
우리의 두 번째 치료 세션이었다. 코너의 얼굴을 다시 보게 된 기분이
어떤지 스스로도 알 수 없었다.

나는 실비아가 고등학교 때 입던 헌 배구 트레이닝복과 더러운
스니커즈를 신고, 의자 가장자리에 걸터앉아 손바닥에 난 땀을
청바지에 닦고 있었다. 반면 코너는 아르마니 광고 전광판에 나오는
사람처럼 보였다. 잘 다린 청바지와 서걱거리는 하얀색 옥스퍼드 셔츠,
광이 나는 이탈리아제 갈색 가죽 로퍼. 비싼 헤어숍에서 방금 나온 듯
완벽한 헤어스타일. 크리스마스 이후 몸무게가 5킬로그램은 빠진 것
같았다. 그는 다시 예전 모습처럼 보였다. 세션 시작 전 대기실에서
그는 체육관에서 하루에 두 시간씩 운동하기 시작했다고 말했다. 저
공작새가 다시 자태를 뽐내 보이려 하는구나, 내면의 목소리가 말했다.

우리 네 명은 사무실에서 만나 의례적인 인사를 머뭇거리며 나눴다.
남자 치료사가 목을 가다듬었다.

"흠흠, 두 분은 지난 세션 이후 관계에 대해 많은 생각을 하셨으리라
생각합니다. 기분이 어떠세요? 두 분은 관계를 유지하기를 원합니까?"

그의 사무적인 말투에 놀랐다. 그는 눈썹을 물음표 모양으로
치켜들고 소파에 앉아 있는 코너를, 그 다음에는 몇 미터 떨어진 의자에
앉아 있는 나를 차례로 바라보았다.

"우리는 함께하기를 원합니다." 코너는 고개를 끄덕이며 확신에 차서 말했다. "조금 힘든 시간을 보내기는 했습니다만, 우리는 서로에게 속해 있어요. 나는 누군가를 이렇게 사랑해본 적이 없습니다. 나는 그녀를 원해요. 널 원해, 레슬리."

웩.

나는 지난 세션 이후로 코너와 결혼생활에 대해 한 마디도 말을 나눈 적이 없었다. 어떻게 그가 나를 대신해 말할 수 있는가? 그가 내 쪽으로 몸을 숙였다. 얼굴은 붉었고 눈가에는 눈물이 어려 있었다.

내가 무슨 말을 하는지 깨닫기도 전에 입을 열었다.

"글쎄요, 난 별로 그러고 싶지가 않네요."

두 명의 치료사가 얼어붙었다. 그들의 눈이 나를 향했다. 나는 코너를 쳐다보지 않았지만 그가 나를 보고 있다는 걸 느낄 수 있었다. 숨을 쉬기가 힘들었다. 놀랍게도, 너무 화가 나서 눈물도 나지 않았다.

"난 이혼하고 싶어요."

소파에 앉아 있는 치료사들에게 다시 말했다. 여전히 코너를 쳐다보지 않았다.

치료사들은 똑같이 평온한 표정으로 나를 바라보았다.

내게 왜 이혼을 원하는지 말해보라고 하려나? 내 결정을 정당화하는 열 가지 이유를 대라면서? 그들은 코너가 나를 얼마나 망쳐버렸는지 말하며 울기를 바라는 걸까? 저런 개자식한테 돌아가는 건 미친 여자들이나 하는 짓이라고 말하며? 이런 결정을 해서 그에게 얼마나 미안한지 설명하기를 바라는 건가?

다 차치하고, 적어도 '이혼을 원한다'라고 말하는 내게 그의 눈을 한 번이라도 바라봐달라고 할 줄 알았다.

대신, 그들은 서로의 얼굴을 바라보더니 동시에 고개를 끄덕였다.

"알겠어요, 레슬리." 남자 치료사가 말했다. "가도 좋아요. 코너는
남아서 우리와 조금 더 이야기를 나누도록 하죠."

꿈인 것 같다고 생각하며, 핑크색 바람막이와 가방과 자동차 키를
챙겼다. 들어온 지 5분 만에 코너를 지나쳐 방을 나왔다. 바닥에
깔린 회색 카펫 위로 내 한쪽 발이 다른 발 앞쪽을 딛으며 문으로
걸어가는 걸 응시했다. 문에 달린 번쩍이는 쇠 손잡이가 내게 손짓하는
것 같았다. 지나가면서 본 유일한 장면은 코너의 손이었다. 코너는
글러브에 야구공을 넣다 빼는 것처럼 주먹을 쥐고 다른 쪽 손바닥을
치고 있었다.

집으로 돌아오는 길에 차의 창문을 모두 내리고 달렸다. 차가운
봄바람이 차 안으로 가득 들어왔다. 집에 도착해서는 현관문을 잠갔다.
두 번 확인했다. 전화선을 뽑았다.

그러고는 의자에 앉아 체리가 나를 위해 형광펜으로 표시해준
국제마케팅 사례연구를 읽었다. 나는 약간 흥분 상태였고, 이게
사라지면 어떤 기분이 들지 조금 두려워졌다. 밤 아홉 시쯤 일찍
잠자리에 들었다. 푹 잤다.

다음날 캠퍼스 커피숍에서 크라상을 고르고 있는데 코너의 친구가
내게 말을 걸었다.

"코너는 좀 어때?" 그가 팔 밑에 「월스트리트저널」을 끼며 물었다.
면접이 있는지 정장 차림이었다. 애프터셰이브 냄새가 희미하게
풍겼다.

"무슨 소리야?" 내가 말했다.

"설마 모르는 거야?" 그가 날 이상한 눈으로 쳐다보며 물었다. "매트가 한밤중에 기차역에서 코너를 발견했대. 거기서 여섯 시간이나 멍한 얼굴로 돌아다녔다는데, 꼭 노숙자 같았대. 매트가 코너를 응급실로 데려갔어. 검사를 해봐야 한다고 하던데. 그게 내가 마지막으로 들은 거야."

"난 아무것도 몰라." 나는 놀라서 중얼거렸다. "정말 안됐다."

그는 네 남편이 아니야, 라고 속으로 되뇌며, 코너의 친구가 내가 눈물을 흘리는 걸 보기 전에 뒤돌았다. 넌 이제 그를 도울 수 없어.

12월 21일 아침, 코너와 나는 마지막으로 섹스를 했다. 물론 당시 나는 그게 마지막이 될 줄 몰랐다. 내 생각에 다른 사람들도 마찬가지일 것 같다. 지루한 섹스였다. 그때 우리 집에는 경영대학원에 지원하는 친구의 친구가 묵고 있었다. 그녀가 샤워를 하는 동안 코너가 내게 섹스를 하자고 졸랐다. 나는 싸우기 싫어서 응했다. 나는 그의 위에 올라가, 할 일을 했고, 그녀가 샤워를 마치고 나오기 한참 전에 모든 게 끝났다.

4월. 내 상담사와 매주 두 시간을 보냈다. 매 세션이 끝날 때마다 나는 그녀가 슬픈 어조로 다시는 사이코패스를 만나지 않으려면 내 문제를 고쳐야 하고, 그러려면 몇 년에 걸친 상담이 필요하다고 말할까 두려웠다.

하지만 우리는 내 미래와 앞으로 할 일에 대해 이야기를 나눴다. 그리고 놀라울 정도로 많이 웃었다.

하루는 내가 세션을 마치고 일어서는데 그녀가 숙제를 내줬다. 다음 관계에서 만날 연인이 갖췄기를 바라는 특징을 열 가지 적어오라는 것이었다. '다음 관계'라는 말이 나를 무장해제 시켰다. 그동안 다른 남자와 데이트를 한다는 걸 상상도 하지 못했었다.

저녁에 집에 와서 시험공부를 하는 대신 긴 시간을 들여 목록을 작성했다. 하얀 책상 앞에 앉아, 발 옆에 블루가 웅크리고 있다고 상상하며 컴퓨터 자판을 두드렸다. 마치 청첩장을 작성하듯 예쁜 이탤릭체 글자를 골랐다. 다음날 학교를 돌아다니는 동안 내 머릿속에 있는 목록을 집요하게 수정했다.

다음 세션 전날, 나는 열 개의 목록을 이력서를 출력할 때 쓰는 하얀 크림색 종이에 인쇄했다.

1. 친절하고, 온화하고, 복잡하지 않고, 착한 사람일 것.

2. 전반적으로 인생에서 성공적일 것(일, 관계, 운동, 그가 중요하게 생각하는 건 무엇이든).

3. 날 미치도록 사랑할 것.

4. 어머니와 좋은 관계일 것.

5. 좋은 아버지일 것(검증하는 법: 내가 아직 태어나지 않은 아기라고 가정할 때, 가능하다면 아버지로 고를 것 같은 사람인가?).

6. 그와 나 각자의 독립성을 존중할 것.

7. 동물을 좋아할 것.

8. 스포츠 경기를 보거나 하는 것을 즐길 것.

9. 좋은 친구들이 많을 것.

10. 책을 좋아하고 글을 잘 쓸 것.

날 미치도록 사랑하는 것 외에는, 코너는 이 중 어떤 것에도 해당되지 않았다.

* * *

어느 날 밤, 전화벨이 울렸다. 나는 침대에 누워 반쯤 잠들어 있었다. 시계는 열한 시를 가리키고 있었다. 전화를 받았다.

"혹시… 레슬리 씨 되십니까?" 사무적이고 예의 바른 목소리가 물었다.

"네, 맞는데요." 혼란스러워하며 대답했다.

"여기는 스프린트 통신사 서비스 센터입니다." 그가 설명했다. "저는 당신의 통화 기록을 코너 씨에게 전달해도 될지 허락을 받기 위해 전화—"

"뭐라고요?" 정신이 번쩍 들었다.

"네, 부인. 당신의 지난 6개월 동안의 시내 통화와 시외 통화 내역을 제공해달라는 요청을 받았습니다. 솔직히 저는 이게 좀 이상한 요청이라고 생각했고, 확인해보려고 전화했습니다. 늦은 시간에 연락한 것에 사과드립니다. 하지만 왠지 이래야 할 것 같다는 생각이 들었어요."

"고마워요. 전화해줘서 정말로 고마워요. 아니요, 내 통화 내역을 누구에게도 제공해서는 안 됩니다."

떨리는 목소리를 진정하려 애썼다. 코너가 무슨 짓을 하고 있는 거지? 왜 내 통화 내역을 보려는 거지? 설마 내가 바람피우고 있다고 생각한 건가?

　남자가 잠시 말을 멈췄다.

　"지금 저를 신체적으로 학대한 남편과의 이혼을 준비하고 있어요."

　'이혼'과 '신체적으로 학대'라는 단어를 발음할 때 목이 막히는 것 같았다. 생전 처음 통화하는 이 통신사의 직원이, 어디인지는 모르지만 내 침대에서 수백, 아니 수천 킬로미터 떨어진 곳에서 나를 도우려 하고 있었다.

　"내 생각에는 그가 내게 대항할 때 이용할 수 있는 정보를 캐내려 하는 것 같아요."

　"네, 부인. 알겠습니다. 사실 몇 분 전에 그 남자분과 통화하면서 뭔가… 공격적인… 느낌을 받기는 했습니다."

　"제 계정에 메모를 남겨주실 수 있나요? 그가 또 다른 사람에게 요청할 수도 있잖아요. 어쩌면 다시 전화할지도 몰라요."

　"지금 당장 조치하겠습니다. 걱정하지 마세요, 부인. 당신의 어떤 정보도 그에게 알리지 않을 겁니다."

　전화를 끊었다. 여전히 혼란스러웠다. 두려웠다. 다시 잠을 이루지 못했다. 코너가 그 명석한 머리로 무슨 짓을 꾸밀지 무서웠다. 그가 사람들에게 연락해 나를 음해할 만한 방법들을 떠올렸다.

　다음날 오전, 코너에게 열쇠가 없는 걸 알면서도 현관문의 잠금장치를 전부 교체했다. 차에 타면 시동을 걸기 전에 차 문을 전부 잠갔다. 가능한 한 어둡기 전에 귀가하려 했고, 그러지 못할 때는 집 안의 모든 불을 켜놓고 나갔다. 집에서 학교 가는 길에 있는 공중전화의 위치를 전부 기억해뒀다. 접근 금지 명령서는 늘 지갑 속에 챙겼다. 내 새로운 회사—이 시점에서 내게 중요한 유일한 것—는 미래에 나를 코너로부터 안전하게 지켜줄 것이었다.

며칠 후 변호사에게 전화를 걸었다. 그동안 뜸을 들인 건, 이혼은 미리 연락해서 이것저것 확인해볼 필요가 없는 명확한 사안이었기 때문이다. 사실 그동안 아버지가 혹시 전화하지 않을까 하는 기대도 조금은 있었다.

"분명 지금 무척 외로울 거다. 정신이 없고 겁에 질렸겠지. 그리고 코너가 지난 3년 동안 너를 때리고, 네 돈을 다 쓰게 만들고, 네 이름으로 경영대학원 학비를 대출받은 것이 정말 화가 날 거야. 그래서, 네 아버지이자 이 나라에서 가장 훌륭한 판사인 내가 너의 이혼 변호사가 돼주기로 결정했단다! 그놈이 한 짓에 대해 화끈하게 벌을 주자꾸나!"

물론 안다, 아버지가 그럴 리 없다는 걸. 전투에는 혼자 나가야지 뭐.

이혼 변호사를 어디서 찾아야 할까? 나는 경영대학원 사람들 외에는 이 도시에 아는 이가 없었다. 누구에게 추천을 받지? 마케팅 교수 중 한 명? 집 주인? 내가 매일 아침 커피를 사러 들르는 세븐일레븐에서 일하는 소말리아 남자?

시카고에서 이혼 변호사를 추천해줄 만한 사람이 딱 한 명 있었다. 내 상담사였다. 그녀는 다른 고객을 변호했던 한 이혼 변호사를 소개해줬다. 나는 그 변호사에게 전화해 그동안의 이야기를 단 3분 만에 설명했다. 어떤 남자와 사랑에 빠졌고, 그가 나를 3년 동안 때렸으며, 요새 그의 행동이 이상하고, 아무래도 그를 영원히 보지 않는 것이 최선일 것 같다. 전화를 끊고 30분 동안 울었다.

이틀 후 시내에 있는 변호사 사무실로 직접 찾아갔다. 아파트를 나오기 전, 처음으로 손가락에서 결혼반지를 빼서 외할머니의 오래된

보석함에 넣었다. 이제 완연한 봄이었다. 벚꽃과 민들레가 만개하고
잔디가 푸르게 변했다. 길에는 점심시간에 우르르 나온 사람들이
멍청한 웃음을 지은 채 걸어 다니고 있었다. 변호사 사무실은 시카고의
웨커 드라이브에 있는 3층 신축 건물 안에 자리하고 있었다.

변호사 그렉 밴디 나오리가 내게 인사하기 위해 좁은 대기실로
들어오며, 악수를 위해 손을 앞으로 뻗고 있었다. 내 눈을 의심했다.
나보다 15센티미터는 족히 밑에 서 있는 이 엄지공주 나라의 변호사는,
약 40대쯤으로 보였고 머리카락이 한 올도 없는 완전한 대머리에, 몸에
딱 맞게 재단된 자그마한 정장을 입고 과하게 번쩍이는 구두를 신고
있었다. 근육질에, 무술 유단자에, 미스터 매사추세츠 타이틀을 가진 내
남편과 대적할 수 있는 인물이 아니었다.

사무실에 마주 앉자마자 그는 내게 언제 어디에서 결혼했는지, 어떤
종류의 결혼식이었는지, 우리 가족이 어디 사는지, 우리 부모들의
직업이 무엇인지, 우리의 종교와 과거 재정 상태, 그리고 현재
수입에 대해 질문했다. 그는 내 대답을 왼손으로 수첩에 빠르게 적어
내려갔다.

"우리는 이 관계를 녹여버릴 수 있습니다." 그는 우리의 결혼이 물에
타먹는 비타민이라도 되는 것처럼 사무적으로 말했다.

"이 경우 당신의 남편이 소송을 제기할 수는 없을 거라 확신해요.
비용은 대략 1만 달러에 공증인의 서명과 서류 복사, 택배비 정도가 더
추가될 수 있습니다."

1만 달러면 이번 학기 내 학자금에 달하는 금액인데. 그는 이게 마치
감정이 끼어들 여지가 없는 중고차 거래라도 되는 양 말했다. 그는
분노도 못 느끼는 인간인가? 어떻게 내가 겪은 일에 대해 놀라지도,
끔찍해하지도 않을 수 있는 거지? 어쩌면 그는 이해를 하지 못했을지도

모른다.

나는 손가방에서 접근 금지 명령서를 꺼내 펴서, 마치 미국 독립선언서 원본인 양 조심스레 그에게 건넸다. 그는 종이를 슬쩍 보더니 내게 돌려줬다. 나는 지난 네 달 동안 얼마나 끔찍한 일을 겪었는지를, 과도한 제스처를 취해가며 일일이 설명했다. 내 분노가 그에게 전달되기를 바랐다. "내가 원하는 건 말이죠." 나는 그렉의 얼굴 앞에서 손가락을 흔들며 말했다. "코너에 대항해 싸우는 거예요."

이 꼬맹이 같은 변호사가 책상에 뛰어올라서 "우리는 코너를 쳐부수기 위해 싸운다!"라고 세상에 말해주기를 원했다. 이 극악무도한 가정폭력 사건을 수면 위로 올려, 수천 명의 여성의 목숨을 구할 것이다! 우리는 이를 판사에게, 대법원 앞에 끌고 가 워싱턴에 혁명을 불러와야 한다!

하지만 자그마한 그렉 밴디는 그럴 생각이 없어 보였다. 그가 입을 열었다.

"우리는 그와 싸울 생각이 없다고 말할 겁니다. 완전히요."

그렉은 내 말을 듣지 못한 듯 말했다.

"그리고 당신을 심하게 때린 걸 인정하라고 할 거고요. 그가 원하는 만큼 돈을 준다고 할 겁니다. 당신이 양보할 수 있는 한 모든 걸 양보한다고도 말할 거예요."

나는 깜짝 놀라서 허리를 곧추세우고 앉았다.

그렉은 무릎 위에 두 손을 얹고, 지금 어떤 위험에 빠졌는지도 모르는 순진한 열 살짜리 여자애를 보듯 정색하고 쳐다봤다. 전혀 의도치 않게, 진창에서 구출해야 하는 무력한 어린이의 보호자가 된 것 같은 표정이었다.

"소송으로 가면 어떻게 되는지 알아요? 우선, 몇 년이 걸릴 거예요. **몇**

년이요."

그는 강조하며 말했지만 목소리를 높이지는 않았다. 목소리를
높이는 법도 모르는 것 같았다.

"일리노이주 이혼 법정에서는 현재 중재가 불가능한 건들의 대기
기간이 2년에서 3년입니다. 이런 건들은 자녀 문제가 끼어 있거나, 재산
분할이 어려운 경우, 혹은 30년 이상 된 결혼들입니다. 이들이 당신의
이혼 건처럼 간단하고 책임소재를 따지지 않는 경우에 우선한다는
사실도 아셔야 합니다."

책임소재를 따지지 않는다고? 나는 접근 금지 명령서를 구겨 쥐며
고함을 지르고 싶었다. 간신히 혀를 깨물어 참았다.

그렉은 말을 이었다. "빨리 벗어나서 당신의 삶을 살고 싶지 않아요?
5년 동안 이 남자가 당신을 괴롭히기를 원하는 건 아니겠죠? 이건
그리 복잡한 이혼이 아니에요. 지금으로서는 빨리 끝내버리는 게
최선입니다. 두 번째로, 이 남자를 판사 앞에 데려가보세요. 무슨
일이 일어날지 알아요? 판사는 코너를 믿을 겁니다. 그는 불우한 어린
시절을 보냈고, 젊고, 분명 사람을 끌어당기는 요소를 가졌죠…. 당신에
비해."

그는 손을 들어 나를 가리켰다. 텅 비어버린 머릿속에 그가 아직
말하지 않은 문장을 적어 넣었다. 부패한 국가의 수도에서 이름을
날리며 활동하는 판사 아버지를 두고, 백인 알코올의존중 어머니를 둔
버릇없는 부잣집 하버드 졸업생.

"판사는 당신이 아니라 코너를 믿을 겁니다."

당장 그렉 밴디의 목을 비틀어버리고 싶었다. 그러지 않은 이유는
오직 하나. 다른 변호사를 찾을 자신이 없었기 때문이다. 어디에서 또
변호사를 찾지? 전화번호부?

그렉 밴디는 일어서서 잘 가라고 악수를 청했다. 이번에는 있는 힘을 다해 그의 손을 세게 쥐었다. 조그마한 손가락뼈를 부숴버리고 싶었다. 악수를 마치고 로비로 나갔다.

'이런 식으로 이혼하는 건 지금의 전투에서 가장 시시한 결론이다'라고 속으로 말하며 엘리베이터를 타고 내려가 밖으로 나갔다. 이 일에 대해 법적으로 대응해야지만 내가 많은 시간을 들여 충실히 임할 수 있을 것 같았다. 웨커 드라이브를 떠나면서 하늘을 향해 불쑥 솟아 있는 고층빌딩들을 보며 자신감을 충전하려 애썼다.

집에 오자마자 내 상담사에게 전화를 걸어 그렉이 어떤 방식으로 이 일을 대하는지에 대해 말했다.

"레슬리, 가혹하게 들릴지 몰라요. 받아들이는 데 몇 년이 걸릴지도 몰라요. 하지만 그렉은 적절한 전략을 취하고 있는 것 같아요. 코너가 결혼생활 내내 폭력적이고 당신을 교묘하게 조종했잖아요. 그가 이혼 과정에서도 똑같이 폭력적이고 간교하게 굴 거란 걸 예상해야 해요. 그렉이 생각하는 것처럼, 정면으로 맞붙는 걸 피하는 전략이 사실 내게도 합리적으로 들리는 걸요. 꽤 현명한 전략이에요."

빌어먹을.

그렉과 코너의 변호사는 일주일 후 따로 만났다. 코너는 내가 이혼하고 싶다고 말했을 때 받은 충격에서 벗어나 원래의 상태를 회복했다. 그는 역시나, 여자 변호사를 선임했다. 그에게 여차하면 빠져버릴 수 있고, 그가 다룰 줄 아는 종류의 사람을 적절히 고른 것이었다. 그리고 다른 여자를 내세워 나에 대한 배신을 암시해 내게 고통을 주려는 전략이었다. 실제로도 나는 이 때문에 고통스러웠다.

변호사끼리의 미팅 후, 그렉이 내게 전화해서 몇 가지 새로운 정보를 알려주었다. 나는 끔찍한 소식을 듣기 전에 준비를 단단히 하는 사람처럼 긴장한 채 거실 소파에 앉았다. 스테레오 오디오의 음악을 껐다.

"코너가 새로운 거주지를 등록했다는 사실을 아셔야 할 것 같습니다."

세상에, 뭐? 왜? 학기가 두 달 남았는데 대체 어디를 간다는 거지? 졸업을 코앞에 두고 설마 그만 두겠다는 건가?

"그는 살던 곳에 그대로 살고요, 공식적인 주소지만 뉴저지주 오션 그로브 메인 스트리트 12로 변경했습니다."

넬리 이모의 여름 별장? 말도 안 돼. 널찍한 현관과 옥상에 난간이 있는 해변 별장은 코너에게서 벗어나 내가 여름 내내 지낸 안식처였다. 내가 어렸을 때 넬리 이모에게 그려준, 가장자리에 삐뚤빼뚤한 글씨로 '당신을 사랑하는 조카'라고 쓴 내 사인이 적힌 그림이 아직도 방에 걸려 있었다. 사촌들을 위해 내가 직접 쓴 책들과 어렸을 적 휴일에 모두가 함께 놀면서 찍은 사진도 아직 있었다. 세상에, 내가 태어날 때부터 나를 사랑했던 사람이 어떻게 나를 때린 남자에게 자기 집을 거주지로 등록하도록 허락할 수 있었을까?

나는 아무 말도 할 수 없었다.

"그리고 3주 전 코너가 워싱턴에 있는 당신 아버지의 집무실을 방문했습니다. 당신 아버지가 코너에게 생활비로 쓰라며 수천 달러를 줬고요. 알고 있었어요?"

"아뇨."

가슴이 철렁하고 지하로 꺼지는 것 같았다. 나는 지난 몇 달 동안 며칠에 한 번씩 아버지―내게 이혼 변호사를 찾아주는 걸 극도로 꺼렸던 그

남자-와 통화했으나 그가 코너를 만났다거나 돈을 줬다는 사실은 듣지
못했다.

"코너는 그 돈을 변호사를 선임하는 데 썼어요."

소파에 앉아서, 말없이 머리를 앞뒤로 흔들었다. 이혼이
결혼보다 훨씬 더 힘들다는 걸 절실히 느꼈다. 결혼하는 커플은
"맹세합니다"라고 외치기 전에 반드시 다음과 같은 미란다원칙 형식의
경고 문구를 소리 내어 읽어야 한다고 생각했다.

**지금 당신이 느끼는 사랑의 감정은 미래에 당신을 괴롭히는 데 쓰일 수
있습니다. 수많은 연구 결과에 의해, 불화가 생기면 둘 중 누가 상처를
더 많이 받았느냐에 관계없이 그냥 더 미친놈이 언제나 이긴다는
사실이 판명났습니다. 결혼하는 데는 5분이 채 안 걸리지만 이혼하는
데는 몇 년이 걸릴 뿐 아니라, 당신의 적금을 소진하고 당신의 우정과
가족 관계를 엉망으로 만들 수 있으며, 당신의 정신 건강과 인류에 대한
신뢰가 영원히 사라지는 걸 경험할 수 있습니다. 지금 당신은 사랑과
희망에 눈이 멀어, 무슨 짓을 하는지 정확히 알고 있는 겁니까?**

그렉 밴디의 목소리 때문에 퍼뜩 정신을 차렸다.

"더 있나요?" 내가 의심스러워하며 물었다.

"코너의 변호사는 당신이 그의 임시 별거 수당을 지불해야
한다고 합니다. 코너가 당신과 살 때와 비슷하게 살 수 있을 정도의
수준으로요. 우리는 이에 반론을 제기해서 몇 주 정도 미룰 수 있어요.
하지만 그를 누그러뜨리기 위해 단 몇 달만이라도 돈을 주는 것이―"

"뭐? 나도 돈이 없다고요!"

"음, 당신 아버지는 있죠."

난 단호하게 말했다. "그에게 별거 수당을 한 푼도 줄 수 없어요.

그리고 또 있나요, 그렉?"

빨리 이 대화를 끝내고 싶었다.

"마지막 요청입니다. 코너가 총 두 개를 모두 돌려받고 싶어 해요.
그가 말하길 당신이 아직도 가지고 있다고 하는데, 맞습니까?"

"나중에 다시 걸게요."

그렉에게 무미건조하게 대답하고 전화를 끊었다. 뱃속에서 무언가가
할퀴는 것처럼 배가 찢어질 듯 아팠다. 내 아버지. 내 엄마의 가족. 여자
변호사. 내 미래의 재정. 그리고 그가 총을 돌려받기를 원한다고?

그러나 이는 시작에 불과했다.

이 과정을 하루하루 겪으면서, 사랑했던 사람들에게 감정적으로
강한 타격을 받은 것과 동시에 거의 알지 못하는 사람들이 베푼
친절함에 감동받기도 했다. 수의사. 내 상담사. 아무것도 묻지
않아준 경영대학원 사람들. 그날 밤 출동한 경찰들은 내가 얼마나
고마워했는지 알까? 가정법원에서 만난 로스쿨 학생은 그녀가 보여준
존중에 내가 얼마나 감사했는지 느꼈을까? 집에 들어올 때면 늘
생각했다. 그날 밤 누가 현관문을 두드린 걸까? 아래층에 사는 인도인
커플? 위층에 사는 로스쿨 학생? 그 사람은 자신이 내 인생을 구했다는
사실을 알고 있을까?

고등학교 때 영어선생님은 거의 매일 자동응답기에 메시지를
남겨줬다. 잠금장치 업자는 그날 오전 내가 전화하자마자 다른
대기자들을 다 제쳐놓고 즉시 달려와줬다. 누구도 내 이 추잡한 사정을

회사 인사 담당자에게 말하지 않았다. 블루를 떠올리면, 내가 세상에서 가장 훌륭한 개를 가졌었다는 걸 깨달았다. 그가 지금 어디에 있든 이 모든 게 내 잘못이 아니며, 이 과정이 끝나면 코너가 곁에 있든 없든, 믿을 수 없는 아버지가 있든 없든, 별거 수당을 주든 안 주든 모든 게 다 괜찮아지리라는 걸 알고 있을 것이다.

나는 지난 2월에 코너의 총들을 어떻게 할까 생각했었다. 내 집에 그것들이 있는 게 싫었다. 그러나 코너에게 돌려주는 건 선택지에 없었다. 그것들을 종이가방에 넣어 미시건 호에 빠뜨려버릴까 생각했다. 대신, 나는 집에서 몇 블록 떨어진 그때 그 경찰서에 가져다주었다. 경찰은 총 두 개를 넣은 신발 상자를 건네받으면서 내 손이 덜덜 떨리는 걸 지켜봤다.

"이걸 드려야 해요. 제 것이 아니에요."

그는 내게 짤막한 서류를 작성하라고 주었다. 그는 웃으며 고개를 끄덕였다.

"부인께서는 지금 옳은 일을 하고 있는 겁니다."

아이스 맨―내가 결혼반지를 산 뉴욕의 다이아몬드 판매상―에게 전화를 걸었을 때, 그 또한 놀랄 만큼 친절했다. 나는 패드를 댄 종이봉투에 결혼반지와 약혼반지를 넣어 그에게 보냈다. 나는 그가 보내준 수표로 그렉 밴디에게 변호 의뢰비를 지불했다.

나를 몇 번 보지도 않은 키가 작고 통통한 마케팅 교수는 어느 날 오후 내게 살며시 다가와 말했다.

"당신에 대해 떠도는 소문을 들었어요." 그녀는 거의 속삭이듯 말했다. "저도 몇 년 전에 당신과 비슷한 입장이었어요. 곧 끝나요. 다 괜찮아질 거고요. 일 년 후에 얼마나 많이 좋아질지 지금은 모를 거예요. 조금만 더 버텨요."

그녀는 내 팔에 손을 살짝 올리더니 아무 말 없이 수업을 하러 복도를 급히 걸어갔다.

회계 과목의 사례 분석을 읽으려 헛된 노력을 하고 있던 어느 날 밤, 전화벨이 울렸다.

"레슬리, 안녕."

에드였다.

우리는 몇 분 동안 어색하게 이야기를 나눴다. 나는 그에게 지난 네 달 동안 연락하지 않았다. 그는 재미있는 남자로서 최고였기 때문에, 이런 상황에 그를 끌어들이고 싶지 않았다.

"내가, 음, 전화한 건 할 말이 딱 하나 있어서예요." 그의 나지막한 목소리가 내 몸을 감싸는 듯했다. "지금 기분이 얼마나 엉망일지 알아요. 하지만 난 당신이 너무나 훌륭한 여자라는 걸 알고 있어요. 당신과 앞으로 만날 남자는 정말 운이 좋은 사람입니다. 1년 안에 이 모든 게 다른 사람에게 닥쳤던 악몽처럼 느껴질 거예요. 그리고 5년 안에 당신은 멋진 남자와 결혼해서 두 아이와 함께 행복하게 살고 있을 거예요. 장담해요."

이런 친절한 말도 코너의 배신과 내 이모의 엇나간 친절함과 신의 없음, 그리고 내 아버지의 나에 대한 감정적 유기를 누그러뜨릴 수 없었다. 하지만 다른 것들이 내 미래에 희망을 주었다. 그리고 로버트 카롤라 선생님이 말했던 것처럼, 희망은 언제나 좋은 거니까.

블루의 죽음, 상담 세션, 변호사가 전해주는 코너의 공격적인 움직임 등을 힘겹게 이겨내고 있는 중에도, 미래와 관련된 좋은 소식은 매일 들려왔다. 바로 취업 제의였다. 그것도 많이. 매일 자동응답기와 우편함에는 연봉, 직함, 직위에 관한 인사 담당자들이 남긴 호의적인 메시지가 도착했다.

4월 말까지 다섯 건의 취업 제의를 받았다. 당시는 전 국가에 걸쳐 경기침체 시기였기 때문에 취업 제의를 두 건 이상 받는 학생이 거의 없었다. 경영대학원에서는 졸업 전까지 전체의 겨우 60퍼센트만이 취업 제의를 받을 것이라고 예측했다.

경력개발센터 앞 복도를 지나가면서 내가 운이 좋다며 사람들이 수군대는 걸 총 세 번 들었다. 나는 그들이 나와 코너를 얽은 가십거리로 숙덕거리지 않아 고마웠다. 친구들은 아마 내 성공과 운이 별로 관계없다는 걸 이해하지 못했을 것이다. 사실 분노가 가장 핵심적 요소였다. 인사 담당자로부터 받는 전화 한 통, 편지 한 통이 코너가 내게 한 짓에 대한 반대표였다. 그것들은 내가 조금만 더 참을 수 있다면, 코너 없이도 미래, 그것도 안전한 미래를 가질 수 있다는 약속이었다.

어떤 취업 제안을 받아들이든 상관없었다. 모든 회사가 코너로부터 수백 킬로미터 이상 떨어져 있었고, 그가 스토킹 하거나 충동적으로 따라오기에는 너무 먼 거리였다. 버몬트에서 살던 시절, 에드와 코너가 내 경영대학원 지원을 완강히 주장했을 때 MBA 학위가 코너로부터 빠져나갈 수 있는 지하 통로가 되리라고는 상상도 하지 못했다.

할 수만 있다면, 복도에서 코너를 지나칠 때, 그가 얼마 전 시카고로 이사 온 옛 여자친구와 다시 데이트하기 시작했다는 소식을 들었을 때, 그가 내 집 앞에서 서성대는 걸 발견했을 때, 내가 회사에서 받은 두꺼운 '합격' 봉투를 상의에 갑옷처럼 꿰매고 의기양양하게 보여주고 싶었다.

블루가 죽은 지 한 달쯤 지났을 무렵, 수의사가 전화했다. 거실에 앉아 페퍼민트 차를 두 잔째 마시고 있던 오후였다. 코너가 뒤뜰에서 태어난 지 겨우 8주 된 블루를 안고 있던 모습이 떠올랐다. 그때 블루의 배는 하늘을 향해 있었다. 코너는 갓 태어난 아기를 보는 것처럼 웃으며 블루를 내려다봤다.

"지난달에 했던 해부 결과가 어제 나왔어요. 두 시간 전에 관련 서류 작업을 완료했고요. 당신의 개는 간암으로 죽었습니다. 나는 지금껏 그렇게 어리고 강하고 그리고… 예쁜 동물이 간암으로 갑자기 죽는 걸 본 적이 없어요. 무슨 말을 해야 할지 모르겠군요."

그가 잠시 말을 멈췄다.

"혹시 개한테 풀을 먹인 적이 있나요?"

"풀이요?" 내가 물었다. "아뇨, 우리는 아파트에 살아요. 밖에서도 풀을 먹는 걸 본 적이 없고요. 도그 파크에서 놀 때도요. 아시죠? 대학 건물 근처에 있는. 거긴 다 흙이에요."

"알겠습니다. 그럼 화학비료 중독에 의한 건 아니군요. 그럼 초콜릿은요?"

"네, 매일 먹었어요. 블루가 리스 피넛버터컵을 굉장히 좋아했거든요. 매일 아침 하나씩 사서 먹였어요."

그가 오래 말을 멈췄다.

"유감이지만 말입니다. 초콜릿은 개한테 독이에요. 모르셨나 보군요."

뭐?

"아 블루는… 제가 키운 첫 번째 개였어요. 전혀 몰랐어요. 그는 초콜릿을 정말이지 너무 좋아했어요."

"글쎄요, 건강한 개가 그렇게 빠른 속도로 간암에 걸리고 순식간에 죽은 건… 저로서는 무언가에 의한 중독이라고밖에 볼 수가 없었습니다. 원래 제초제나 쥐약 때문이라고 생각했어요. 하지만 적은 양이라도 개에게 초콜릿을 매일 주면 간에 이상이 생길 수 있습니다."

얼굴이 굳었다. 눈물이 흐르는 게 느껴졌다.

수의사에게 감사인사를 하고 전화를 끊었다. 버몬트에 있을 때, 코너가 블루를 밖으로 데리고 나가 총으로 머리를 쏴버리겠다고 나를 협박했던 게 기억났다. 하지만 정작 블루를 죽인 건, 그를 얼마나 아끼는지 보여주기 위해 매일 간식을 사줬던 나였다.

거실 소파에서 일어나서 차가워진 차를 한 모금 마신 후, 욕실로 가서 찬물로 세수를 했다. 고개를 들어 거울을 봤다. 멍한 두 눈이 붉게 충혈되어 있었다.

어느 날, 아버지의 형인 지미 삼촌이 내게 연락해 전기기술자 컨벤션에 참석하려고 시카고에 온다고 알렸다. 나는 그를 지난 5년 동안 보지 못했다. 아버지는 한 번도 삼촌네 가족을 우리 형제들의 졸업식이나 가족 행사, 심지어는 코너와 나의 결혼식에도 초대하지 않았다. 아버지는 삼촌이 너무 멀리 사는 데다 항공권을 살 돈이 없다고 했다. 그래서 지미 삼촌이 내가 사는 곳에 출장 오면 그때 간간이 보곤 했다.

삼촌은 오클라호마 억양이 섞인 부드러운 목소리로 그가 시카고를 떠나기 전날 밤 함께 저녁을 먹을 수 있느냐고 물었다. 우리는 컨벤션

센터 근처에 있는 이탈리아 레스토랑에서 만났다. 빨간색과 하얀색 체크무늬 식탁보가 깔린 테이블에 절인 피망이 담긴 유리병이 놓여 있는 캐주얼한 레스토랑이었다. 안에 들어가자, 삼촌이 잘 재단된 울 정장을 입고 품위 있는 손가락 사이에 담배를 하나 끼고 바에서 나를 기다리는 게 보였다. 키가 좀 더 작고, 다부진 체격의 블루칼라 노동자 버전의 아버지였다.

삼촌은 그가 열일곱 살 때 시작한 전기 관련 사업을 곧 팔고 은퇴하려 한다고 말했다. 그가 내게 조언을 구했을 때, 내 얼굴이 빨개지는 걸 느꼈다. 이제 페라가모 정장이 필요 없었다. MBA 학위 덕분에 사람들이 내 전문성을 곧바로 신뢰하고, 오랫동안 그 믿음을 지속하게 되었다. 내가 태어나기도 전에 자기 사업을 시작해 하루에 열네 시간씩 일했던 삼촌조차 말이다.

우리는 둘 다 똑같이 스파게티와 시저 샐러드를 시키고, 우리의 뻔한 메뉴 선택을 두고 한참 웃었다. 테이블 위에 놓인 촛불이 하얀 커피 잔에 반사되어 비쳤다. 나를 바라보는 그의 얼굴이 부드럽게 풀렸다.

"아, 정말이지, 넌 그녀를 너무 닮았어." 그가 굳은살이 박인 손을 내 오른쪽 뺨에 살짝 대며 말했다. "그녀는 여기에서 몇 킬로미터 떨어진 곳에 묻혔단다. 오늘 그녀의 무덤에 갔었어."

내가 열다섯 살 때 죽은 내 이모 마릴린을 말하고 있음을 깨달았다. 가족 중 누구도 내가 그녀를 닮았다고 말한 적 없었다. 아버지는 그녀의 사진을 보여주지도 않았다.

"그녀는 어땠나요?" 내가 물었다.

"너무나 사랑스러웠단다." 그가 천장을 응시하며 대답했다. "천사 같았지."

그는 한숨을 깊게 내쉬었다. 굵은 눈물방울이 주름진 뺨으로 흘러내렸다. 그는 눈물을 닦지 않았다.

"그거 아니? 네 아버지가 말했겠지만, 우리는 어렸을 때 정말로
가난했단다. 가끔은 먹을 것도 없었지. 마릴린은 몸이 무척 말랐었어.
나는 그녀가 우리들과 똑같이 배고팠던 걸 알았단다. 하지만 그녀는
우리에게 자기 먹을 걸 주었어. 거의 매일. 특히 네 아버지에게. 네
아버지도 정말 말랐었단다. 지금도 그렇지만."

그는 배를 두드리며 웃으려 애썼다. 그러나 그의 얼굴에서는
계속해서 눈물이 흘러내렸다. 그는 눈물이 흐르는 것도 모르는 듯
행동했다. 어쩌면 그는 매일 마릴린을 생각하면서 우는지도 몰랐다.
죽은 지 47년이 된 누나를.

"엄마가 그녀를 종종 때렸지. 그땐 왜 그랬는지 몰랐어. 아마
마릴린이 우리 중에 가장 만만했기 때문일 거다. 엄마는 힘든 인생을
살았거든. 누군가에게 화풀이를 해야만 했지. 가끔은 마릴린이 그걸
알고, 엄마가 다른 자식들에게 손대지 않도록 기꺼이 맞았다는 생각이
든단다. 그녀는 우리에게 그렇게 따뜻하게 대했지만 온몸에는 멍이
들어 있었지. 정말 끔찍했어."

꼼짝도 할 수 없었다. 내 가족 사이에 코너가 휘둘렀던 종류의 폭력이
있었을 줄은 상상도 못했다. 아버지에게도 얼마나 가혹한 일인가.
가난은 벗어났지만, 그는 여전히 내가 사랑에 붙잡혀 고통받는 걸
지켜봐야만 했던 것이다. 마릴린이 그랬던 것처럼.

"레슬리, 네 아버지는 거기서 벗어나지 못했단다. 네가 이해해야 해.
마릴린을 도울 수도, 엄마를 멈추게 할 수도 없었던 상황, 그리고 집이
없고 음식이 늘 부족했던 건 끔찍할 만큼 큰 불행이었단다. 그는 거기서
도망쳐서 하버드에 입학하고 로펌에 취직했지. 그는 물리적으로 멀리
떨어져 있으면 아무리 자기 자식들이라도 어떻게 다가가야 하는지를

모른단다. 네 아버지는 너를 사랑해. 그저 어떻게 표현할지 모르는
것뿐이야. 마릴린이 죽고 난 후부터 그는 감정을 표현한 적이 없단다.
특히 도움을 간절히 필요로 하는 누군가에게는 더더욱. 마릴린에게
그랬던 것처럼."

내 안에서 무언가가 깨졌다. 맞고, 굶주리고, 공공병원 침대에서 홀로
죽어간 내 10대 이모를 생각했다. 그리고 자신 외에는 누구도 돕지
못하고, 극심한 고통에서 살아남기 위해 심장을 강철같이 만들어 버린
똑똑하고 예민한 열 살 소년을 생각했다.

망할, 삼촌이 옳았다. 나는 아버지를 미워할 수 없었다. 그는 누나가
살아남을 수 없는 세상에서 생존을 위해 무뎌질 수밖에 없었다.
아버지는 도망침으로써 헤아릴 수 없을 정도의 벌을 받았다. 코너와
똑같이. 어린 시절의 트라우마를 그대로 남기고 도망치면, 그들의
영혼의 일부를 대가로 내주게 된다.

바로 그 순간, 나는 코너와 영원히 끝났음을 깨달았다. 그가 얼마나
안쓰럽든 상관없었다. 내가 그를 얼마나 아끼는지도 상관없었다. 아마
내가 결혼반지를 봉투에 넣어 뉴욕으로 보냈을 때, 혹은 이혼 변호사를
선임했을 때 이미 다 '끝났다'라고 생각했을 수 있다. 하지만 이번에는
느낌이 달랐다. 내 깊은 곳에서 이제 정말 끝났다는 신호를 보내고
있었다. 이제는 내 생애에서, 아니면 다음 생애까지도, 나쁜 남자들을
좋아하는 일은 끝났다는 확신이 숙명처럼 들었다.

나는 다시는 심장의 한 쪽을 차단시킨 남자와 만나지 않으리라
다짐했다. 코너나 내 아버지 둘 다 자신들이 원해서 그런 건 아니지만,
그들도 마찬가지였다. 나는 내 사랑에 올바른 사랑으로 보답하지
못하는 남자는 참을 수 없었다. 이제 친절하고 마음이 따뜻하고 계속
성장하는 남자를 만나고 싶었다. 죽은 지 거의 50년 가까이 되어가는

누나를 생각하며 공공장소에서 엉엉 우는 지미 삼촌처럼.

어디에서 그런 남자를 찾을 수 있는지 감이 오지 않았다.

5월. 졸업식 2주 전 목요일 밤이었다. 완전히 열어젖힌 차 창문으로 들어오는 신선한 봄 공기를 들이마시며 노래를 크게 틀었다. 저녁 내내 재무 수업 스터디 모임을 하고 집으로 돌아오는 길이었다. 나만 빼고 모두가 거대한 컵에 마가리타를 담아 마시면서 서로의 컴퓨터에서 자료를 출력해서 나눠가졌다. 라디오를 켜니 R.E.M*의 노래가 나오고 있었다.

"Losing my religion(난 이제 한계야)···."

조수석에 블루가 없어 허전했다.

길은 텅 비어 있었다. 멋진 하얀색 혼다 세단 한 대만 제외하고는. 한쪽 차 문이 열려 있었다. 나는 속도를 낮췄다.

스물다섯 살 정도로 보이는 잘 차려 입은 예쁜 흑인 여자가 키 크고 잘생긴 흑인 남자를 밀치고 걸어가고 있었다. 그녀의 얼굴에 눈물자국이 보였다. 남자는 그녀의 뒤로 바짝 붙더니 몇 번 어깨를 살짝 흔들다가 갑자기 주먹을 들었다. 갑자기 차에서 삐-삐-삐- 하는 소리가 들렸다. 시동을 끄지 않은 것이다.

갑자기 그녀가 몸을 돌리더니 도망가려 했다. 그는 긴 팔을 뻗어 그녀를 잡아 가게 정면의 더러운 쇼윈도로 밀었다. 멀리서도 그녀의 얼굴에 떠오른 공포를 읽을 수 있었다.

생각할 새도 없이 차를 몰아 혼다 앞에 세웠다.

"저기요, 무슨 일이에요?" 내가 차에서 내리며 소리쳤다.

* 1980년에 결성되어 이후 얼터너티브 씬에 큰 영향력을 줬던 록밴드

그러자 남자는 여자를 놓아줬고, 그녀는 차바퀴 옆으로 숨었다. 내가
다가가자 그는 한 걸음 뒤로 물러섰다. 그의 표정은 분노에서 황당함과
부끄러움으로 변해 있었다.

나는 몸을 돌려 차에 몸을 기대고 바퀴 옆에 앉아 울고 있는 그녀를
보았다. 열린 차 문으로 새 가죽 냄새가 났다.

"나는 지난 3년 동안 나를 때린 남편과 막 헤어졌어요." 내가 말했다.
"폭력을 참아서는 안 돼요. 당신은 이보다 나은 대접을 받아야 해요."

"알아요." 그녀가 눈물을 흘리며 작게 대답했다. 그녀는 재채기를
하고 고개를 저었다. 그녀는 날 쳐다보지 않았다. 눈 주위가 붉었지만
눈동자에는 안도감이 떠올라 있었다.

"당신이 옳아요." 그녀가 말했다. "그냥, 생각보다 좀 오래 걸리네요."
그녀는 머리를 푹 수그렸다. 난 그녀의 팔에 손을 얹었다.

"괜찮아질 거예요. 진짜예요." 주머니에서 티슈를 꺼내 건네줬다.
"당신이 못하게 하면, 누구도 당신을 이렇게 대하지 않을 거예요."

그녀는 고개를 끄덕이고 휴지에 코를 팽 풀더니 눈물을 닦았다.
"고마워요." 그녀가 기어들어가는 목소리로 말했다.

그곳을 떠나면서 남자를 오랫동안 응시했다. 그는 이제 정신을
차렸다. 얼굴에는 슬픔과 두려움, 희망이 섞인 복잡한 표정이 떠올라
있었다. 내가 코너의 얼굴에서 열 번도 넘게 봤던 그 표정이었다.
그가 저 표정을 지우고 다시 화를 낼 때까지 얼마나 걸릴까? 차에
돌아오면서 그녀의 강한 의지가 내게 전달되는 걸 느낄 수 있었다.
그녀가 괜찮아질 날이 분명 올 것이다. 하지만 저 남자는 글쎄.

졸업식 날은 해가 쨍쨍하고 바람이 시원하게 불었다. 엄마는
워싱턴에서 내 졸업식을 보러 왔다. 엄마는 군이 말하지 않았지만, 내가
학위 받는 걸 축하하기 위해 무려 1,100킬로미터나 날아왔다. 그녀는
나와 함께 있어주기 위해, 내가 코너와의 관계를 완전히 끝냈는지
확인하기 위해, 내가 그동안 열심히 한 것을 인정해주기 위해 왔다.
우리 둘 사이의 문제에도 불구하고 엄마는 언제나 내 곁에-말 그대로 내
곁에-있어주었다.

만약 이게 사랑이 아니라고 하면, 나는 사랑이 뭔지 모르겠다.

아버지는 졸업식에 초대하지 않았다. 그는 졸업이 언제인지 묻거나
졸업식에 와주기를 원하느냐고 묻지 않았다. 그는 내 이혼 절차에
재정적으로나 법률적으로 어떠한 도움도 주지 않았다. 따뜻한 말이나
존중, 동정, 또는 내가 결혼생활을 끝내고 새로운 삶을 시작하려
하는데도 응원의 말을 해주지 않았다. 나는 마음 쓰지 않으려 애썼다.
삼촌이 한 말이 있으니까.

졸업장을 받기 위해 강단에 섰을 때 사람들 사이로 엄마가 보였다.
반짝이는 은발에 옥색 실크 원피스를 입은 모습은 멀리서 봐도 다른
부모님들 사이에서 단연 돋보였다. 졸업장을 받고 돌아왔을 때, 엄마는
한 손을 들어 특유의 뻣뻣하고 얕은 포옹을 해줬다. 립스틱과 향수
냄새가 살짝 풍겼다.

강당을 떠난 후 우리는 캠퍼스 여기저기를 돌아다녔다. 엄마는
모르는 사람들에게 사진을 찍어달라고 부탁했다. 그녀에게서 느껴지는
자랑스러움은 내가 SAT 시험 점수를 받아왔을 때, 고등학교 때 반장이
된 사실을 알렸을 때, 부엌에서 양고기 스튜를 젓고 있는 그녀에게

하버드대 합격통지서를 보여줬을 때를 상기시켰다. 만약 내가 미국의
첫 여성 대통령이 된다면 그녀는 무심한 척 지금과 똑같이 영국 여왕
같은 포즈를 취할 것이다. 당연하지, 내 딸인데.

학교 도서관 옆에 있는 벤치에 앉았을 때 엄마는 선물을 건넸다.
작은 벨벳 상자를 여니 초록색과 빨간색 보석으로 만든 작은 나비가
붙어 있는 금반지가 있었다. 나는 이게 무슨 뜻인지 바로 알아차렸다.
애벌레, 고치, 나비. 엄마는 지금의 고통을 견디면 곧 좋은 날이
오리라는 걸 보여주려는 것이다. 지금은 못생긴 존재가 예쁜 존재로
변화하는 과정이라는 걸. 이렇게 많은 걸 예민하게 보는 사람이
때때로는 사람 마음을 전혀 못 알아차린다는 게 의아했다.

나는 결혼반지를 뺀 왼손 약지에 반지를 꼈다. 조금 무겁게 느껴졌다.
보석이 햇볕을 받아 빛났다. 나는 손을 들어 엄마에게 보여줬다.

"엄마, 고마워요. 전부 다 고마워요."

내가 마지막 학기를 끝낼 수 있도록 학자금을 내준 것. 50번 넘게
밤에 전화했는데 다 받아준 것. 내가 코너에 대해 복잡한 감정을 가졌을
때 그를 확실하게 미워해준 것. 모두 고마웠다.

나는 엄마의 눈을 바라보면서, 그녀가 내게 얼마나 큰 의미인지
전해주고 싶었다. 그녀는 잠시 내 눈을 바라보더니, 부끄러워하는 여덟
살 소녀처럼 살짝 미소를 띠고 시선을 피했다.

이걸로 충분했다.

엄마는 저녁을 먹으러 가기 전, 씻고 옷을 갈아입기 위해 택시를
타고 호텔로 갔다. 나는 여전히 졸업 가운을 걸치고 우스꽝스러운
석사모를 쓴 채, 검은색 가죽 에나멜 구두를 신고 집 쪽으로 향했다. '내
집'으로 천천히 걷는 동안 해질녘의 햇볕이 캠퍼스의 자갈길을 비췄다.
청설모들이 겁 없이 이리저리 뛰어다녔다. 나는 블루가 강아지들의

천국에서 청설모를 쫓아다니고, 이제는 먹어도 문제없는 리스
피넛버터컵을 먹어치우고, 밤늦게 내가 집에 돌아올 때 2층 창문에서
그 커다란 앞발을 창밖으로 내밀고 반기듯 하늘의 구름 뒤에서 날
내려다보고 있는 걸 상상했다. 나무에 새로 돋아난 이파리들이
싱그러운 초록으로 빛났다. 올 봄 처음 잔디를 깎았는지 잔디의 진한
냄새를 맡을 수 있었다.

경영대학원에 온 후 가장 아름다운 날이었다.

학생회관에 들러 마지막으로 우편함을 확인했다. 안에는 학교에서
부서 간 우편물을 보낼 때 쓰고 재활용해서 또 쓰는 편지봉투가 있었다.
봉투 안이 비어 있었다. 뒤집어 보았다.

뒤에는 검은색 볼펜으로 적은 짧은 메시지와 유치원생들이
엄마한테나 그려줄 것 같은 삐뚤삐뚤한 사람 그림이 그려져 있었다.
메시지 위에는 내가 결혼 후 쓰던 성이 아니라 내 처녀적 성이 적혀
있었다.

안녕 멍청아—
잘 지내길 바래.
함께하지 못하게 돼서 유감이야.
언제나 널 생각할게.

코너

어두운 경영대학원 복도에서 혼자 울었다. 지금까지 중 가장 짧고,
슬픈 이별 인사였다. 그는 어떻게 이런 평범한 문장 다섯 개로 우리의
관계를 끝맺을 생각을 한 걸까? 이 짤막한 메모는 그에 대한 내 사랑과
우리가 지금껏 겪은 모든 일을 진부하고 종이 쪼가리 하나로 다 끝낼 수

있는 유치한 걸로 만들어버렸다. 눈물이 편지봉투 위로 뚝뚝 떨어졌다.

우리가 2년 전 이곳에 왔을 때, 아슬아슬하기는 했지만 그래도 가족이었다. 그런데 지금 나는 혼자 떠날 준비를 하고, 블루는 죽고, 코너는 내가 길에서 마주치기도 싫은 사람이 되어버렸다. 이제 몇 주 동안 친구들을 만나러 다니고 레호보스* 해변에서 실비아와 아무 생각 없이 논 후, 우리가 부부로서 함께 살던 집에서 이사할 것이다. 그리고 코너로부터 수백 킬로미터 떨어져, 내가 스물일곱 살이 되는 날부터 새 회사를 다니며 새 인생을 시작할 것이다. 원래 그랬던 것처럼, 나 혼자서.

캠퍼스를 계속 걷다가 학과장이 연 칵테일 파티장에 다다랐다. 거나하게 취한 졸업생들이 앞뜰까지 나와 있었다. 저편에 다섯 달 전 내가 코너를 향해 미친 여자처럼 소리를 고래고래 질렀던 다리가 보였다. 나는 체리와 다른 친구들에 둘러싸여 클럽소다를 마시며 MBA 졸업생들을 하나씩 둘러봤다. 모두들 각자 다른 미래로 나아갈 준비가 되어 있는 것 같았다.

북적이는 졸업생들 건너편에 사람들과 대화를 나누고 있는 코너의 뒷모습이 보였다. 심장이 쿵하고 내려앉았다.

그는 나를 보지 못했다. 그는 4년 전 봄, 박물관 앞에서 피크닉을 즐기고 처음으로 사랑을 나눴던 그 마법의 봄날 입었던 브룩스 브라더스 재킷을 입고 있었다. 나는 입을 다물고 손가락에 낀 나비 반지를 내려다봤다. 숨 쉬기 힘들었다.

그를 한 번 더 보고 싶었다. 이번이 내 남편이자 소울메이트라고 생각했던, 그리고 나를 거의 죽일 뻔했던 남자를 볼 수 있는 마지막 순간일 테니까.

그는 손에 술잔을 들고 있었다. 옆에는 금발 여자가 서 있었다.

* 워싱턴 근교 델라웨어주 동부에 위치한 유명한 휴양 도시

학교에서 못 보던 사람이었다. 그가 팔을 뻗어 단호하게 여자의 허리를 감자, 그녀는 그에게 몸을 기댔다. 코너는 입술을 그녀의 황금빛 머리카락에 댔다. 내 얼굴이 굳어지는 게 느껴졌다.

눈을 뗄 수 없었다. 그가 머리를 움직이는 모습으로 보아 소리 내어 웃고 있는 게 분명했다. 그의 강인하고 자신감에 찬 웃음소리가 귀에 들리는 듯했다. 처음 뉴욕의 피제이 파크에서 그를 만나 사랑에 빠지게 됐던 날 들었던 그 웃음소리.

가까스로 고개를 돌렸다. 안경을 빼고 그를 뿌옇게 보이는 군중과 하나로 보이게 만들었다.

안녕, 코너.

그리고 다시는 그를 보지 않았다.

에필로그

어두운 방, 코너가 내 앞에 서 있었다. 그의 얼굴이 어둠 속 촛불처럼
빛났다. 어두운 금발. 콧등에는 주근깨가 있었다. 사람들은 늘
우리에게 부부가 아니라 남매 같아 보인다고 했다.

코너는 내게 세 명의 아이가 있다는 것에 개의치 않았다. 나는
아이들을 내가 과거의 그에게 그랬던 것처럼, 사랑 외에는 어떤 보답도
원치 않는 마음으로 사랑했다. 이제 코너가 비장의 카드를 꺼내어 나를
망치려 한다는 걸 느낄 수 있었다. 내 결혼생활, 아이들, 내 삶. 그가
내게 키스했을 때, 저항하지 못했다.

공포에 질려 눈을 번쩍 떴다. 따뜻한 침대 위였다. 남편은 옆에서
잠들어 있었다.

미국에서 가장 붐비는 도시에 있는 내 오래된 집, 그리고 단단히
잠근 문 뒤에서 내가 안전하다는 사실을 깨닫는 데 몇 분이 걸렸다.
몸 위에는 파란색 퀼트 담요가 덮여 있고 머리는 감기약 시럽 얼룩이
져있는 비니 베이비 동물들 문양의 베개에 푹 파묻혀 있었다. 옆에서
잠들어 있는 남편의 쌕쌕거리는 규칙적인 숨소리가 해변으로
밀려들어오는 파도소리처럼 들렸다. 나는 안전했다.

악몽을 떨쳐버리려 침대에서 나와 발뒤꿈치를 들고 살살 걸어

딸의 방으로 갔다. 발바닥에 닿는 매끄러운 나무 바닥이 차가웠다. 옆방에는 아들이 침대 위에서 잠들어 있었다. 이 아이는 박제된 동물 대신 농구공을 밤새 꼭 안고 잤다. 두 딸 중 하나는 좁은 침대 위에서 뒤척이며 자고 있었다. 이 아이는 신생아였을 때부터 하트 모양의 얼굴 주위에 붉은 빛이 도는 금빛 곱슬머리가 나 있었다. 이 머리색은 25년 전에 알코올의존증으로 돌아가신 내 외할머니 프랭키가 가졌던 적갈색 머리의 놀랍고도 반가운 부활이었다.

두 침대 사이에 놓인 흔들의자에 등을 대고 앉아, 두 딸이 숨 쉬는 소리와 남편이 코고는 소리를 들으며 의자를 천천히 앞뒤로 움직였다. 기분전환을 할 요량으로 다음날 있을 TV 인터뷰의 주요 부분을 읽었다. 전업주부로 아이들을 키우다가 몇 년 만에 직장으로 돌아간 엄마들을 상대로 하는 인터뷰였다. 이웃집 뒤뜰에 있는 자동 스프링클러가 윙윙 소리를 내며 돌아가기 시작했다.

2층 바닥 아래 먼지 쌓인 보일러실에는 거의 15년 동안이나 테이프로 꽁꽁 싸놓고 풀어보지 않은 카드보드 상자가 있었다. 그 안에는 코너와의 과거가 담긴 물건들이 들어 있었다. 한때는 소중했던 것들이라 다른 쓰레기들―담배꽁초, 고물이 된 잔디 깎는 기계, 더러운 기저귀 등―과 함께 썩을 때까지 수백 년을 나란히 묻혀있게 둘 수 없었다. 좋은 냄새가 나는 크림색 가죽 천에 싸여 있는 결혼 앨범. 헤어진 지 한참 지나 발견해 돌려줄 수 없었던 코너의 다섯 살 때 모습이 찍힌 흑백 사진. 그가 마지막으로 때렸을 때 내 머리 위에서 산산조각 난 유리가 듬성듬성 남은 은제 액자 속의 결혼사진. 맨 위에는 결혼식 때 썼던 면사포가 있었다. 아마 이제는 누렇게 변색되고 삭아서 부스러지기 직전이겠지. 코너가 첫 데이트 때 준 이력서도 있었다. 그리고 그것과는 다른 종이, 그로부터 4년 후 가정법원에서 받아낸 접근 금지 명령서도 있었다.

코너를 떠난 후 아주 오랫동안, 이 사회가 가진 학대당하는 여성의 정형화된 이미지와 나의 모습을 비교했다. 정확히 왜, 그리고 어떻게 배울 만큼 배운 나 같은 여자가 그런 파괴적인 관계에 끌려 다녔던 걸까? 나는 학대받은 여자들—매리 윈클러, 니콜 심슨, 파라 포셋, 레이시 피터슨*, 그리고 뉴스에 나왔던 그 어떤 희생자든—이 왜 폭력적인 남자와의 관계를 끊을 수 없었는지에 대해 여러 말이 오간 칵테일 파티에서도 침묵을 지켰다. 결국, 여성들이 학대당하는 이유는 그들이 약하고, 교육을 받지 못하고, 자기 파괴적이고, 무력하기 때문이라는 필연적인 결론이 내려지는 걸 본 후 그 자리를 떠났다.

나는 이 어떤 정형화된 특징에도 속하지 않았다. 그리고 내가 만난 그 어떤 '맞는 여성'도 이 뻔한 이미지에 들어맞지 않았다.

나는 코너를 사랑한 값을 치러야 했다. 오랫동안 전화번호부에 내 전화번호를 올리지 못했고 우편물은 우체국으로 직접 가서 받았다. 버몬트의 집은 40퍼센트의 손해를 보고 팔았다. 우리의 경영대학원 학자금 대출을 완전히 갚는 데는 거의 10년이 걸렸다.

나는 남자가, 어떤 남자라도, 그게 회의실이 됐든 뒤뜰이 됐든, 목소리를 높이면 움찔했다.

그 후 데이트하는 모든 남자에게 코너에 대해 말했다. 내 회사의 고용주에게도 말해, 혹시라도 그가 내 회사로 찾아오는 경우 보안요원이 그를 돌려보낼 수 있게끔 했다. 그리고 내가 공적으로 말을 할 기회가 있을 때면, 그럴 필요가 없을 때조차도, 늘 나는 과거에 가정폭력을 당한 경험이 있었다는 사실을 간단하게라도 말했다. 혹시 그중 내 얘기가 도움이 되는 사람이 있을 수도 있으므로.

아마 그 상자를 자주 열어보지는 않을 것이다. 그러나 이 과거가

* 매리 윈클러: 가정폭력을 휘두른 남편을 다툼 끝에 총을 쏴 살해함

니콜 심슨: 미식축구 스타 O.J. 심슨의 전 부인으로 이혼 전 심슨에게 학대를 받은 후에 살해당했고, O.J. 심슨은 유력 용의자로 지목되었지만 법정 공방 끝에 무죄선고를 받음

파라 포셋: 미국의 배우로, 1980년대에 매우 인기 있었던 TV 드라마 「버닝 베드」에서 가정폭력에 못 이겨 남편을 살해한 가정주부를 연기함

레이시 피터슨: 임신 8개월 때 남편에게 살해당했으며 이로 인해 폭력으로 해를 입은 태아를 법적인 희생자로 인정하는 레이시-코너 법이 제정됨

내 자신과 인생의 일부이며, 지금의 나를 만들었다는 것을 부정할 수 없다. 내가 코너에게서 쉽게 빠져나오지 못했던 이유가 내 자존감에 어떤 특정한, 위험스러운 무언가가 있어서였다는 걸 이해하기까지 몇 년이 걸렸다. 하지만 나는 본질적으로 운이 좋았다. 그때 나는 아직 20대였고, 폭력적인 남자를 알아보고 멀리할 수 있는 눈을 갖게 되었기 때문이다.

어떤 여자들은 실수에서 배우지 못한다. 꽤 많은 사람들이 인생에서 두 번째 기회를 얻지 못한다. 나는 다시 결혼했고, 안정적이고 사랑스러운 남편과 아이들을 키울 수 있었고, 어렸을 때 꿈꿨던 것 이상의 재정적 자유와 전문적 보상을 가져다 준 커리어를 갖게 되었다.

코너는 이제 없다. 어쩌면 몇 년에 한 번씩 꿈에 나올지도 모르겠다. 하지만 이제 그는 내게 영향력을 행사할 수 없다. 그를 사랑했던 걸 후회하지 않는다. 그러나 나는 우리의 과거를 지하실의 한 구석, 벽난로 옆, 그것이 마땅히 있어야 할 자리에 묻어둘 것이다.

감사

이 책을 쓰기는 무척 힘들었다. 이 이야기를 남들에게 들려주는 건 지금까지 한 일 중 가장 멍청한 짓이거나 가장 용감한 일이었다. 그러나 나는 나 같은 사람들, 즉 폭력적인 관계에서 어떻게 빠져나올지 몰라 고통받는 여성들, 그리고 그 가족들과 친구들을 위해 썼다. 그리고 관계에서 벗어났지만 너무 무섭거나 부끄러워서 다른 사람에게 말 못하는 여성들을 위해서도. 당신은 혼자가 아니라는 사실을 알리고 싶었다.

이 책을 쓰면서 나 자신도 나를 믿지 못할 때 나를 믿어준 모든 사람들에게 감사의 인사를 전하고 싶다. 스캇 애덤, 헬렌 앨런, 크리스틴 오클레어, 스키피 레드먼 뱅커, 린다 바케트, 매리 앤 보로스, 래리 벤더스, 셰릴 얀시 바이런, 마틴과 세나이 블랙맨, 미시 에버슨 블럼, 브룩 보드먼, 멜 본스타인, 데이비드와 캐서린 브래들리, 베스 브로피, 제니퍼 브라운, 비비앤 브라운, 카이올라 가족, 엘리 캘리슨, 줄리 샤베즈, 수전 치버, 개이 치오피, 새러 크리치턴, 패트리샤와 버트 데이비슨, 존과 에이프릴 델라니, 허마이니 드레이퍼스, 마이클 드레이퍼스, 던 드칼, 새러 패턴 던컨, 찰리 에스포시토, 브룩 데반스, 페이지 에반스, 도나 파르난데스, 윌 풀러, 히스 케른 깁슨, 새러 고든,

돈 그래험, 마이클 그래이, 앤 헌터 그린, 롤프 그림스테드, 브렛 그룸, 줄리 건더슨, 댄과 베스티 해비브, 바비와 매리 하프트, 캐시 해나워, 벙키와 앤 하먼, 조지 하먼, 그랜트 하먼, 미리암 하먼, 자넷 히덴, 잭 헨리, 스티브 힐스, 모니카 홀로웨이, 재이미 헐, 커트 인더비첸, 마사 이만, 보 존스, 윌리 조이너, 테레드 쿠책, 리어나드 코너, 에닐 코티리, 크레시 가족, 류 켄켈, 캐럴 쿠릴라, 엘리자베스 라모트, 조지 라드너, 이든과 캐런 레더, 미키 레더, 릴라 레프, 진과 매리 레그, 레슬리 레르, 낸시 르윈, 조디 레빈슨, 캐롤라인 리틀, 새러 런던, 앤 맥대니얼, 레슬리 맥궉, 애덤 맨스키, 루스 마커스, 애런 마틴, 캐롤라이나 마르티네즈, 수전 매스, 크리스 매스나, 새브리나 맥신, 테리 민스키, 스테파니 모더, 줄리아 하먼 모건, 페리 재 모건, 팀 모건, 로비 마이어스, 존 니콜라스, 빌 닐슨, 제러미 노턴, 켈리 오브라이언, 수전과 팀 오러리, 대일과 멜리사 오베마이어, 탈리 배리시와 그 가족들, 폴라 펜-나브리트, 조디 델리 피터슨, 낸시 클라인 기오르, 카르멘 피타치, 닐 폴로, 브라이언과 그웬 파티커, 엘린 레이첼, 이반 라미레즈, 마리사 로치, 캐서린 러셀 리치, 브래드포드 해밀턴 리차드슨, 미지 투크 리차드슨, 캐서린 로즈, 안 사노프, 아니아 센더, 수전과 로저 스미스, 새러와 대이비드 스타인버그, 에나 스타이너, 조셉과 마릴린 스타이너, 마조 탈보트, 태니 가족, 제이크와 캐링턴 타르, 제리 커리 손, 짐 소턴, 새러 톰킨스, 켄과 캐런 트로콜리, 앰피 바스케즈, 재키 워커, 케이트 월리스, 엘사 월시, 패트 월시, 주디스 워너, 앤 터먼 웨드너, 캐서린 웨이마우스, 로리 윙게이트, 새러 울워스와 컬처 클럽 사람들, 나탈리 제트, 롱-에이커 농장의 내 친구들, 웨스트사이드 클럽, 「워싱턴포스트」, 존슨앤존슨, 리오 버네트, 히트, 리틀 폭스, 하버드 대학교, 래드플리프 인스티튜트, 다운 독 요가, 그리고 마렛 스쿨. 당신들을 알고 있어 정말 행복하다.

이 책을 쓰기 시작했을 때부터 나를 믿어준 내 에이전트 앨리스 프라이드 마텔과 제니퍼 와이스가 이끄는 세인트 마틴 프레스 팀에게 깊은 감사를 표한다. CAA의 브루스 비노코와 그의 멋진 아내 스테파니 비노코에게, 이 이야기를 깊이 신뢰해 준 것에 감사한다.

무엇보다도 내 남편 페리 윈터 스타이너와 내 아이들 맥스, 모건, 그리고 탈리에게, 내가 꿈꿔왔던 행복한 가족을 꾸리게 해준 것에 고마움을 전한다.

이 도서의 국립중앙도서관 출판예정도서목록(CIP)은 서지정보유통지원시스템 홈페이지(http://seoji.nl.go.kr)와 국가자료공동목록시스템(http://www.nl.go.kr/kolisnet)에서 이용하실 수 있습니다. (CIP제어번호 : CIP2016020091)

사랑에 미치지 마세요

초판 1쇄 발행 | 2016년 9월 9일

지은이 | 레슬리 모건 스타이너
옮긴이 | 안유정
펴낸이 | 유정훈
책임편집 | 유정훈
디자인 | 기민주
인쇄 · 제본 | 두성P&L

펴낸곳 | 필요한책
주소 | 서울시 노원구 한글비석로8길 42, 701-302
팩스 | 0303-3445-7545
전자우편 | feelbook0@gmail.com
트위터 | twitter.com/feelbook0
페이스북 | facebook.com/feelbook0

한국어판 ⓒ 필요한책, 2016
ISBN | 979-11-958719-0-2 03300